# 《周易》之『诗』与『思』

## ——黄玉顺易学论文集

黄玉顺 著

山东人民出版社·济南
国家一级出版社 全国百佳图书出版单位

**图书在版编目（CIP）数据**

《周易》之“诗”与“思”：黄玉顺易学论文集 / 黄玉顺著. -- 济南：山东人民出版社，2020.12
ISBN 978-7-209-12568-0

Ⅰ. ①周… Ⅱ. ①黄… Ⅲ. ①《周易》-文集 Ⅳ. ①B221.5-53

中国版本图书馆CIP数据核字(2020)第124006号

**《周易》之“诗”与“思”：黄玉顺易学论文集**
ZHOUYI ZHI “SHI ” YU “SI ” : HUANGYUSHUN YIXUE LUNWENJI

黄玉顺 著

主管单位 山东出版传媒股份有限公司
出版发行 山东人民出版社
出 版 人 胡长青
社 址 济南市英雄山路165号
邮 编 250002
电 话 总编室（0531）82098914
市场部（0531）82098027
网 址 http://www.sd-book.com.cn
印 装 山东新华印务有限公司
经 销 新华书店

规 格 16开（169mm×239mm）
印 张 19.75
字 数 300千字
版 次 2020年12月第1版
印 次 2020年12月第1次
I S B N 978-7-209-12568-0
定 价 40.00元

# 目录

## 第一编 《易经》古歌训诂研究



## 第二编 周易哲学早期研究

## 第三编 周易哲学近期研究

## 第四编 《周易》研究节录

# 第一编

# 《易经》古歌训诂研究

# 《易传》形训略说*

《易传》作为《易经》的传注，大致包含两种内容：义理的阐发，文字的训释。作为先秦重要训诂文献之一，《易传》中有一些文字训诂所采用的是形训的方法。这里所训之“形”可分三类：象形之形，会意之形，形声之形。形，所以表意也。所谓“会意之形”，是说会意字字素跟字义的关系是与形声字形符与字义的关系相当的，既然形声字的“形符”又叫“意符”，那么会意字的“会意”也就是“会形”。

下面对《易传》的形训做一些粗略的分析。

## 一、象形字的形训

这是据象形字的字形训释该字的字义。

“屯”是个象形字。《易传》训诂：“屯者，物之始生也”；“屯，刚柔始交而难生”。[①]“屯”象草木出土，“始生”而又“难生”。就“始生”言，“屯”字与“生”字字形很接近。故《说文解字》(下简称“《说文》”)云：“生……象草木生出土上”；“屯……象草木之初生”。[②]就“难生”言，“屯”字与“生”字有一个本质区别：“生”表示已经出土，且很顺利，故其茎直；“屯”表示尚未出土，且很艰难，故其茎曲。故《说文》云：“屯然而难，从屮贯一。一，地也，尾曲。”故“屯”又引申出“难”义，《说文》：“屯，难也。”

“大”也是象形字。《易传》训诂：“大者，壮也。”以“壮”训“大”，是由于“壮”字的意符“士”与“大”相通。“士”字至今尚无确解。《说文》以为“从一、从十”，并引孔子曰：“推十合一为士。”笔者以为，“士”其实就是“大”：其一，二字形体相似。它可能本是一个字，后因形体辗转演变而分

* 原载《淮阴师专学报》1993年第4期。

① 本书所引“十三经”均据中华书局1980年影印《十三经注疏》本。

② 本书所引《说文解字》均据中华书局1963年影印大徐本。

离为二。其二，二字声音相转。"士"为崇母(d)，舌叶音；"大"为定母(d)，舌头音。二者舌位接近，有可能是转语。其三，二字意义相通。"士"与"大"义相通，可从由"士"得义[①]的"壮""壻"二字考知。《说文》："大象人形。"可知"大"字本义指人。又《说文》："壮，大也。从士，爿声。"可知"壮"字由"大"得义，因而"士"与"大"义相通，亦有"人"义。又《说文》："壻(后世作婿)，夫也。从士，胥声。《诗》曰：'女也不爽，士贰其行。'士者，夫也。""夫，丈夫也。从大、一。以象簪也。"可知"士"通"夫"，"夫"通"大"，因而"士"与"大"通。由此可见，"士"字可能源于"大"字。而《周易》"大壮"卦名，同义复词而已，犹今所谓"壮大"，"壮"就是"大"。

## 二、会意字的形训

这是据会意字的字素训释该字的字义。

"需"是个会意字。《易传》："云上于天，需。"这是对需卦卦象的分析(需卦象为乾下坎上；《说卦传》曰"乾为天""坎为水")，也是对"需"字字形的分析。"需"字从"雨"、从"而"。第一，"雨"与"云"有关系。"云上于天"为将雨之象，故"需"字[②]从"雨"。第二，"而"与"天"有关系。据《说文》，一方面，"而，颊毛也"，胡须与头部有关系；另外一方面，"天，颠也""颠，顶也"，也与头[③]部有关(且据甲骨文字形，"天"明显表示人头)。由此看来，"云"与"雨"通，"天"与"而"通，则所谓"云上于天"，就等于说"雨上于而"，这就正是"需"字字形。

"晋"也是会意字。《易传》："晋，进也，明出地上"；"晋，昼也"。这也既是对晋卦卦象的分析(晋卦象为坤下离上；《说卦传》曰"坤为地""离为火、为日")，又是对晋字字形的分析。《说文》释"晋"："日出而万物进，从日、从臸。"段注："臸者，到也。"可见"晋"本义为日出，这就是"明出地上"，即太阳升起在地平线上，白昼开始。

"夷"也是会意字。《易传》："夷者，伤也。""夷"字从"大"从"弓"。大象人形。人带弓，必伤人。故《易传》以"伤"训"夷"，明显是

---

① "得义"在刊发时误作"科义"。——作者新注
② 在刊发时，"需"误作"雲"。——作者新注
③ 在刊发时，此"头"误作"关"。——作者新注

从字形引申而来。

## 三、形声字的形训

这是据形声字的形符训释该字的字义。

“乾”是个形声字。《易传》：“大哉乾元……乃统天”；“天行健”；“乾，天也”；“乾为天”。以“天”训“乾”，是从“乾”字的形符“乚”字引申出来的。《说文》：“乾，上出也。从乚。乚，物之达也。”“乚……与丨同意。”“丨，上下通也，引而上行。读若囟。”可见“乾”和“乚”本义为“上达”，其极为天。[①]

“坤”也是形声字。《易传》：“地势坤”；“坤，地也”；“坤也者，地也”；“坤为地”。以“地”训“坤”，是从“坤”字的形符“土”字得出的。《说文》以为“坤”字“从土、申，土位在申也”，此说不足为据，当作“从土，申声”。“坤”“地”二字形符相通。

“噬”也是形声字。《易传》：“颐中有物曰噬嗑。”此训与“噬”字形符“口”有关。《说文》：“噬，啗也”；“啗，食也”。则“噬”即今所谓“吃”，故从“口”。《说文》“颐”作古字“𦣝”；段注：“口下为车，口上为辅，合口、车、辅三者为颐。”其实，车、辅合而为口，此即“𦣝”字所象之形。故“颐中有物”犹云“口中有物”，此即“噬”。

“鼎”也是形声字。《易传》：“鼎……以木[②]巽火，亨饪也。”这是对鼎卦卦象的分析（鼎卦象为下巽上离；《说卦传》曰“巽为木”“离为火”），也是对“鼎”字字形的分析。《说文》：“鼎”“象析木以炊也，籀文以鼎为贞字”。所谓“析木”即“鼎”字形符“爿”，是一个被从中剖开的“木”字。《说文》：“片，判木也”；“反片为爿”。所谓“析木以炊”，即是说“鼎”“以木巽火，亨饪也”。

---

① 在刊发时，“乚”皆误作“乙”。——作者新注

② 在刊发时，“木”误作“本”。——作者新注

# 《易经》古歌的发现和开掘*

自古以来，人皆以为《诗经》是中国第一部诗歌总集；殊不知，《易经》里隐藏着一部更古老的诗集。我们知道，成书于战国的《易传》是对《易经》的诠释；却不知道，成书于周初的《易经》本身又是对一种更古老文献的诠释，这文献乃是殷周歌谣，其诠释才是占辞。正如《易传》是对《易经》的哲学化解说，《易经》占辞又是对殷周古歌的神学化解说。

《易经》里有古歌，这并不完全是新发现。前人研究《易经》，已对其中古代歌谣有所察觉。如明夷初九："明夷于飞。垂其翼。君子于行。三日不食。有攸往。主人有言。"李镜池《周易通义》："爻辞前四句是一首民歌。"①可惜这类发现只是偶尔、零星的，人们还压根儿没有察觉《易经》里每一卦都在征引古歌，以至于我们可以说，《易经》隐含了一部比《诗经》时代还早的诗歌总集，它的发现和开掘，将使我们不得不改写中国诗歌史的第一章！

开启《易经》古歌宝库之门的钥匙，我以为是严格区分《易经》里的引语和占辞。从文献成分上分析，《易经》文字来源有二：一是引语，是作《易》者所引用的既有材料，基本上是韵文，多为远古歌谣；二是占辞，是作《易》者所创作的文字，如"亨""利""吉""凶""悔""吝""有孚""无咎"之类，表示吉凶祸福判断，并不用韵，更非古歌。

《易经》的编著，基本上是这样一种体例：先引古歌，类似"比兴"；再作占辞，加以判断。如噬嗑九四："'噬乾胏，得金矢。'利艰贞，吉。"贲六五："'贲于丘园，束帛戋戋。'吝，终吉。"无妄六二："'不耕获，不菑畬。'则利有攸往。"当然，也有变体：或先占后引，如咸九四："贞吉，悔亡。'憧憧往来，朋从尔思。'"或引占错杂，如未济上九："有孚。'于饮酒。'

---

* 原载《文学遗产》1993年第5期；人大复印报刊资料《中国古代近代文学研究》1994年第1期全文转载。

① 李镜池：《周易通义》，中华书局1981年版，第71页。

无咎。‘濡其首。’有孚失是。”或有引无占，如贲六四：“贲如皤如，白马翰如，匪寇，婚媾。”或有占无引，如大有上九：“自天祐之，吉，无不利。”总之，《易经》编撰体例为古歌与占辞相参互。

这种体例一直流传下来，后世抽签问命的签文也是这种格局。如《红楼梦》第101回王熙凤到散花寺抽签，签子上是：“第三十三签（相当于《易经》的爻题）：上上大吉。”[①]而签簿（《易经》在周代就相当于这种签簿）上写道：“王熙凤衣锦还乡。‘去国离乡二十年，于今衣锦返家园。蜂采百花成蜜后，为谁辛苦为谁甜？’‘行人至，音信迟；讼宜和，婚再议。’”[②]这种格式跟《易经》里的完全一致，反证了《易经》确实采取的古歌与占辞相参互的编著体例。

《易经》古歌为什么长期湮没无闻呢？我以为主要有以下原因：

## 一、标点符号

古人标点有缺失，以至将引语和占辞混淆。这个缺憾至今仍未消除，以上海古籍出版社1990年单行本、黄侃句读《周易正义》为例，乾卦标点如下：“初九。潜龙勿用。九二。见龙在田。利见大人。九三。君子终日乾乾。夕惕若厉。无咎。九四。或跃在渊。无咎。九五。飞龙在天。利见大人。上九。亢龙有悔。”据笔者研究，应标点如下：

初九：潜龙勿用。
九二：“见龙在田。”利见大人。
九三：君子终日乾乾，夕惕若，厉，无咎。
九四：“或跃在渊。”无咎。
九五：“飞龙在天。”利见大人。
上九：亢龙有悔。

只有三句古歌：“见龙在田，或跃在渊，飞龙在天。”其余都是占辞，在《易经》里反复出现：“勿用”出现10次，“利见大人”8次，“无咎”76次，“有悔”4次。

---

① 曹雪芹：《红楼梦》，人民文学出版社1996年版，第1388页。
② 曹雪芹：《红楼梦》，人民文学出版社1996年版，第1388—1389页。

## 二、古音流变

由于历史音变，后人难以感知古韵的和谐，容易误认其为散文。如“震”卦辞：“震来虩虩（xì），笑言哑哑（yǎ），震惊百里，不丧匕鬯（chàng）。”今天读来一点儿不和谐，但当初是谐韵的：“虩”“哑”二字同属古韵铎部，又与阳部“鬯”字具有“阳入对转”关系，这就说明这三个字曾经同韵。“鬯”这个韵字，就连古音学奠基人顾炎武也在《易音》里给漏掉了，足见发现《易经》古韵之不易。再如无妄六三：“无妄之灾，或系之牛（niú），行人之得，邑人之灾（zāi）。”“牛”“灾”上古同属之部。又如井九三：“‘井渫不食（shí），为我心恻（cè）。’可用汲。‘王明，并受其福（fú）。’”“食”“恻”“福”上古同属职部。

这些例子表明，缺乏古音知识，很难发现《易经》古歌。但古音学较之易学已是很晚近的事了，它发轫于南宋，成立于明代，奠定于明清之际，成熟于乾嘉时期。即使此后，易学家也往往不大懂古音学；或者懂，也没有意识到有引语和占辞的文献差别。如最早用古音学方法系统研究《易经》用韵问题的顾炎武，其《易音》不仅混同了古歌和占辞，而且连《易传》的用韵也跟《易经》的混为一谈。他不明白《易经》并非韵文，《易传》才是韵文；《易传》虽是韵文，却非诗歌；《易经》虽非韵文，却又引用了大量诗歌。

## 三、《易传》影响

《易传》是现存最早对《易经》的系统解说，影响极大，而其旨趣又是政治的、哲学的，而非文学的、诗学的。《易传》已将引语和占辞视为一体，不加区分。如《象传》释渐九三：“‘夫征不复’，离群丑也；‘妇孕不育’，失其道也；‘利用御寇’，顺相保也。”这就将古歌“鸿渐于陆，夫征不复，妇孕不育”与占辞“利用御寇”等量齐观了。再如《文言》释乾九二：“‘见龙在田，利见大人’，君德也。”这就将引语“见龙在田”跟占辞“利见大人”混为一谈了。又如《系辞下》释鼎九四：“《易》曰‘鼎折足，覆公𫗧，其形渥，凶’，言不胜其任也。”这是将古歌“鼎折足，覆公𫗧，其形渥”跟占辞“凶”视为一律了。这种将古歌与占辞混而不分的做法，一直影响至今。

以上讨论表明，关键在于分辨《易经》里的引语和占辞。如何分辨？我以为应综合考察以下几点：

## 一、古歌有韵，占辞无韵

只要有古音学知识，古歌韵字不难判定。如坤卦就隐含一首古歌："履霜，至坚冰。直方，含章。括囊，黄裳。龙战于野，其血玄黄。"（考释详后）除"冰"字属蒸部，其他韵字均属阳部，而上古阳、蒸二部是合韵的，《诗经》可证。"至坚冰"，经文原作"坚冰至"，但据《象传》"'履霜''坚冰'，阴始凝也；驯致其道，'至坚冰'也"可知应以"冰"字结句。"直方"，经文原作"直方大"，但据《象传》"六二之动，'直'以'方'也"，又据《文言》"直，其正也；方，其义也。君子敬以直内，义以方外"，均无"大"字，可知"大"为衍文。再如中孚六三："得敌，或鼓或罢，或泣或歌。"上古"罢""歌"同属歌韵。又如困六三："'困于石，据于蒺藜，入于其宫，不见其妻。'凶。"上古"藜""妻"同属脂韵。是否合乎古韵，应为判定是否为古歌的尺度之一。

## 二、古歌形象，占辞抽象

古歌一般是对人、物、事的描写、记叙，是形象化的；而占辞则是吉凶祸福判断，通常是抽象而笼统的。如大过九二："'枯杨生稊，老夫得其女妻。'无不利。"九五："'枯杨生华，老妇得其士夫。'无咎无誉。"睽六三："'见舆曳，其牛掣，其人天且劓。'无初有终。"这里的古歌是形象化的赋、比、兴，而占辞则普遍适用，属于全称判断。形象与否，应为判定是否为古歌的尺度之一。

## 三、古歌独创，占辞习用

古歌是一种文学创作，其独创的艺术形象在《易经》里很少重复；而占辞作为卜筮术语是习用的，在《易经》里反复出现，少则几次，多至数十上百次。如"龙"的形象，仅出现于乾坤两卦，而且出现的情形很不相同，应属两首不同的古歌。再如咸卦：

初六："咸其拇。"

六二："咸其腓。"凶。居吉。

九三："咸其股，执其随。"往吝。

九四：贞吉，悔亡。“憧憧往来，朋从尔思。”

九五：“咸其脢。”无悔。

上六：“咸其辅颊舌。”

引号中的古歌都是独特的艺术形象，仅见于此卦。引号外的占辞在《易经》里频繁出现：“凶”49次，“吉”95次，“吝”16次，“贞吉”35次，“悔亡”18次，“无悔”6次。

以上三条标准不是绝对的，但综合起来运用则有相当的可靠性。如困九二：“困于酒食。朱绂方来。利用享祀。征凶。无咎。”据第一条标准，考知上古职部“食”与之部“来”“祀”可合韵，故这三句可能是一首古歌。但据第二条标准，后三句都是较抽象的吉凶判断，应属占辞；且据第三条标准，它们都是习见的术语，其中“利用某事”在《易经》里出现10次（“利某事”出现121次），“征凶”9次（“凶”49次），“无咎”76次。综合起来，古歌与占辞区分如：“‘困于酒食，朱绂方来。’利用享祀。征凶。无咎。”

当然，这一切必须建立在正确的语义训诂的基础之上。为此，应对初步确认的古歌加以令人信服的考释。兹举数例，以见一斑：

## 例一：坤

坤：元亨，利牝马之贞。君子有攸往，先迷后得，主利。西南得朋，东北丧朋。安贞吉。

初六：“履霜，坚冰至。”

六二：“直方大。”不习无不利。

六三：“含章。”可贞。或从王事无成。有终。

六四：“括囊。”无咎无誉。

六五：“黄裳。”元吉。

上六：“龙战于野，其血玄黄。”

### 古歌

履霜，至坚冰。

直方，含章。

括囊，黄裳。

龙战于野，其血玄黄。

考释：高亨《周易古经今注》："本卦履霜，直方，含章，括囊，黄裳，龙战于野，其血玄黄，皆韵语。""大"为衍文，"坚冰至"当为"至坚冰"或"坚冰"，详见上文。"履霜"，踏着秋霜。"至坚冰"，来到冰封之地。两句交代诗中行人的行踪，当是由南而北，南方还是深秋，到北国已经是千里冰封了。"直方"，形容北方黄土高原平直方正，这是古人"天圆地方"的观念。"含章"，充满冰雪的光明。《离骚》"芳菲菲其弥章"注："章，明也。"两句描写行人的视野所及。"括囊"，结扎的行囊。《周易集解》引虞翻："括，结也。""黄裳"，黄色的衣裳。《诗·东方未明》"颠倒衣裳"毛传"下曰裳"，疏"裳亦称衣也"。两句描写行人的装束。"龙战于野"，龙蛇在原野上撕咬。"其血玄黄"，它们的鲜血流淌。《周易古经今注》"玄借为泫""黄疑当读为潢"。《说文》"泫，湝流也""潢，积水也"。这里形容"其血"。两句再写行人的所见。这是一首游子之诗，类似于《诗经》的"风"。

## 例二：同人

［同人］："同人于野。"亨。利涉大川。利君子贞。
初九："同人于门。"无咎。
六二："同人于宗。"吝。
九三："伏戎于莽，升其高陵，三岁不兴。"
九四："乘其墉，弗克攻。"吉。
九五："同人先号咷，而后笑：大师克相遇。"
上九："同人于郊。"无咎。

## 古歌

同人于野，同人于门，同人于宗。
伏戎于莽，升其高陵，三岁不兴。
乘其墉，弗克攻。
同人先号咷，而后笑：
大师克相遇，同人于郊。

考释："同人于野"，会合众人于乡野。《说文》："同，合会也。"此诗记叙抗击异族来犯，始于集结军队。"同人于门"，会合众人于城门。《吕览·仲夏》"门闾无闭"注："门，城门。""同人于宗"，会合众人于宗庙。《说文》："宗，尊祖庙也。"以上记叙集结族人的三个阶段，如《白虎通·宗族》所谓"大宗能率小宗，小宗能率群弟"。"伏戎于莽"，伏兵于丛林。《家语·弟子行》"材任治戎"注："戎，军旅也。"《经典释文》引郑玄："莽，丛木也。""升其高陵"，登上高丘。《史记·高帝纪》"坚守乘城"索隐引韦昭："乘，登也。""三岁不兴"，坚守数年不退。《周易集解》引虞翻："兴，起也。动不失位，故三岁不兴也。"以上记叙抗战第一阶段，拒敌国门之外。"乘其墉"，登上城墙。《易·解》"于高墉之上"释文："墉，城也。""弗克攻"，无人能攻上。《尔雅·释言》："克，能也。"以上记叙抗战第二阶段，退守城池。"同人先号咷，而后笑"，将士们起初痛哭号咷，后来却破涕为笑。"大师克相遇"，众军终能匹敌来犯者。《管子·法法》"不与大虑始"注："大，犹众也。"《国策·齐策》"以与王遇"注："遇，敌也。""同人于郊"，会师于城郊。以上记叙抗战第三阶段，反守为攻，反败为胜，故将士们笑逐颜开。这是一首抗战之歌，类似于"颂"。

### 例三：噬嗑

噬嗑：亨，利用狱。
初九："屦校，灭趾。"无咎。
六二："噬肤，灭鼻。"无咎。
六三："噬腊肉，遇毒。"小吝，无咎。
九四："噬干胏，得金矢。"利艰贞，吉。
六五："噬干肉，得黄金。"贞厉，无咎。
上九："何校，灭耳。"凶。

### 古歌

屦校，灭趾。
噬肤，灭鼻。
噬腊肉，遇毒。
噬干胏，得金矢。

噬干肉，得黄金。

何校，灭耳。

考释："屦校"，脚穿枷木。《周易集解》引虞翻"屦，贯"，又引干宝"屦校，贯械也"。《一切经音义》引《通俗文》："拘罪人曰桁械，谓穿木加足曰械。"主人公显然是囚徒，故卦辞称"利用狱"。"灭趾"，掩没双足。《小尔雅·广诂》："灭，没也。"《经典释文》："趾，足也。""噬肤"，吃兽皮。《周易集解》："噬，食也。"《仪礼·少牢馈食礼》"雍人伦肤"注："肤，胁革肉。""胁革"即腋下皮，既无肉可食，又不可制革。"灭鼻"，口鼻掩没于土盆中。"噬腊肉"，吃陈久的干肉，即下文"噬干肉"。《礼记·郊特牲》"腊毒"释文："腊，久也。"《周易正义》："腊是坚刚之肉也。""遇毒"，遇到肉中的箭毒。《周易集解》引虞翻："毒谓矢毒也。""噬干胏"，啃吃干肉骨头。《经典释文》引马融："有骨，谓之胏。""得金矢"，咬到了黄铜箭镞。下文"黄金"也指铜镞。"何校"，肩扛木枷。"何"为"荷"（负荷）的本字，《说文》："何，但（担）也。""灭耳"，掩没耳朵。这是一首囚徒之歌，沉痛感人。

## 例四：蹇

蹇：利西南，不利东北。利见大人。贞吉。

初六："往蹇，来誉。"

六二："王臣蹇蹇，匪躬之故。"

九三："往蹇，来反。"

六四："往蹇，来连。"

九五："大蹇，朋来。"

上六："往蹇，来硕。"吉，利见大人。

### 古歌

往蹇，来誉。

王臣蹇蹇，匪躬之故。

往蹇，来反。

往蹇，来连。

大蹇，朋来。

往蹇，来硕。

考释：“往蹇”，去时艰难。《周易集解》引虞翻：“蹇，难也。”“来誉”，归来时则快乐。“誉”通“愉”。《吕览·孝行》“天下誉”注：“誉，乐也。”“王臣蹇蹇”，天子之臣倍感艰难。主人公显然是贵族，“往”指侍于朝廷，“来”指返于封邑。“匪躬之故”，并非自身的缘故。《礼记·乐记》“不能反躬”注：“躬犹己也。”这里似乎是在怨刺天子昏昧，臣子勉为其难。“来反”，返回。《经籍纂诂》：“返古作反。”“来连”，归来也难。《经典释文》引马融：“连亦难也。”“大蹇”，太难，难到极点。“朋来”，众人皆归。《书·益稷》“朋淫于家”传：“朋，群也。”这是形容天子众叛亲离。“来硕”，疑原文作“硕来”，意思与“朋来”同。《周易正义》：“硕，大也。”这是一首讽喻之诗，类似《诗经》的“变雅”。

## 例五：渐

渐：女归吉。利贞。

初六：“鸿渐于干。”小子厉，有言。无咎。

六二：“鸿渐于磐，饮食衎衎。”吉。

九三：“鸿渐于陆，夫征不复，妇孕不育。”凶。利御寇。

六四：“鸿渐于木，或得其桷。”无咎。

九五：“鸿渐于陵，妇三岁不孕，终莫之胜。”吉。

上九：“鸿渐于陆，其羽可用为仪。”吉。

### 古歌

鸿渐于干，鸿渐于磐，饮食衎衎。

鸿渐于陆，夫征不复，妇孕不育。

鸿渐于木，或得其桷。

鸿渐于陵，妇三岁不孕，终莫之胜。

鸿渐于陆，其羽可用为仪。

考释：“鸿渐于干”，大雁登上河岸。《周易集解》引虞翻：“鸿，大雁也。”《序卦传》：“渐者，进也。”《说文》：“进，登也。”《经典释文》：“水畔称干。”“鸿渐于磐”，大雁登上水中大石。《文选·海赋》注引《声类》：“磐，大石也。”“饮食衎衎”，安然饮食。《方言》十三“衎，定也”，注：“衎然，安定貌也。”“鸿渐于陆”，大雁登上高地。《说文》：“陆，高平地。”“夫征不复”，丈夫出征一去不回。“妇孕不育”，妻子怀孕、生子而无力养活。《尔雅·释诂》：“育，养也。”“鸿渐于木”，大雁飞上树木。“或得其桷”，还有的飞上了屋椽。《尔雅·释宫》“桷谓之榱”注：“桷，屋椽。”“鸿渐于陵”，大雁登上山丘。《周易集解》引虞翻：“陵，丘。”“妇三岁不孕”，当指自第一胎生下的孩子夭折（“妇孕不育”）后，由于丈夫多年未归，故未受第二胎。“终莫之胜”，终于不能承受这种孤苦。“莫之胜”，莫胜之。《管子·入国》“子有幼弱不胜养为累者”注：“胜，堪也。”“鸿渐于陆”，此处当作“鸿渐于阿”，大雁登上大丘。李镜池《周易通义》：“阿：当讹为‘陆’。因‘陆’不但与九三爻犯复，且不协韵。故江永、王引之、俞樾均说是‘阿’之讹。”《说文》：“阿，大陵也。”“其羽可用为仪”，它们的羽毛可以用来打扮。《诗·烝民》“令仪令色”孔疏：“仪，容仪；色，颜色。”这是一首征夫怨妇之诗，类似《诗经》的“风”，而且善用“比兴”。

以上各例表明，《易经》古歌基本上是每卦一首，但也偶有一卦数首或者数卦一首的。

一卦数首，如归妹：“归妹以娣”“归妹以须，反归以娣”“归妹愆期，迟归有时”等为一首；“跛能履，眇能视”为一首，另见于履六三“眇能视，跛能履”；最后“女承筐，无食；士刲羊，无血”自为一首。

数卦一首，如屯卦“屯如邅如，乘马班如，匪寇，婚媾”与贲卦“贲如皤如，白马翰如，匪寇，婚媾”很可能出自同一首古歌。

判定若干条引语出自同一首古歌，可以依据以下几点：

## 一、文字相关

如需卦各爻引语为同一首古歌，在文字上就十分明显：“需于郊”，“需于沙”；“需于泥，致寇至”；“需于血，出自穴”；“需于酒食”，“入于穴”。我们甚至无须考察它们在语音和语义上的联系，也可判定其为同一首古歌。再如丰卦：“丰其蔀，日中见斗”；“丰其沛，日中见沬”；“丰其蔀，日中见斗，遇其夷主”；“丰其屋，蔀其家，窥其户，阒其无人，三岁不觌”。同类例子还有乾、屯、蒙、师、比、履、否、同人、谦、豫、蛊、临、观、噬嗑、贲、剥、复、无妄、颐、大过、坎、咸、遁、大壮、晋、明夷、家人、睽、蹇、损、益、姤、萃、升、困、井、革、鼎、震、艮、渐、归妹、旅、巽、兑、涣、节、小过、未济诸卦。这并不奇怪，排比、反复是民歌的一大特色。

## 二、音韵相关

如大畜卦："舆说輹"，"良马逐"；"曰闲舆卫"，"童牛之牿"；"豮豕之牙"，"何天之衢"。"輹""逐""牿"押古韵觉部，"牙""衢"则押鱼部。再如离卦："日昃之离，不鼓缶而歌，则大耋之嗟"；"出涕沱若，戚嗟若"。"离""歌""嗟""沱"押古韵歌部。

## 三、意旨相关

如离九四："突如，其来如，焚如，死如，弃如"；六五："出涕沱若，戚嗟若"。两条文字、音韵均不相干，但其内容一致：前者记叙一场灾难，后者描写灾后悲苦之状。因此，两者可能是同一首古歌。

如果几条引语能同时满足以上条件中的两个，它们是同一首古歌的可能性就很大；如果同时满足三个条件，它们是同一首古歌便确切无疑了。例如颐卦：

> 初九："舍尔灵龟，观我朵颐。"凶。
> 六二："颠颐，拂经于丘。"颐征凶。
> 六三："拂颐。"贞凶，十年勿用，无攸利。
> 六四："颠颐。"吉。"虎视眈眈，其欲逐逐。"无咎。
> 六五："拂经。"居贞吉。不可涉大川。
> 上九："由颐。"厉吉，利涉大川。

各条引语文字相关，尤其表现在"颐"字上；音韵相关，"龟""颐""丘"押古韵之部，且可与觉部"逐"合韵；语意相关，其主旨是"给养"问题（《序卦》"颐者，养也"）。因此，它们必出自同一首古歌。

最后谈一下卦名、爻题跟古歌的关系。

《易经》卦名虽然为作《易》者所定，但都取自古歌。大致说来，包括以下两类：

## 一、取自古歌之辞

（1）取自首句

如“屯”取自“屯如邅如”，“蒙”取自“发蒙”，“需”取自“需于郊”，等等。这是《易经》各卦命名的基本方式。这些卦名很可能原本是卦中古歌的标题，犹如《诗经》往往摘取首句言辞为题，如《关雎》首句“关关雎鸠”，《卷耳》首句“采采卷耳”，《丰》首句“子之丰兮”。

（2）取自中句

这种标题方式《诗经》也有，如《汉广》取自“汉之广矣”，并非首句；《驺虞》取自“于嗟乎驺虞”，也非首句；《桑中》取自“期我乎桑中”，仍非首句。《易经》亦然，如“随”取自“随有获”，“无妄”取自“无妄之灾”，“离”取自“日昃之离”，等等。这些卦名可能也都是古歌题。

## 二、取自古歌之义

个别卦名虽非摘自古歌字词，但其意旨还是得自古歌的。如“乾”，意为“健”（《说卦》“乾，健也”；汉帛书《易》“乾”即作“健”），而“健”正是作《易》者所理解的“龙”的精神：由“潜”而“见”（xiàn），而“跃”，而“飞”。作《易》者、传《易》者旨在以龙喻人，故《易经》讲“君子终日乾乾”，志在进取；《象传》也讲“天行健，君子以自强不息”。显然，这最终得自乾卦里的“龙之歌”。因此，我们不妨直接以卦名为古歌标题。

至于爻题，也和卦名一样，是作《易》者所为，但与古歌无关，而是据爻性（阳爻称为“九”，阴爻称为“六”）和爻位（初、二、三、四、五、上）确定的。

人们已经研究过形形色色的《易》：有神学的，有哲学的；有象数之学的，有义理之学的；有经学的，有史学的。唯独没有人发现过诗学的《易》。本文旨在抛砖引玉，以求“易诗”这块文学瑰宝得以重放异彩。

# 中国最古老的“婚礼进行曲”*

## ——《易经》中的几首婚俗歌谣

《易经》里引用了不少远古歌谣，反映了远古先民独特的生活方式以及他们对其生活的独特感受。其中有几首古歌，表现的是远古时代的婚礼，堪称我国最古老的“婚礼进行曲”。

第一首是屯卦古歌（“△”“○”为韵）：

屯如邅如，乘马班如：
　△　　　△
匪寇，婚媾。
○　　○
乘马班如，泣血涟如。
　△　　　△

“屯”“邅”本指行路艰难，可用为双声联绵词，如班固《幽通赋》：“纷屯邅与蹇连兮，何艰多而智寡。”本诗“屯”“邅”形容欲进不进、犹豫逡巡的样子。“如”通“然”，形容词词尾。“乘”通“驷”，四马车。“乘马”泛指车马。“班如”，辗转徘徊的样子。以上两句描写一队人群车马犹豫观望的情形，造成一种悬念：这是些什么人？想干什么？下面两句解除悬念，揭示真相。“匪”通“非”，不是。“寇”，攻掠。“婚媾”，婚姻，这里用作动词。“泣”，泪。“涟如”，涟涟、横流的样子。最后两句写婚礼的高潮，竟然血泪纵横。

---

* 原载《文史杂志》1995年第1期。

这首古歌今译如下：

辗转徘徊，车马逡巡；
不是侵犯，而是婚姻。
车马盘桓，血泪涟涟。

据李镜池先生研究，这是远古氏族社会族外对偶婚的劫夺婚，即目前在某些少数民族中还有其孑遗的“抢婚”：一个部族的男子去抢掠另一个部族的女子为自己的妻子。他们先是在外观望徘徊，伺机下手，此即“屯如邅如，乘马班如”的情景。这种行动毕竟不是部族战争，而是一种正常婚礼，此即所谓“匪寇，婚媾”。但是这种婚礼形式颇为“野蛮”，到底不像今天的那么温情脉脉，有时甚至发生战斗，以至其“血”“涟如”；女子悲恐哭泣，其“泣”“涟如”。后世新娘“哭婚”，或许是其遗风。

第二首是贲卦古歌：

贲其趾，舍车而徒，贲其须。
　　　　　　△　　　△
贲如濡如，贲如皤如，白马翰如：
　　　　　　○　　　○
匪寇，婚媾。
　△　△
贲于丘园，束帛戋戋。
　　○　　　○

“贲”，用贝壳修饰打扮。《说文》：“贲，饰也。从贝。”贝壳曾是上古货币，以之作为装饰显得华贵。“趾”，足。“贲其趾”，用贝壳打扮其双足。“舍”，放弃。“徒”，步行。“须”，胡须。这似乎是位老人，可能不是新郎，而是主持“婚礼”的族长。前三句写人，婚礼之前，先从头到脚打扮一番。后三句写马：“贲如”，装饰华美的样子。“濡如”，马汗沾濡的样子。“皤”，白，形容下文“白马”。“翰”古音同“翰”，与“皤”押韵，形容马头高扬的样子。以上也是造成悬念，然后解除悬念：“匪寇，婚媾。”“丘园”，这里似指其所居处。"贲于丘园"是交代以上修饰打扮的地方。"束"，五匹帛扎在一起。"戋戋"（jiān），不多的样子，似乎表示自谦；一说堆积的样子，表示丰厚。"束帛戋戋"，形容这位"白马王子"准备的聘礼丰足。

这首古歌今译如下：

打扮好他的双足，
下车来徒步，
修饰好他的胡须。
新装的马儿汗水沾濡，
毛色洁白，装束整齐，
白马儿啊，昂首挺立：
这不是来侵犯，
而是一场婚礼。
山丘庄园前精心打扮，
还有一束束布帛堆集。

比起上一首古歌来，这首古歌更突出描写了这种原始婚礼的"礼"："结婚礼服""聘礼"。这里既有人的"婚礼服"，即"贲其趾""贲其须"，从头到脚用华贵的朋贝打扮起来；又有马的"婚礼服"，即"贲如皤如"，修饰一新。诗中既写了人的郑重其事"舍车而徒"，又写了马的急促兴奋"濡如""翰如"。透过对马的情态描写，间接表现出人的急切心情。特别是临近女方家门前，再一次修整装束，"贲于丘园"，更显出庄重有礼。"聘礼"也不菲薄，"束帛戋戋"，一捆捆，一扎扎。总之，对婚礼竭尽铺陈描写之能事。

第三首是睽卦古歌：

睽孤，遇元夫，厥宗噬肤。
　△　　△　　　△
睽孤，见豕负涂，载鬼一车。
　△　　　△　　　　△
先张之弧，后说之弧：
　　　△　　　△

匪寇，婚媾。

〇 〇

“睽孤”，双声联绵词，乖戾的样子，犹如今所谓“古怪”。《易·睽》“睽小事吉”疏：“睽者，乖异之名。”《法言·重黎》“天下孤睽”注：“睽犹乖离也。”《汉书·诸侯王表》“睽孤横逆”注：“睽孤，乖剌之意。”“元”，头，首长。“夫”，男子。“元夫”可能是指女方族长。途中意外遇见女方族长，故觉奇怪。“厥”，其，他的。“宗”，宗族，也指宗庙，祭祀祖先的场所。“噬”通“食”，用食物供奉。“肤”，肉。“豕”，猪。“负”同“伏”。“涂”同“途”，路上。“鬼”，人装扮的鬼神，可能是指祭祀中的巫。“张”，拉开弓。“说”，释，放松。起初搭箭张弓欲射，后来放松弓弦作罢：原来不是装神弄鬼的强盗，而是婚礼的行列。这首古歌全诗都运用悬念手法，直到最后才挑明真相，构思巧妙，令人玩味。

这首古歌今译如下：

多么奇怪，
遇上了族长，
宗庙里祭享。
多么奇怪，
看见一头猪伏在路上，
还有一车鬼满满当当。
先是拉开弓，箭在弦上，
后来放下箭，不再惊慌：
原来不是强盗，
而是迎娶新娘。

这首古歌比前两首更显得险象环生，扣人心弦，因而真相大白以后也就更加令人轻松、愉悦。这样生动的艺术效果，在古诗中是不多见的。

总的来看，这几首婚礼之歌都运用的传统诗艺中“赋”的手法，不用比兴，质朴无华；而其描写却很细腻，尤善于通过外在描写来表现人物内心世界。当然，最大的艺术特色仍在于对悬念的巧妙运用。

# 撩开诗神面纱的一角*

## ——郭沫若对《周易》古诗的天才觉察

郭沫若先生一生有许多重要学术贡献，为人们所乐道。但他还有一项贡献，迄今未能引起注意，这就是他对《周易》中所隐藏的远古诗歌的发现。《周易》是中国最重要的古典文献之一，古人奉为“六经之首”。然而近两千年来，人们只知道《易经》是一部占筮之书，却不知《周易》经文乃是编撰而成的，其中大量引用了殷周歌谣。直至20世纪20年代以后，才陆续有少数几位学者意识到《周易》中有古诗存在。这当中，郭沫若先生乃是破天荒第一人。1928年11月，他在《东方杂志》25卷21、22号上发表了著名长文《周易时代的社会生活》。[①] 在该文第一章第三节“艺术”部分，他首次研究了《周易》的屯、贲、离、井、震、归妹、中孚等七卦中的古诗片断。这些分析虽然还很粗略，对这些诗歌的剥离发掘还不完整，对它们诗歌性质的认识还不确定，但已足以担当《易经》古诗研究的最早的先驱。最近，笔者在拙文《易经古歌的发现和开掘》[②] 中证明：《易经》不是一人一时之作，它的经文由两种性质截然不同的文献构成，一种是作《易》者所自撰的表示吉凶祸福判断的占辞，另一种就是他所引用的当时已有的殷周歌谣；如果剥除了占辞，《周易》事实上就是中国现存最古老的一部诗集。这里结合笔者的研究，对郭沫若先生关于《易经》古诗的天才觉察加以评价。

---

* 原载《郭沫若学刊》1995年第2期。

① 后收入《中国古代社会研究》，人民出版社1953年版；《郭沫若全集·历史编》，人民出版社1982年版。

② 见《文学遗产》1993年第5期。

## 一、屯卦古诗

郭沫若先生所列举的第一个例子，是《易·屯·六二》爻辞："屯如，邅如，乘马，班如：匪寇，婚媾。"他分析道："这是写一个男子骑在马上，迂回不进，他不是去从征，是去找爱人。"这个分析大致不差。但这只是《屯》诗的一个片断。《屯》卦原文如下：

屯：元亨，利贞。勿用有攸往。利建侯。
初九："磐桓。"利居贞。利建侯。
六二："屯如邅如，乘马班如。匪寇，婚媾。"女子贞不字，十年乃字。
六三："即鹿，无虞。惟入于林中，君子几不如舍。"往吝。
六四："乘马班如。求婚媾。"往吉，无不利。
九五："屯其膏。"小贞吉，大贞凶。
上六："乘马班如，泣血涟如。"

以上经文，引号外的都是表示吉凶判断的占辞①："元亨，利贞"，人、神大通，利于占问。"勿用有攸往"，不可有所前往，即不宜外出。"利建侯"，有利于分封诸侯。"利居贞"，有利于关于居处的占问。"女子贞不字，十年乃字"，如果有女子占问不能孕育之事，十年后才能怀孕。"往吝"，外出将会悔恨。"往吉，无不利"，外出吉利，且万事大吉大利。"小贞吉，大贞凶"，占问小事吉利，大事凶险。

剥除了占辞，引号内的便是诗句。不过，六三爻的引文是一首独立的小诗，而与《屯》诗无关："即鹿"，追猎鹿子。"无虞"，没有看管猎苑的虞人来作向导。"惟入于林中"，想到鹿已逃入深林里。"君子几不如舍"，君子（指猎鹿者）与其继续追赶，不如舍弃。除去这首小诗，余下便是《屯》诗：

屯如邅如，乘马班如。
匪寇，婚媾。

① 为节省篇幅，本文对"占辞"不做烦琐考证。有兴趣的读者，可参看注释《周易》的有关书籍。

求婚媾，屯其膏。

乘马班如，泣血涟如。

其中“磐桓”一句，当非全诗首句。上述拙文中曾证明：《易经》的卦名实际上原本是诗题，其命题方式与《诗经》的完全一致。摘取全诗首句文字为题，这是上古诗歌中最常见的方式。本卦名《屯》，古诗首句当为“屯如邅如”。

这是一首求婚之歌，郭沫若先生解释为“找爱人”，未尝不可。“如”字是形容词词尾，通“然”，亦即郭沫若所谓“更加三个‘如’字的语助词”。诗中“屯如”“邅如”“班如”“磐桓”，都是形容车马徘徊、盘桓的样子，即郭沫若所谓“迂回不进”。但“乘马”不是“骑在马上”的意思，“乘”（shèng）又称“驷”，指四匹马拉的车。《经典释文》：“四马曰乘。”“屯其膏”意思应该是“屯于其皋”，徘徊于水泽边。“屯”即上文“屯如”，亦即逡巡的意思。“膏”是“皋”（水泽之地）的假字。“泣血”就是哭泣。“血”是“洫”的假借字，这里形容泪流犹如沟洫。本诗是写远古族外婚的抢婚制，所以被抢的女子哭泣。抢婚容易引起误会，以为异族来攻掠，所以要交代“匪寇，婚媾”，说明不是侵犯，而是寻求配偶。“匪”是“非”的假借字。

## 二、贲卦古诗

郭沫若先生所列举的第二个例子，是《易·贲·六四》爻辞：“贲如皤如，白马翰如：匪寇，婚媾。”他注明本诗“与上同调”，即与《屯》诗是同一题材的。贲卦原文如下：

贲：亨，小利有攸往。

初九：“贲其趾，舍车而徒。”

六二：“贲其须。”

九三：“贲如濡如。”永贞吉。

六四：“贲如皤如，白马翰如：匪寇，婚媾。”

六五：“贲于丘园，束帛戋戋。”吝终吉。

上九：白贲无咎。

本卦占辞：“亨，小利有攸往”，人、神相通，略有利于外出。“永贞吉”，占问长期休咎，吉利。“吝终吉”，虽有悔恨，最终吉利。“白贲无咎”，崇尚俭朴，则能免灾。“贲”本是诗题，作《易》者借以构成占辞，这是《易经》制作占辞的一种特殊手法，我称之为“借题发挥”。

本卦古诗：

贲其趾，舍车而徒。
贲其须，贲如濡如。
贲如皤如，白马翰如：
匪寇，婚媾。
贲于丘园，束帛戋戋。

诗中“贲”均通“班”，形容马的斑白色。《经典释文》：“贲，古斑字。”《周易集解》：“贲，有文饰，黄白色。”《诗经·白驹》也写白马：“贲然来思。”郑笺：“贲，黄白色也。”可见诗中“白马”黄质白斑。“贲其趾”，马足斑白。“舍车而徒”，下车步行。因为已近女方家门，亦即下文“贲于丘园”。“贲其须”，鬃尾斑白。“濡如”，毛色润泽。《诗经·皇皇者华》也写马“六辔如濡”，郑笺：“如濡，言鲜泽也。”“皤如”，斑然，也形容毛色斑白。“翰如”，也写马之白。《经典释文》：“翰，白也。”《礼记·檀弓》“戎事乘翰”郑注：“翰，白色马也。”“丘园”，指女方家。《周易古经今注》：“丘园，女家之所居也。”“束帛”，一捆布帛，这是订婚的聘礼。《六十四卦经解》：“昏礼，纳帛一束。”“戋戋”，形容丰厚。《经典释文》：“戋戋，礼之多也。”

以上两诗均写婚姻，郭沫若称之为“同调”，完全正确。

### 三、离卦古诗

第三个例子，是《易·离·九四》爻辞：“突如其来如，焚如，死如，弃如！”郭沫若赞叹道：“这是多么哀婉的一首抒情诗呢！”但他又批判道：“这当然是有闲阶级的情感，他丰衣足食之后，在百无聊赖之中，对于人生发出这样的疑问。”这是对《离》诗意的误解。离卦原文如下：

离：利贞，亨。畜牝牛吉。
初九：履错然，敬之无咎。

六二：“黄离。”元吉。
九三：“日昃之离。不鼓缶而歌，则大耋之嗟。”凶。
九四：“突如，其来如。焚如，死如，弃如。”
六五：“出涕沱若，戚嗟若。”吉。
上九：“王用出征，有嘉折首，获匪其丑。”无咎。

占辞：“利贞，亨”，利于问卦，人神相通。“畜牝牛吉”，养母牛能吉利。“履错然，敬之无咎”，行礼恭敬，无灾。“履”通“礼”，“错”通“措”。“元吉”，大吉。“无咎”，无灾。

古诗：

黄离，日昃之离。
不鼓缶而歌，则大耋之嗟。
突如，其来如。
焚如，死如，弃如。
出涕沱若，戚嗟若。
王用出征，有嘉折首，获匪其丑。

“黄离”，今作“黄鹂”。“离”是“鹂”的古字。“日昃之离”，黄昏时的黄鹂。这既是开篇的“起兴”手法，又点明了故事发生的时间。“不鼓缶而歌”，不击鼓而只唱歌。古代打仗，有鼓有歌。“不鼓”表明这是突袭，“突如其来”。“缶”，瓦盆，古人又用作乐器。《说文》：“缶，瓦器，所以盛酒浆，秦人鼓之以节歌。”“则大耋之嗟”，无力抵抗的老人只能叹息。《尔雅·释言》：“耋，老也。”“突如，其来如”，形容袭兵突然冲来的样子。“焚如，死如，弃如”，形容焚烧、死亡、弃尸荒野的情景。《释名·释丧制》：“不得埋曰弃，谓弃之于野也。”“出涕沱若”，（老弱妇幼）泪水滂沱。“戚嗟若”，忧伤悲叹的样子。“王用出征”，这是天子出兵征讨。“有嘉折首”，庆赏斩首杀敌。“获匪其丑”，俘获其众多的人。“匪”通“彼”，指代被伐者。《词诠》：“匪，指示代名词，与‘彼’同。”“丑”，众。《周易通义》：“丑：众。”

这是一首记载天子征伐之诗，类似于《诗经》的《颂》。显然，郭沫若先生的解释不确切。

## 四、井卦古诗

第四个例子，是《易·井·九三》爻辞："井渫不食，为我心恻；可用汲。王明，并受其福。"郭沫若先生指出："食、恻、福，为韵。"这是完全正确的。但他认为："读这短短的四句，好像在读屈子的《离骚》。"这个比方，很不恰当。井卦原文如下：

井："改邑不改井。"无丧无得。"往来井，井汔至，亦未繘井、羸其瓶。"凶。

初六："井泥不食，旧井无禽。"

九二："井谷，射鲋，瓮敝漏。"

九三："井渫不食，为我心恻。"可用汲。"王明，并受其福。"

六四："井甃。"无咎。

九五："井洌，寒泉食。"

上六："井收。"勿幕有孚，元吉。

占辞："无丧无得"，既不会有所失，也不会有所得。"凶"，会有凶险。"可用汲"，可以从井中打水。这句不是诗句，而是"因象为占"的占辞：其一，既然"井渫不食"，则不可汲；其二，"可用"乃是《易经》常用占筮术语；其三，"井渫不食"，也就无从体现"王明"。"王明，并受其福"应在全诗末尾，属于篇末点明主题，与"食"押韵。"无咎"，无灾。"勿幕有孚，元吉"，不要覆盖井口，（而让众人汲水）就能获得信誉，大吉大利。这也属于"因象为占"手法。

古诗：

改邑不改井，往来井。
井汔至，亦未繘井、羸其瓶。
井泥不食，旧井无禽。
井谷，射鲋，瓮敝漏。
井渫不食，为我心恻。
井甃，井收。

井洌，寒泉食。
王明，并受其福。

“改邑不改井”，改造了旧城却没有改造旧井。“往来井”，人们仍然往来于井上汲水。“井汔至”，井水已干涸淤塞。《说文》：“汔，水涸也。”“至”通“窒”，堵塞。《周易通义》：“至：借为窒，淤塞也。”“亦未繘井”，也没有给井装上新的汲水绳。《经典释文》引郭璞注：“繘，汲水索也。”“羸其瓶”，（用汲水绳）拴上汲水罐。“羸”通“累”，用绳系住。帛书《周易》即作“累”。“瓶”，汲水的陶罐。《仪礼·士丧礼》“新盆盘瓶”郑注：“瓶，以汲水也。”“井泥不食”，井水泥污了，无法饮用。“旧井无禽”，连禽兽也不来光顾这口旧井。“井谷”，井壁崩坏，水泄若谷。“射鲋”，崩坏已久，可以射鱼了。《经典释文》：“鲋，鱼名也。”“瓮敝漏”，汲罐也破漏了。“瓮”即上文“瓶”。“井渫不食”，井水流泄了，不得饮用。“为我心恻”，使我心哀。以下当接“井甃”“井收”，修井、汲水。“甃”，指垒好井壁。《经典释文》引干宝：“以砖垒井曰甃。”“收”指收卷辘轳，汲水。《周易集解》引虞翻：“收，谓以辘轳收繘也。”“井洌”，井水清澈了。“寒泉食”，食寒泉，可以饮用凉爽的井泉了。“王明”，天子英明。“并受其福”，人们都享受了他造的福，可能是指天子下令修井的。

这是一首颂扬天子治井之诗，也类似《诗经》的《颂》。以《离骚》来比况，是不妥当的。

## 五、震卦古诗

第五例，是《易》震卦辞：“震来虩虩，笑言哑哑，震惊百里，不丧匕鬯。”震卦原文如下：

震：亨。“震来虩虩，笑言哑哑，震惊百里，不丧匕鬯。”
初九：“震来虩虩”，后“笑言哑哑”，吉。
六二：“震来厉，亿丧贝。”跻于九陵，勿逐，七日得。
六三：“震苏苏。”震行无眚。
九四：“震遂泥。”
六五：“震往来厉，意无丧。”有事。

上六："震索索，视矍矍。"征凶。"震不于其躬，于其邻。"无咎。婚媾有言。

占辞："亨"，人与神相通。"吉"，能吉利。"跻于九陵，勿逐，七日得"，（马）跑进了深山，不必追寻，七天后会失而复得。类似的占辞如睽卦的"丧马勿逐"。"震行无眚"，打雷无灾。这也属于"借题发挥"的占断。"有事"，将有战事。"征凶"，外出凶险。"无咎"，无灾。"婚媾有言"，婚期有误。"言"通"愆"。

古诗：

震来虩虩，笑言哑哑。
震惊百里，不丧匕鬯。
震来厉，亿丧贝。
震苏苏，震遂泥。
震往来厉，意无丧。
震索索，视矍矍。
震不于其躬，于其邻。

"震"，雷，霹雳。《说卦传》："震为雷。"《说文》："震，劈历，振物者"；徐铉注："今俗别作霹雳。""虩虩"，令人恐惧的样子。《周易正义》："虩虩，恐惧之貌也。""笑言哑哑"，谈笑自若的样子。《周易正义》："哑哑，笑语之声也。""震惊百里"，雷声惊动方圆百里。"不丧匕鬯"，不曾惊落手中酒勺。"匕"，匙，勺子。《周易古经今注》："匕者，匙也。""鬯"，一种酒。《经典释文》："鬯，香酒。""震来厉"，这次雷声来得厉害。"亿丧贝"，噫，惊落了手中的钱币。"亿"通"噫"，惊叹词。《经典释文》："亿，本又作噫。""贝"，上古作货币。《说文》："古者货贝而宝龟，周而有泉（钱），至秦，废贝行钱。""震苏苏"，雷声令人不安。《经典释文》引郑注："苏苏，不安也。""震遂泥"，雷声震落了墙泥。"遂"通"坠"，《六十四卦经解》："遂当作队，古坠字。""震往来厉"，雷声远去了，又猛地响来。"意无丧"，噫，这次没有惊落什么东西。"意"通"噫"，与上文"亿"同。《周易集解》即作"亿"。"震索索"，雷声令人惊疑不安。"索索"与上文"苏苏"同。

《周易正义》：“索索，心不安之貌。”“视矍矍”，目光惊疑不定。《易纂言》：“惟惊骇之余，目视犹有不定也。”“震不于其躬，于其邻”，霹雳没有打到自己身上，打到了邻人。

这是一首描写惊雷的杰作，郭沫若先生誉之为“这可以说是绘声绘影之作”。

## 六、归妹卦上六爻中的古诗

在郭沫若先生所列举的例子中，唯有《归妹·上六》爻辞算是一首独立完整的小诗：“女承筐，无实。士刲羊，无血。”原文为：“上六：‘女承筐，无实。士刲羊，无血。’无攸利。”其中“无攸利”为占辞，意谓凡事都不吉利。诗的意思是：一个女子捧着一只竹筐，筐里却没有东西；一个小伙子杀羊，却没有血。

郭沫若先生认为：“我觉得这是牧场上一对年青的牧羊人夫妇在剪羊毛的情形。”根据是：“刲字怕是剪剔之类的意思，所以才会无血。（古人训作刺字，实在讲不通。）”这实属想当然的说法。即使“刲”作“剪剔”理解，那筐子里也应该有羊毛，怎么会“无实”呢？何况“刲”字根本没有“剪剔”的意义，只能释为刺杀。《左传·僖公十五年》“士刲羊”释文：“刲，刺割也。”《仪礼·少牢馈食礼》“司马刲羊”郑注：“刲谓杀之。”其实，之所以“无实”“无血”，是因为这是一首伴舞之歌。用歌舞来表现劳动的场面，这是古代民间的常见艺术形式。在舞蹈中，劳动的动作都是虚拟的，所以“无实”“无血”。

## 七、中孚卦的古诗

郭沫若先生所举的最后一个例子，是《中孚·九二》爻辞：“鸣鹤在阴，其子和之。我有好爵，吾与尔靡之。”他分析道：“爵就是酒杯，靡当读为波，与和字为韵，大概就是醉酒之意。”应该说，这个解释基本上正确。可惜，他又进一步做了两种臆测，一个是：“这简直是享乐的世界了。同一是有闲阶级的心理，由《离·九四》的执着一变而为这儿的超脱。他们不可解救的悲哀暂时是在酒里面得着解决了。”另一个臆测则是：“‘吾与尔’假如我们更大胆地解释成一男一女，那么怎样呢？……那会是怎样一首有趣的恋歌呢？”这是两种自相矛盾的说法。郭沫若先生具有诗人的丰富大胆的想象力，然而，对古典文献的训释远不能凭借单纯的想象。《中孚》经文如下：

中孚：豚鱼吉。利涉大川。利贞。
初九：虞吉。“有它，不燕。”
九二：“鸣鹤在阴，其子和之；我有好爵，吾与尔靡之。”
六三：“得敌，或鼓或罢，或泣或歌。”
六四：月几望，马匹亡，无咎。
九五：有孚挛如，无咎。
上九：“翰音登于天。”贞凶。

占辞：“豚鱼吉”，有小猪、鱼，就吉利。“利涉大川”，有利徒步渡过大河。“利贞”，利于问卦。“虞吉”，为死者举行了安魂礼就能吉利。《礼记·檀弓下》“日中而虞”疏：“虞者，葬日还殡宫安魂之祭名。”“月几望，马匹亡，无咎”，月将圆时走失马匹，无灾。这是“塞翁失马焉知非福”之意。“有孚挛如，无咎”，因有仁爱而获信誉，无灾。《经典释文》：“挛，《子夏传》作恋，云：思也。”“贞凶”，占问的结果凶险。

《中孚》古诗如下：

有它，不燕。
鸣鹤在阴，其子和之；
我有好爵，吾与尔靡之。
得敌，或鼓或罢，或泣或歌。

“有它”，有异族来侵犯。“它”指异族，《国语·周语》“不出于它矣”注：“它，它族也。”“不燕”，不安。《周易正义》：“燕，安也。”“鸣鹤在阴”，鹤在南岸啼鸣。《说文》：“阴，暗也。水之南、山之北也。”“其子和之”，它的幼鹤在与之和鸣。这两句是用“比”的手法，比喻下文“我”与其子弟兵之间的同仇敌忾。“我有好爵”，我有美酒。“吾与尔靡之”，让我与你们共享。《经典释文》引《韩诗》：“靡，共也。”这一节写饮酒誓师，亦即卦名（诗题）“孚”（以诚取信、同心同德）的意思。“得敌”，面对敌人。“或鼓或罢”，有的敲大鼓，有的击小鼓。“罢”通“鼙”，一种小鼓。《周易义证类纂》：“按，罢读为鼙。”“或泣或歌”，有的哭泣，有的高唱战歌。卦中还有一句歌辞“翰音登于天”，应该是《小过》卦中古诗的辞句，接“飞鸟遗之音”，被作《易》者窜引于此，实与《中孚》古诗无关。

这是一首誓师抗敌之诗，而不是郭沫若先生所说的“有闲阶级的心理”或者“恋歌”。

总起来看，郭沫若先生对《周易》古诗的探索是开创性的。由于他本人就是一位杰出的诗人，所以能敏锐感觉到《周易》中有诗歌的存在；又由于他还是一位富于创新精神的学者，所以又能对这些远古歌谣做出自己不同于前人的解释。虽然这些解释不尽可靠，但毕竟是有史以来首次把它们当作是诗来理解：“这些例子总可以算是诗罢？总可以算是艺术罢？”口吻之中虽不十分确定，但总算是撩开了诗神面纱的一角。

# 《易经》引用古歌的证明[*]

拙著《易经古歌考释》[1] 书中证明《周易》每一卦都引用殷周歌谣，俨然一部最古的诗集。现将“绪论”部分撮述如下。

1.韵的和谐

《易经》的用韵显得非常“古怪”，韵字出现的位置显得没有章法。试举数例，以见一斑：

《讼》九二：不克讼，归而逋，其邑人，三百户，无眚。

《否》九五：休否，大人吉，其亡其亡，系于苞桑。

《贲》六五：贲于丘园，束帛戋戋，吝终吉。

《咸》九四：贞吉，悔亡，憧憧往来，朋从尔思。

《萃》初六：有孚不终，乃乱乃萃，若号，一握为笑，勿恤，往无咎。

假如这些爻辞全都是出自作《易》者之手的，那么按照中国诗文的韵律，每一爻的最后一个字就应该是韵字，否则读起来就完全没有用韵的效果。

而《易经》韵字位置之杂乱，古今所无。这是《易经》用韵的千古之谜，从来没有人做出过合理的解释，甚至没有人提出过疑问。然而，一旦我们放弃

---

* 原载《羑里易学》第一卷第八辑，中州古籍出版社1996年版。

① 黄玉顺：《易经古歌考释》，巴蜀书社1995年版。

习焉不察的传统偏见，而把用韵的地方看成作《易》者所引用的古歌，无韵的地方是他所作的占断，问题就很简单了：

《讼》九二：“不克讼，归而逋。其邑人，三百户。”无眚。

《否》九五：休否，大人吉。“其亡其亡，系于苞桑。”

《贲》六五：“贲于丘园，束帛戋戋。”吝终吉。

《咸》九四：贞吉，悔亡。“憧憧往来，朋从尔思。”

《萃》初六：有孚不终，乃乱乃萃。“若号，一握为笑。”勿恤，往无咎。

这些韵律，与《诗经》并没有什么两样。

2.卜辞的启示

将《周易》筮辞与甲骨卜辞加以对比应是合理的，因为它们都属卜筮吉凶的范畴，并且所处时代也是相当的。但卜辞较之《周易》有一个重大区别，就是都不用韵。为什么《周易》有韵而卜辞无韵呢？唯一合理的解释，就是《周易》征引了歌谣而卜辞没有征引。这就是说，《周易》筮辞用韵的地方，并不是作《易》者所作，而是他所征引得来的。

3.句式的整饬

中国的诗歌，由二言而三言，而四言，而五言，而七言，随时代发展而递增。《诗经》是以四言为主的，而先于《诗经》的《易经》古歌，句式肯定较简短。事实正是如此，《易经》古歌以二言、三言和四言为主，兹举数例：

《坤》：履霜，坚冰。直方，含章。括囊，黄裳。龙战于野，其血玄黄。

《需》：需于郊，需于沙。需于泥，致寇至。需于血，出自穴。需于酒食，入于穴。有不速之客，三人来。

《同人》：同人于野，同人于门，同人于宗。伏戎于莽，升其高陵，三岁不兴。乘其墉，弗克攻。同人先号咷，而后笑：大师克相遇，同人于郊。

4.风雅颂的体制

“风雅颂赋比兴”，这套诗学范畴也有助于理解《易经》古歌。

“风”是民间歌谣，尤其是男女爱情婚姻风俗歌谣。《易经》里“风”最多，与《诗经》“风”最多完全一致。这里仅举其中三首题材相近的婚俗歌谣（已剔除占辞并加以调整）：

《屯》：屯如邅如，乘马班如：匪寇，婚媾。求婚媾，屯其膏。乘马班如，泣血涟如。

《贲》：贲其趾，舍车而徒。贲其须，贲如濡如。贲如皤如，白马翰如：匪寇，婚媾。贲于丘园，束帛戋戋。

《睽》：睽孤，遇元夫，厥宗噬肤。睽孤，见豕负涂，载鬼一车。先张之弧，后说之弧：匪寇，婚媾。

“雅”是贵族作品，而其中所谓“变雅”乃贵族人物愤世嫉俗之作。《易经》中有“雅”，“变雅”也不少。如《蛊》声称“不事王侯，高尚其事”；《无妄》抱怨“不耕获，不菑畲”；《颐》蔑视占卜，调侃“舍尔灵龟，观我朵颐”；《明夷》愤然出走，宁肯“君子于行，三日不食”；《家人》嘲弄家长禁戒，“家人嗃嗃，妇子嘻嘻”；《蹇》怨诉仕途艰难，“王臣蹇蹇，匪躬之故”；等等。

“颂”是歌功颂德之作。《易经》也有几首颂歌，如《离》写一次天子征讨，最后歌颂道：“王用出征，有嘉折首，获匪其丑。”《井》歌颂天子下令为民掘井成功：“王明，并受其福。”总之，都是歌颂圣明天子的，类似《诗经》的《商颂》《周颂》。

5.赋比兴的艺术手法

关于《易经》古歌对“赋比兴”艺术手法的运用，高亨先生已有分析。他提出：“其表现手法，拿《诗经》来比，或者是‘直言其事’的‘赋’；或者是‘以彼喻此’的‘比’；或者是‘触景生情’的‘兴’。”[①]

6.命题的方式

《易经》卦名的由来，至今未有合理的说法。其实，《易经》的卦名本是所

① 高亨：《周易卦爻辞的文学价值》，《高亨著作集林·周易杂论》（第一卷），清华大学出版社2004年版，第484页。

引古歌的诗题。这些诗题的命名方式，与《诗经》是完全一致的：

（1）摘自古歌的文字

一种是摘自首句。《易经》的例子，如《屯》摘自古歌首句“屯如邅如”，《需》摘自“需于郊”，《同人》摘自“同人于野”等。《诗经》的例子，如《关雎》摘自“关关雎鸠”，《卷耳》摘自“采采卷耳”，《氓》摘自“氓之蚩蚩”等。

一种是摘自首句以外的某句。《易经》的例子，如《否》摘自“休否”，不是首句；《无妄》摘自“无妄之灾”，也非首句；《家人》摘自“家人嗃嗃”，仍非首句。《诗经》的例子，如《汉广》摘自“汉之广矣”，《驺虞》摘自“于嗟乎驺虞”，《桑中》摘自“期我乎桑中”，均非首句。

（2）得自古歌的诗意

《易经》古歌有几个诗题文字不见于歌辞，它们是《乾》《坤》《小畜》《泰》《大畜》《大过》和《中孚》。《诗经》也有同类情况，如《雨无正》《巷伯》《常武》《酌》《赉》和《般》。一般来说，这种命题方式虽不是摘自歌辞，但也是取自诗意的，是对诗歌内容的一种概括。例如《易·中孚》，“中”即内心，“孚”即诚信。这正是对诗意的概括：有美酒而与众人共享，以取信于众，故能上下一心，同仇敌忾。《诗集传·巷伯》：“巷是宫内道名，秦汉所谓‘永巷’是也；伯，长也。王宫内道官之长，即寺人也。”《巷伯》诗中正有“寺人孟子，作为此诗”的辞句。可见诗题《巷伯》是与诗意有关的。

（3）同类诗题的分辨

《易经》古歌还有一些诗题，在诗题上加以“大”“小”之类字样，如《小畜》与《大畜》、《大过》与《小过》、《既济》与《未济》等，两两相对。这种情况，《诗经》也有，如《小旻》与《召旻》、《小弁》与《頍弁》、《小明》与《大明》，此外还有《小宛》《小毖》。通常是后一字摘自歌辞，前一字不见于诗中。这些原来也是诗题，加字的目的在于对两首诗加以分辨。

7.“爻”的含义

《易经》每卦六爻。其所以称为“爻”，原因不明。其实，“爻”是“繇”的假借字。《左传》《国语》均称爻辞为“繇”。但是，“繇”显然也是个假借字。《尔雅·释诂》：“繇，忧也。”《说文》：“繇，随从也。”意义都与爻辞无关。合理的解释，“爻”“繇”的本字应该是“谣”，即指歌谣。“谣”“繇”古同音，常通用。例如《汉书·李寻传》“人民繇俗”，注：“繇，读与谣同。”

《易经》爻辞的特点，就是引用当时流行的歌谣，所以称之为“谣”而借作“繇”。高亨先生也谈到过这个意见：“因为《周易》卦爻辞多有短歌，所以《左传》《国语》都称它为‘繇’，繇便是借做谣字。”[①]

8.“系辞”的含义

《系辞传》是对《周易》“系辞”的解说，“系辞”属符号系统之外的文字系统。但对“系辞”所指的究竟，人们却不曾仔细考校过。关于“系辞”，《系辞传》：“《易》有四象，所以示也；系辞焉，所以告也；定之以吉凶，所以断也。”这里，“象”当然指符号系统，后面两项则指文字系统。文字系统又分两类：一是“系辞焉”，当指“象辞”；一是“定之以吉凶”，当指“占辞”。因此，“系辞”，就是把“辞”“系”于符号之下。显然，“辞”是某种既成的东西，我认为，这就是引文。《系辞传》还说过：“《易》有圣人之道四焉：以言者尚其辞，以动者尚其变，以制器者尚其象，以卜筮者尚其占。”其中“变”“象”指符号系统，“辞”“占”指文字系统。“辞”与“占”相对立，即指歌辞与占辞相对立。“辞”指引文，尤指所引古歌。古人常称诗歌为“辞”，《孟子·万章上》“不以文害辞”，注：“辞，诗人所歌咏之辞。”

9.谣占的传统

李镜池《周易通义》指出：“引诗（包括民歌）为占，叫做谣占，属象占之一。”这就是说，引诗为占乃是占筮的一种传统。这种传统当不始于《周易》，其所由来当更久远。《左传》中还存有蛛丝马迹。成公十六年：“其卦遇《复》，曰：‘南国蹙，射其元王中厥目。’”“蹙”“目”谐韵，也是一节歌谣，但不见于今本《周易》，当属其他筮书。僖公十五年：“其卦遇《蛊》，曰：‘千乘三去，三去之余，获其雄狐。’”这也是一首歌谣，不见于《周易》。

10.后世占筮之书的体例

《易经》引诗为占的手法，成为后世占筮之书的基本体例。例如《红楼梦》第一百零一回，王熙凤到散花寺去抽签问卦，签子上写的是：“第三十三签，上上大吉。”签簿上写的是：“王熙凤衣锦还乡。‘去国离乡二十年，于今

① 高亨：《周易卦爻辞的文学价值》，《高亨著作集林·周易杂论》（第一卷），清华大学出版社2004年版，第487页。

衣锦返家园。蜂采百花成蜜后，为谁辛苦为谁甜？’‘行人至，音信迟。讼宜和，婚再议。’”这种体例与《易经》的是完全一致的：“第三十三签”相当于《易经》爻题，“上上大吉”相当于占辞，“王熙凤衣锦还乡”相当于《易经》的史记（“王熙凤”是古人名），两诗相当于古歌（由于《红楼梦》是虚构的小说，其诗不是引用的，而是曹雪芹所杜撰的）。第一首诗用今韵，第二首诗用古韵。这种格局，反证了《易经》引用古歌的事实。

11.《易经》引用古歌的缘由

《易经》为什么要征引古歌呢？恐怕是由以下文化传统促成的：

（1）引经据典的传统

中国人爱引经据典，这大概是不争的事实。《易经》除引用古歌外，还引用史记。先秦其他文献也是如此。例如《左传》就常引用史书，不仅作者在“君子曰”中大量引用史书之言来评论史事，而且《传》中人物也经常征引史籍。这种引经据典的传统，至今不衰。

（2）赋诗言志的传统

作为引经据典传统的一个方面，就是赋诗言志的传统。春秋时代，此风尤盛，乃至孔子所说：“不学诗，无以言。”《左传》人物大量征引诗歌，其中有相当部分并不见于《诗经》。例如襄公八年载子驷语：“周诗有之，曰：‘俟河之清，人寿几何？兆云询多，职竟作罗。’”昭公四年载子产语：“诗曰：‘礼义不愆，何恤于人言？’吾不迁矣！”不见于《诗经》，而见于《荀子·正名》。昭公二十六年载晏子语：“诗曰：‘我无所监，夏后及商，用乱之故，民率流亡。’”哀公六年载孔子语：“《夏书》曰：‘惟彼陶唐，帅彼天常，有此冀方。今失其行，乱其纪纲，乃灭而亡。’”虽不见于《诗经》，而伪《古文尚书》则题为《五子之歌》，明显是诗歌。这些所谓“逸诗”，当是根据比《诗经》更古老的诗集的；《易经》所引古歌，与此同理。

（3）引诗为占的传统

引诗为占的传统，又是赋诗言志传统的一种表现。这也就是前文所说的“谣占”，不过，它不仅用于蓍筮，也用于龟卜。《易经》是蓍筮谣占的典型，龟卜谣占在先秦文献中也是有蛛丝马迹可寻的。例如《左传》僖公四年，卜人对晋献公讲：“筮短龟长，不如从长。且其繇曰：‘专之渝，攘公之羭；一薰一莸，十年尚犹有臭。’”这“繇”当引自龟卜辞，且明显是一首歌谣：“渝”“羭”用古韵侯部，“莸”“臭”用幽部。

12.《易经》古歌长期湮没无闻的原因

（1）经传的影响

《易经》本身的筮书性质，是其中古歌被掩盖的根本原因。《诗》的编辑宗旨就是诗本身，因而它就叫“诗”，读者心中无不明确它是诗集。而《易》的编著宗旨乃是占筮，诗本身不是它的目的，只是手段之一。编者既不把它当作诗的集结，读者也不把它视为诗的荟萃。并且不仅引诗歌，还引了史记；不仅引史记，还作了占辞。这些成分混杂交织，而其中心总是在占断上。因此，古歌在《易经》里被忽视是极其自然的事情。

使《周易》古歌湮没无闻的另一个重要原因，则是《易传》的影响。正如《易经》只关心吉凶占断一样，《易传》只关心哲理发挥，它们都无意于古歌传述。《经》既肢解古歌于前，《传》更变本加厉于后，愈益掩盖了古歌的存在。

（2）音韵的演变

古歌经过《易经》的肢解，留下谐韵的地方本来已不太多，加之随着时间的推移、语言的变化，本来谐韵的地方，读起来也未必谐韵了。后世的读者，难以感知音韵的和谐。

（3）标点的欠缺

《易经》古歌的湮没还有一个技术方面的原因，就是古人标点符号的欠缺。例如坎卦：“习坎有孚维心亨行有尚初六习坎入于坎窞凶九二坎有险求小得六三来之坎坎险且枕入于坎窞勿用六四樽酒簋贰用缶纳约自牖终无咎九五坎不盈祗既平无咎上六系用徽纆置于丛棘三岁不得凶。”不用说今人，就是古人也难以卒读。但只要加上正确的标点符号，古歌就呈现出来。

# 《周易》中《既济》《未济》的考释*

《既济》《未济》两卦，古来颇多歧解。究其原因，根本在于对《周易》古经的文献成分尚没有一个合乎实际的分析。据笔者近年研究的结果，《周易》经文的构成有“述”有“作”：所“述”是引文，是作《易》者引用的古代文献；所“作”是筮辞，是作《易》者亲自撰写的吉凶占断。两者在内容与形式两方面都迥异其趣。再就引文而言，又含两种文献：主要是古诗，是引用的殷周歌谣；此外是一些史记，是类似甲骨文献的史料。正如《易传》是对《易经》的哲学化阐释，《易经》本身则又是对其中引文尤其古代歌谣的神学化阐释。因此，《周易》乃是一部典型的谣占之书。

对这些文献成分的辨识，主要可从三方面分析：从内容看，歌谣及史记是具体形象的叙事状物，略相当于古所谓“象”；占辞则是抽象预示吉凶祸福的判断，略相当于古所谓“占”。从形式看，歌谣谐韵，句式比较整饬；而占辞及史记则不谐韵，句式参差。从使用频率看，歌谣及史记是文学创作，故在经文中很少重复出现；而占辞则是习用的卜筮术语，故在经文中大量反复出现，少则数次，多至数十上百次。

经文中最有价值的是大量征引的古代歌谣，俨然一部最古的诗歌总集。①这些作品，很多是民间歌谣，类似《诗经》里《国风》中的诗篇；还有一些是贵族作品，类似《诗经》里《雅》《颂》中的一些诗篇。②既济卦引文中就有这么一首史诗，未济卦引文中则有一首“狐狸之歌”。本文试做考释。

---

* 原载《周易研究》1997年第4期。

① 对《周易》文献，尤其是引用歌谣的全面分析，参见拙著《易经古歌考释》“绪论”部分，巴蜀书社1995年版。

② 原稿在刊发时排版有遗漏，误为：“这些作品，很多是民间歌谣，类似《诗经》里《雅》《颂》中的一些诗篇。”——作者新注

## 一、《周易》引文中歌辞的窜引

《周易》征引古代歌谣，基本上是每卦一首。但也有几卦，在引用一首歌谣的同时，窜引了它卦的歌辞。既济卦中的引文“曳其轮，濡其尾”“濡其首”，便是窜引的未济卦中的歌辞。不理解这一点，便不能对《既济》做出正确的解释。为此，我们首先说明《周易》窜引歌辞的情况。

某卦窜引它卦歌辞，通常只是个别辞句。例如《归妹》引文，本是一首记载商王帝乙嫁其妹（一说少女）与文王的史诗（其中“不如其娣之袂良”，“之袂良”三字盖由传文窜入）：

> 归妹以娣：归妹以须，反归以娣。
> 归妹愆期，迟归有时。
> 帝乙归妹：其君之袂，不如其娣。

但是卦中初九爻引文“跛能履”、九二爻引文“眇能视”，应是履卦的歌辞。履卦歌谣是一首劝人行正道的讽喻诗，六三爻云：“眇能视，跛能履。履虎尾，咥人，凶。”

又如巽卦上九爻有一句引文“丧其资斧”，很明显是属于旅卦歌谣的。旅卦引文是一首商旅之诗，其歌辞应为：

> 旅琐琐，斯其所。
> 旅于处，得其资斧。
> 旅即次，怀其资，得童仆。
> 旅焚其次，我心不快：
> 丧其资斧，丧其童仆。
> 鸟焚其巢，旅人先笑、后号咷。

另外一种情况是，所窜引的并非它卦的歌辞，而是一节独立成篇的小诗，可能属于某首未被引全的古代逸诗。例如上文所举《归妹》，其上六爻引文应是一首独立的小诗[①]：

女承筐，无实；
士刲羊，无血。

这是一首伴舞的歌谣，舞蹈表现了劳动场面的虚拟动作，所以捧筐而无实、杀羊而无血。

又如睽卦引文，则是一首婚俗歌谣；其卦中六三爻引文，则是一首独立的短歌：

见舆曳，
其牛掣，
其人天且劓。

这是一首囚徒苦役之歌。

以上各例表明，《周易》引用的歌谣，各卦以一首诗为主，但常窜引其他歌谣的辞句。

## 二、《未济》卦的歌谣

由于《既济》窜引了《未济》的歌辞，有必要先考释《未济》。原文如下：

未济：亨小。“狐汔济，濡其尾。”无攸利。
初六：“濡其尾。”吝。
九二：“曳其轮。”贞吉。
六三：“未济。”征凶，利涉大川。
九四：贞吉，悔亡。“震用伐鬼方，三年有赏于大国。”
六五：贞吉，无悔。君子之光，有孚，吉。
上九：有孚，于饮酒无咎。“濡其首。”有孚。“失是。”

① 参见郭沫若《周易时代的社会生活》（收入《中国古代社会研究》）第一章第三节的“二、艺术”部分。

（一）占辞

“亨小”当作“小亨”，参见《既济》“亨小”考释。旧标点为：“亨，小狐汔济。”有误：其一，本诗句多三言，“狐汔济”亦三言。其二，《史记·春申君列传》引作：“狐涉水，濡其尾。”亦皆三言，无“小”字。“亨”指（人与神）相通（故利于占卦）。《左传》昭公四年“以亨神、人”杜预注：“亨，通也。”这是《周易》常见占辞，经文中共出现44次。

“无攸利”：无所利，诸事不利。也是常见占辞，“利”出现118次，其中“无攸利”9次。

“吝”：恨，悔恨。比占辞“悔”程度略轻。出现19次。《说文》：“吝，恨惜也。”

“贞吉”：占问的结果吉利。《说文》：“贞，卜问也。”“贞”字出现111次，“吉”字148次，“贞吉”合说39次。

“征凶，利涉大川”：当作“征凶，不利涉大川”，意谓外出凶险，不宜于渡涉大河。朱熹《周易本义》：“或疑‘利’字上当有‘不’字。”高亨亦从此说。“凶”字在经文中出现49次，“征凶”10次；“利涉大川”8次。

“贞吉，悔亡”：占问结果吉利，悔恨自会消失。“贞吉”已见上文；“悔”字出现32次，其中“悔亡”19次。

“贞吉，无悔”：占卦结果吉利，没有悔恨之事。“贞吉”已见上文，“无悔”出现6次。

“君子之光，有孚，吉”：君子（这里指求卦者）有荣光，有信誉，吉利。陆德明《经典释文》：“孚，信也。”“有孚”也是常见占辞，出现26次；“孚”字出现39次。

“有孚，于饮酒无咎”：饮酒误事，但如能有信誉，则能无灾。“无咎”也是常见占辞，出现93次。《说文》：“咎，灾也。”

最后一个“有孚”，似为衍文。

（二）史记

“震用伐鬼方，三年有赏于大国”，这是商代史记。“震”指威势。《周易正义》：“震发威怒，用伐鬼方也。”《诗·长发》“有震且业”郑笺：“震犹威也。""鬼方"：当时西北远方异邦。[①]《经典释文》引《仓颉篇》："鬼，远也。"朱骏声《六十四卦经解》："鬼方，西北之戎，西落鬼方也，夏曰獯鬻，周曰猃狁，汉曰匈奴，魏曰突厥。""大国"：指商朝。当时商最强大，统治天下，各国称之为"大邦"或"大国"。高亨《周易古经今注》："大国盖指殷国也。周人往往称殷为大邦，而自称为小邦，则此大国所指当同。""有赏于大国"是说（周国）受商朝嘉奖。

从《既济》史记"高宗伐鬼方"看，这是殷高宗武丁时的事迹。但两卦所载"伐鬼方"，似乎非同一件事。《六十四卦经解》："成汤化异方而怀鬼方，复叛于中衰之日，高宗为太子时，奉小乙命而伐之。《诗》曰：'自彼氐羌，莫敢不来享，莫敢不来王。'是也。《竹书纪年》：武丁三十五年，周王季厉伐西落鬼戎。又一事也。"《既济》"三年克之"是第一次，"《逸周书》云：武丁三十二年，伐鬼方，次于荆（按非荆楚之荆），三十四年，克鬼方，氐羌来宾"。《未济》"三年有赏于大国"则是另一次，"荆楚（按此有误）与鬼方同叛，高宗伐之，又命方伯征之"。这"方伯"中即有周王季厉，克胜之后因军功而受赏。但所谓"三年"，当虚言其久。[②]

（三）歌谣

卦名"未济"，本是诗题，摘自所引歌辞，见六三爻引文。《周易》卦名通常都是该卦所引歌谣的诗题，其命题方式与《诗经》一致。[③]

"狐汔济，濡其尾"，据《既济》初九爻所引，原文似当为："狐汔济，曳其轮，濡其尾。""汔"指河水干涸。《说文》："汔，涸也。"

## 三、《既济》卦的史诗

《既济》卦原文为：

> 既济：亨小，利贞，初吉终乱。
> 初九："曳其轮，濡其尾。"无咎。

---

① 参见王国维：《鬼方昆夷玁狁考》，载《观堂集林》卷十三，中华书局1959年版，第584—586页。

② 参见顾颉刚：《周易卦爻辞中的故事》，《燕京学报》第六期单行本，民国十八年（1929年）十二月。

③ 参见拙著《易经古歌考释》"绪论"部分，上海古籍出版社2014年版。

六二：妇丧其茀，勿逐，七日得。

九三："高宗伐鬼方，三年克之。"小人勿用。

六四：繻有衣袽，终日戒。

九五："东邻杀牛，不如西邻之禴祭，实受其福。"

上六："濡其首。"厉。

首先排除由未济卦窜引于此的几句歌辞，然后考释如下：

（一）占辞

"亨小，利贞，初吉终乱"：人、神略能相通，有利问卦，但起初吉利而最终不利。"亨"字已见上文。"亨小"似为"小亨"之讹，《周易本义》"'亨小'当为'小亨'"，又释《彖传》"既济亨，小者亨也"云："'济'下疑脱'小'字。"占辞"小亨"另见于旅、巽卦；其反面为"元（大）亨"，也是常见占辞。"利贞"：利于占问。经文中出现38次，作"利贞"或"利……贞"。"初吉终乱"，类似的占辞如讼卦的"中吉终凶"，豫卦的"不终"，萃卦的"有孚不终，乃乱乃萃"等；反面的如巽卦的"无初有终"。

"无咎"：无灾。已见于未济卦。

"妇丧其茀，勿逐，七日得"：如果占卦的妇人丢失了头饰，不要追寻，七天后自然会失而复得。《周易正义》王注"茀，首饰也"，孔疏"茀者，妇人之首饰也"。类似的占断如睽卦的"丧马勿逐，自复"，震卦的"跻于九陵，勿逐，七日得"等。

"小人勿用"：平民百姓不可有所作为。"勿用"也是常见占辞，经文中共出现10次。《说文》："用，可施行也。"《六十四卦经解》释乾卦"潜龙勿用"云："言'勿用'，皆占词。""勿"是禁戒之占，出现25次。

"繻有衣袽，终日戒"：像用破衣败絮堵塞船漏一样，必须终日警惕。"繻"通"濡"，湿，这里指船缝渗漏。《周易正义》："繻宜日濡。"《周易本义》："繻当作濡。""袽"：古人用来塞船缝的破衣败絮。《周易集解》引虞注："袽，败衣也。"《周易正义》王注："衣袽，所以塞舟漏也。""终日戒"即乾卦占辞"终日乾乾"、《小过》占辞"往厉必戒"的意思，意为终日警惧。"厉"：危险。《周易正义》："厉，危也。"这是凶占，出现25次。

（二）史记

"高宗伐鬼方，三年克之"：殷高宗武丁讨伐西北远方异邦，经过多年才征服它。高宗即殷王武丁，曾率诸侯（包括周）攻打西北异族（鬼方）。《周易正义》："高宗者，殷王武丁之号也。"《周易集解》引干宝："高宗，殷中兴之君；鬼方，北方国也。"参见《未济》史记考释。

（三）史诗

卦名"既济"，在《周易》卦名中是最特殊的一个，它不是从所引史诗的诗题得来的，而是仿照《未济》而与之相对设立的。学者通常确认，本卦写文王与纣王的事情。例如《周易集解》："殷亡周兴之卦也。"《周易本义》："当文王与纣之事。"

"东邻""西邻"：东、西两个邻国。古来学者多认为指殷、周两方，当有所本。例如，《礼记·坊记》引此爻，郑注："东邻，谓纣国中也；西邻，谓文王国中也。"李杞《周易详解》："纣居东山，故为东邻；文王居岐，故为西邻。"《六十四卦经解》："纣为东邻"，"文王为西邻"。《周易通义》："殷在东，周在西。东邻指殷人，西邻指周人。"等等。

"不如西邻之禴祭"似衍一"祭"字：其一，禴便是一种祭，何须"祭"字累赘。其二，《萃》《升》两卦云"孚乃利用禴"，均无"祭"字。其三，"祭"字也不能与"牛""福"谐韵。牛（之部）、福（职部）古属阴入对转，可以叶韵；"祭"属月部，失韵。而"禴"古属药部，可与之、职二部通押。其四，有"祭"字，即不合本诗节律。

"禴"本指四时祭祀中的夏祭，是最节俭的祭礼，只用饭蔬即可。《周易集解》引虞注"禴，夏祭也"，又引崔注"殷之春祭名"。殷、周历法不同，此当殷之春、周之夏。《周易集解》据《尚书》："克殷之岁，厥四月，哉（才）生明，王来自商，至于丰，丁未，祀于周庙。四月，殷之三月，春也。"四月已是周历夏季。"祀于周庙"即"禴"。"王来自商"，即商未亡，故非武王，而是文王。但这里"禴"当指周人祭品的节俭；与此相对，殷人"杀牛"即用大牲，是很丰盛的祭品。《六十四卦经解》："（杀牛）谓天子郊祭也。郊以特牛，故称'杀牛'。"《周易正义》王注："牛，祭之励者也；禴，祭之薄者也。"这首史诗原貌如下：

东邻杀牛。
不如西邻之禴，
实受其福。

全诗意思是说：殷人杀牛祭天，纵然祭品丰盛，却不如周人。祭品虽然节俭，但实实在在受到上天的福佑。这反映出周人特别注重“诚信”的思想，即《萃》《升》所谓“孚乃利用禴”——只要有诚信，即使祭品微薄也能够大吉大利。《周易》“孚”字均训为“信”，占辞中共出现39次。看来，重视诚信，乃是周人源远流长的传统，本卦这首史诗即其明证。

# 《周易》语法研究管见*

## ——《〈易经〉语法分析》序

最近，洛阳赵荣珦先生以大作《〈易经〉语法分析》垂示。据我孤陋所知，海内迄今尚无同类专书面世，仅此一端，已足见其筚路蓝缕之功。《易》曰："仁者见之谓之仁，知者见之谓之知。"知者，智也。赵先生，智者夫！

展读之余，我有以下三点感想：

### 一、何谓"《易经》语法"？

我们知道，《周易》包含着两种截然不同的文本：一是成书于西周的《周易》古经，即通常所谓《易经》；二是成书于战国时代的《周易》大传，即儒家称作"十翼"的《易传》。赵先生的《〈易经〉语法分析》，就是对前者的语法现象的研究。

具体说来，所谓"《易经》语法"，就是《周易》古经的筮辞（卦辞、爻辞）的语法。该文本中的语法现象是很丰富的，赵先生从词法和句法两方面进行了细致的分析：

词法方面，赵先生是既讲词性，也讲词义。我想，这大约是因为：虽然词义（这里不是指的语法意义，而是指的词汇意义）本来不属于语法学范畴，而属于语义学范畴；但是对于任何一个具体的词语来说，如果不能确定其词义，也就不能确定其词性。在这个意义上，语法乃是语义的一种表现，语法是功能性的，而语义才是实质性的。

句法方面，赵先生也进行了细致的分析。给我尤为深刻印象的是，他首先对卦辞、爻辞进行了"主—谓"二元结构的分析，即将卦名、爻题视

---

* 原载《恒道》第四辑，吉林文史出版社2006年版。

为第一层次的主语。这是很有道理的，因为卦辞、爻辞作为占断，是对卦名、爻题的意义的断定。例如乾卦："乾：元亨，利贞。"翻译成现代汉语，即：

乾卦‖象大通，有利于占问。

显然，"元亨利贞"是对"乾"的断定，这是主谓关系。其实，传统易学已经指明了这种关系，因为：像"元亨利贞"这样的筮辞，称之为"彖辞"；彖者，断也；断也者，断一卦之吉凶也。

不仅如此，《易经》语法的意义远不限于《周易》本身。整个《周易》语法乃是中国轴心时代（Axial Period）的汉语语法的代表形态：《周易》古经的语法是殷周之际的语法代表，《周易》大传的语法是战国时代的语法代表。赵先生的《〈易经〉语法分析》就是对以《周易》古经语法为代表的殷周之际汉语语法的研究，这里显示出赵先生的独到眼光：研究殷周之际的汉语语法，《周易》古经是最恰当不过的文本选择。这是因为，其他的文本在时代问题上或多或少都是存在疑问的。例如《尚书》中的《商书》和《周书》，由于"伪书"混入的问题，我们很难甄别它们的确切时代，因而很难加以利用。而《周易》古经的时代则基本上没有什么问题，绝大多数学者都承认它是西周初期的文本，因此，它就可以作为我们研究殷周之际的语法的范本。在这个意义上，所谓"《易经》语法"就是西周语法乃至殷周之际的语法。因此，像赵先生这样的对《易经》语法的研究，乃是用历史比较语言学方法来研究汉语语法史的必由之路，是汉语史研究当中的一个必不可少的环节。

## 二、如何研究《易经》语法？

汉语语法研究，由来已久：传统语文学（philology）范畴的汉语语法研究，大约肇始于元代，我们今天所能见到的最早一部讨论文言虚词的专著，是卢以纬的《语助》，而所谓"文言虚词"，依我的看法，其实质乃是汉语所特有的一种语法形态（词法形态、句法形态）；现代语言学（linguistics）范畴的汉语语法研究，滥觞于晚清，第一部专著，是近代马建忠的《马氏文通》。后者实际上是用西方语言的语法规律来硬套汉语的语法，结果带来许多类似“格义”的弊端；但是，我们显然又不能简单地回到前者去。时至今日，这仍然是汉语语法学界面临的困惑：我们缺乏本土的、原创的、切合汉语语法实际的语法理论。但在这种情况下，我们也不能因噎废食，停止汉语语法的研究工作；唯一的选择，就是只好暂时仍然采取“以西说中”的办法。这就犹如当年的佛学东来，最初的理解虽然扞格不通，但正是经过这样的“格义”，佛学才最终被中国化、本土化了，形成了中国原创的佛学。

赵先生的《〈易经〉语法分析》即属于这样的“以西说中”，虽属“格义”，也是眼下别无选择而必须勉力从事的历史阶段性的任务。那么，按西方语言学的观念，《易经》语法研究涉及两个方面，从而涉及两种截然不同的研究方法：一方面，研究《周易》语法必然涉及与其前后时代的语法的“历时”比较问题，这就可以用历史比较语言学的方法；但另一方面，《周易》语法本身的存在却是“断代”的，我们首先必须“共时”地去描写它，这就可以用结构主义语言学的方法。两者之间，具有一种辩证的关系：一方面，后者乃是前者的基础，因为我们必须首先弄清每个时代的共时的语法结构特征，才可能对它们进行历时的比较；但另一方面，前者也是后者的条件，因为假如不对不同时代的语法结构进行历时的比较，我们也难找出一个时代的语法的共时特征。因此，现时语法学界把这两种研究对立起来的倾向是不可取的。

赵先生的《〈易经〉语法分析》就是一种共时的研究，即是对殷周之际的语法结构的静态描写。这种共时的静态描写当然应该在历时比较的条件下进行，但这种共时描写的结果本身又对历时比较的研究提供基础。例如，古经语法的研究可以与大传语法相比较；然后，比较的结果又可以用于对大传语法的更进一步研究。赵先生这样对《易经》语法进行共时研究，就可以为历时研究提供赖以比较的基础；这种比较不仅仅是古经与大传的语法比较，而且意味着殷周之际的语法与战国时代的语法的比较，从而构成汉语史研究中的重要的一环，这是很有意义的。

### 三、研究《易经》语法有何意义？

前面实际上已谈到了《易经》语法研究本身具有的语法学、语法史的学术意义，此处不再赘言。我这里还想谈的，则是《易经》语法研究所具有的超越了语法学及语言学的更为一般的意义。

我想，我们今日研究《周易》，绝不是为了“发思古之幽情”，更不是为了满足古董商、收藏家那样的嗜好；我们今日研究《周易》，乃是为了先儒所说的“通经致用”，今人所谓“古为今用”，也就是《易传》所说的“正德、利用、厚生”。通经者，正德也；致用者，利用厚生也。然而，非通经则无以致用；通经者，所以致用也。因此，首先是要通经。

那么，何谓通经？为什么要通经？所谓通经，就是读懂《易经》；通经的直接目的，是为了理解“圣人之意”，而其最终目的，则是利用厚生。《系辞传》说：

> 子曰：“书不尽言，言不尽意。”然则圣人之意其不可见乎？子曰：“圣人立象以尽意，设卦以尽情伪，系辞焉以尽其言，变而通之以尽利，鼓之舞之以尽神。”

这里，“立象”“设卦”是指《易经》卦爻的符号系统；“系辞”是指《易经》的语言文字系统，亦即赵先生所研究的筮辞。通经就是首先弄通筮辞之意，由此弄通卦爻符号之意，以至弄通圣人之意，进而正德，进而利用，进而厚生。

这也是赵先生《〈易经〉语法分析》的最终意义所在，而其直接所关的意义则是如何才能通经。古人有言，通经必自通小学始。所谓“小学”，乃是古人对传统语文学的称谓。自刘向刘歆父子《七略》、班固《汉书·艺文志》以至《四库提要》以来，“经部”必录“小学”之目。这个道理是很简单的：通经的前提是通该经的语言文字。试想，假如连书都没有读懂，假如连书的语言文字都没有弄通，如何可能通经？如何可能理解圣人之意？又如何谈得上正德、致用？这正是今日学者中的一种大病：即以《周易》研究来看，或者望文生义，或者游谈无根。当然，关于《周易》的训诂之类的小学研究，自古至今，不绝如缕；但对《易经》进行现代语言学意义上的“语法分析”的专书，恐怕前无古人。

按照传统的称谓，赵先生的《〈易经〉语法分析》即属于所谓“小学”：它是我们读懂《易经》的前提，也是我们通经致用、利用厚生的前提。我想，这就是赵先生《〈易经〉语法分析》的最大意义所在吧。

承蒙赵先生不弃鄙陋，命我为序；而我对《周易》语法素无研究，实在惶恐之至。然而有感于赵先生“通经”之志，故本乎《周易》“修辞立其诚”之意，拉杂如上，以就教于赵先生并海内学人，或有未达，幸见谅焉。

黄玉顺

二〇〇四年元月于四川大学竹林村

# 第二编

# 周易哲学早期研究

# 生命结构与和合精神*

## ——周易哲学论

周易哲学的核心可归结为“阴阳”范畴，阴阳范畴的实质可概括为“生命的结构”。阴阳范畴的内容是一种生命忧患意识，阴阳范畴的形式是一种结构思维方法。作为生命结构的阴阳范畴，充分地体现了中国哲学的和合精神。因而《周易》生命结构哲学不仅具有中国的现实意义，而且具有世界的时代价值。

### 一

周易哲学可归约为阴阳问题，这大概是没有异议的。《庄子·天下》篇云：“易以道阴阳。”事实上，整个中国哲学在一定意义上也可以归约为阴阳问题。然而“易以道阴阳”需要说明，《易》并非从来就是讲阴阳的。阴阳范畴有个漫长的生成过程，分三阶段：（1）文字学阶段，“阴阳”二字并无哲学意义，与《易》亦无瓜葛。“阳”指向阳处，“阴”指背阳处。（2）自然哲学阶段，伯阳父首次以阴阳二气说明地震现象（见《国语·周语上》），此后不少思想家用阴阳范畴解释自然现实，甚至企图说明社会现象，但基本上仍属自然哲学范畴，即属自然“气”论，而且还未与《周易》发生关系。（3）“周易哲学”或者一般哲学阶段，其标志是《易传》的出现，认为阴阳范畴已经涵盖了“三才”（天道、地道、人道）。《易传》完成了阴阳范畴的生成，这就是说，“阴阳”这个语言形式获得了《周易》生命结构的哲学内容。“阴阳”从此成为中国哲学的基本思维模型。

阴阳范畴的内容，就是生命关怀，或曰生命忧患意识。《系辞》一言以概

---

* 原载《社会科学研究》1998年第1期。

之：“生生之谓易。”周易哲学就是生命哲学。又云：“作易者其有忧患乎！”此即生命忧患意识。忧患的具体内容随时代而转变，但生命忧患本身是中国哲学永恒的主题。中国哲学乃是一种东方生命哲学。阴阳范畴之能成为中国哲学的核心范畴，正在于它契合了这种生命关怀。《易传》固然“广大悉备”，泛论天地人道，但其核心阴阳范畴的原型，是男女交媾而孕育生命这个事实。《易传》中充满了性暗示，是把男女交媾外推为天地交事，再抽象为阴阳交感，由此而化生万物，推衍万事。此即周易哲学阴阳范畴的逻辑诞生，《系辞》一语括之：“男女构精，万物化生。”故李贽《夫妇论》一语道破：“极而言之，天地一夫妇也。”生命存在成为宇宙的本体，生命结构成为普遍的法则。此即中国哲学天人之际的实质。西方生命哲学将个体生命冲动本体化，而中国周易哲学则将人际生命交流本体化。中国哲学的形上本体“生命”不是一个实体，而是一个结构；不是一个外在于人的结构，而就是人本身的生存结构。本质就在存在之中，形而上就在形而下之中。此即中国的生命本体论，生命形上学。所以，“天地之大德曰生”（《周易·系辞下传》），“天地感而万物化生”（《周易·咸彖传》）。所以，《周易》筮法凡阴阳交则吉，阴阳背则凶。阴阳和合，生命化育。

中国哲学的生命关怀，在三个层面上展开：

其一，民生与人生，或曰群体生命与个体生命。此即中国哲学的群己关系问题。儒家关怀群体生命，孔子主张“爱人”“务民之义”“博施于民而能济众”。孟子的民本思想、对仁政及社会分工的探讨，荀子的王制思想和对“群”“分”的探讨，都是企图寻求一种群体生存的结构。“礼”便是群体生存的保障，君臣、父子等关系，无非阴阳结构。道家关注个体生命，老子研究“长生久视”[①]，庄子研究“保身”“全身”（《庄子·养生主》）；至于杨朱“贵生”“重己”以至“一毛不拔”（见《孟子·尽心上》），则把这种个体生命哲学推向了极端。儒道都将《周易》奉为经典，儒道互补本质上是在生命关怀的互补。

其二，生存与发展，或曰生命的维持与提升。群体的生存发展乃是近代以来中华民族的主题，也是当今世界的一大主题，其实从来就是中国哲学的主题。儒家关怀群体生命，讲集体的生存与发展。《论语·子路》载：“子适卫，冉有仆。子曰：‘庶矣哉！’冉有曰：‘既庶矣，又何加焉？’曰：‘富之。’

① 见《老子》第五十九章。本书所引《老子》均据王弼本（楼宇烈校释：《王弼集校释》，中华书局1980年版）。

曰：‘既富矣，又何加焉？’曰：‘教之。’”庶、富、教，这正是由求生存而求发展的阶梯。道家关注个体生命，讲个人的生存与发展，老子侧重生命的维持，庄子侧重生命的提升。

其三，肉体与心灵，或曰生命的存在与超越。此即中国哲学的身心关系问题。人总希求克服生命的有限，追求生命的无限。儒家诉诸群体，讲“三不朽”（立德、立功、立言）（《左传·襄公二十四年》）、“杀身成仁”（《论语·卫灵公》）、“舍生取义”（《孟子·告子上》），是将个体生命融入生生不息的群体生命之中。道家诉诸个体生命的形上依据“道”，就是诉诸“自然”这个大生命。老子偏重肉体存在，庄子偏重心灵超越。老子“玄牝之门”，“可以为天下母”，“以顺众父”，几乎就是《周易》的原版。

## 二

阴阳范畴的形式方面，则是结构思维方法，可以从静态与动态两个维度上来把握。

静态的阴阳结构，总体特征就是“二元一体”关系模型。周易哲学讲“乾元”“坤元”，为二元本体。多元关系亦可以化约为二元。所谓“二元”，是讲阴阳双方的差异对立，其经典表述为“一分为二”，可界定为“同类异性”。男女是同类异性，乾坤、天地、阴阳也都是同类异性。非同类不相交，这是一个生命法则：“同声相应，同气相求”（《周易·乾文言》）；“风马牛，不相及”（《左传·僖公四年》）。非异性亦不相交，这又是一个生命法则：“二女同居，其志不同行”（《周易·艮彖》）；“和实生物，同则不继”（《国语·郑语》）。所谓“一体”，是讲阴阳双方的亲和统合，其经典表述为“合二而一”，可界定为“共存互补”。此即所谓“和”（孔子），所谓“交”（方以智）。不和不交，“夫妻反目”（《周易·小畜》）、“上下敌应”（《周易·艮彖》），是不符合生命结构法则的。

动态的阴阳结构，则是一种公理方法。这种思维方法分为两步：首先寻求一种不证自明的公理，揭示一种一般关系、普遍结构；然后由此出发，推演出一系列定理，从而形成一个自足的解释系统。中国哲人从生命现象中发现了这种公理：阴阳—生命结构。从而推演出一系列伦理—政治定理，形成独具特色的中国传统文化体系。此即《系辞》所谓：“引而伸之，触类而长之，天下之能事毕矣。”《周易》正是这样一个生命公理系统，把宇宙天地人物推演成一个生命大系统，阴阳结构就是它的公理。

## 三

不同时代的哲学家所面临的历史课题各不相同，但他们的致思取向却惊人地一致，具体来说，中国哲学史表现为同一"生命结构"的主题变奏。所谓中国哲学的转型，不外乎是生命结构的具体历史内容的转换，亦即剥除其失去现实意义的内容，赋予其具有时代价值的内容。

这可以追溯到周公思想，可概括为一个中心、两个关系。一个中心就是周族的群体生命忧患，即周王朝的生死存亡问题，归结为"德"的问题。两个关系都是阴阳结构模式：一是天人关系，要求"以德配天"；一是君民关系，要求"敬德保民"。

进入子学时代，儒道墨法无不以生命结构为中心议题，其中儒、墨、法家探索群体生命问题，道家探索个体生命问题。儒道二家上文已有讨论。墨家"兼爱""交利""尚同""非攻"，无非在二元对立关系中求得亲和一致，消除"祸篡怨恨"，以利社会群体生存发展。甚至法家韩非，其实也是想要解决社会群体生存问题。他认为由于人性恶（得自其师荀子），"人民众而财货寡"[①]，就必须实行强有力的专制统治，才能维持群体的生存秩序。其师荀子以礼节群，而韩非则以法治群。

经学大师董仲舒全面继承和发展了先秦生命结构思想，完成了中国哲学第一次历史大转型，从而确定了未来整个封建专制生命哲学的历史走向。他的阴阳学仍然是对群体生存结构的探讨，而且仍然是周公式的两大关系（天人、君臣）。

魏晋以降，作为一种历史的反拨，个体生命问题突显出来。道教哲学是很典型的个体生命哲学，追求得道成仙长生不死。佛教则由超脱个体生死轮回（小乘）而发展到普渡众生（大乘），最后禅宗回到个体生命超越问题。玄学则企图调和"名教"与"自然"，亦即调和儒家群体生命关怀与道家个体生命关怀，但明显以个体生命超越为主导倾向，崇尚老庄，主张"超世而绝群，遗俗而独往"（阮籍《大人先生传》）、"越名教而任自然"（嵇康《释私论》）。

唐代韩李开启了宋明理学，历史的钟摆再次摆向群体生命问题。程朱理

---

① 王先慎：《韩非子集解》，《新编诸子集成》本，中华书局1998年版，第443页。

学全面总结了封建生命哲学，而其核心范畴“理”或“天理”本质上是群体生命结构的概括；而陆王心学，则是对群体生命结构的另外一种概括。程朱认为性即理，天理即“生理”，“天只是以生为道”[①]，把生命本体宇宙论化；陆王则认为心即理，把生命本体心性论化。

中国哲学的第二次大转型从康有为开始，这个过程至今尚未结束。中国近、现、当代哲学的主题，是中华民族这个大群体的生存与发展问题。救亡保种、独立自强成为压倒一切的任务，“生存竞争”这类生物学命题一时间竟成为最富魅力的哲学话语。康有为“三世说”，本质上是最早的民族生存发展战略。此间有一种很值得研究的现象，就是：一方面西方生命哲学得到相当程度的传播，如张君劢、李石岑、梁漱溟、朱谦之等的哲学，同时蔡元培、鲁迅、王国维等人的思想均有相当厚重的生命哲学色彩；另一方面则是官方哲学中相当突出的生命哲学倾向，如吴稚晖、戴季陶、蒋介石、陈立夫等的哲学。所谓现代新儒家，也只是传统生命哲学的现代化转换的一种尝试。然而有三个理论形态是这种时代精神的真正代表：孙文学说，毛泽东思想，邓小平理论。在孙文“三民主义”中，民族主义是主体性前提，民权主义是工具性设施，唯民生主义才是实质性目标。孙中山《三民主义・民生主义》认为：“人类求解决生存问题，才是社会进化的定律，才是历史的重心。”但孙中山未能找到解决中华民族生存危机的有效途径。这个历史课题是由中国共产党人完成的：如果说毛泽东思想解决了中华民族的生存问题，那么邓小平理论就正在成功地解决中华民族的发展问题。

当今世界，人类依然面临着生存发展的种种问题。这些问题可分为两大类：一是人与自然界的关系问题，例如环境问题，生态系统就是一个巨大生命系统；二是人与人的关系问题，例如种族问题、妇女问题、人权问题等，都关系到人类社会的共同生存发展。又如当今世界的一大主题即和平与发展，包括两大关系问题：一是东西关系问题，这不仅是一个和平问题，自苏联解体后，也是一个发展问题；二是南北（以及南南）关系问题，更是一个发展问题。解决这些问题，周易生命结构哲学或许能够给我们以启示。不论“热战”还是“冷战”思维都无助于问题的解决，亨廷顿的“文化冲突论”是不符合生命结构法则的。阴阳和合，共存互补，顺之则昌，逆之则亡。

---

① 《河南程氏遗书》卷第二上，见《二程集》，中华书局1981年版，第29页。

# 天人体用、贞一不二*

## ——新唯识论与周易哲学之比较

熊十力先生作为现代新儒家的形上学奠基人，愈益受到学界普遍关注；但是他所创立的“新唯识论”与周易哲学的关系，还没有得到应有的深入研讨。然而熊氏自己认定：“余平生之学，频涉诸宗，卒归本《大易》。七十年来所悟、所见、所信、所守在兹。”[①]“‘新论’谈本体，以体用不二为宗极，毕竟归本《大易》。”[②]足见把握其与《周易》的关系，乃是理解“新唯识论”的一大关键。

熊氏哲学，我以为可以概括为三个“不二”：天人不二，体用不二，性修不二。天人不二讲人和自然界的同一关系；体用不二讲本体和现象、实体和功能，亦即心和物的同一关系；性修不二讲先天德性和后天学养的同一关系。其中体用关系是其核心，即他所谓“吾学贵在见体”。

那么，他这三个“不二”果然是“归本《大易》”，抑或如他自己在别处所说的“余因有不满于(佛教)空宗，复沉思默究，乃不期而触悟《大易》，始信象山‘六经皆我注脚’之言，确然不妄”[③]那样，《易经》也只是他自家思想的“注脚”？下面，我们分别来讨论这三个“不二”。

---

* 原载《人文杂志》1999年第5期。

① 熊十力：《新唯识论(壬辰删定本)赘语》，见《体用论》，中华书局1994年版，第4页。

② 熊十力：《新唯识论(壬辰删定本)删定记》，见《体用论》，中华书局1994年版，第6页。

③ 熊十力：《新唯识论(壬辰删定本)删定记》，见《体用论》，中华书局1994年版，第6页。

## 一、天人不二

所谓“天人不二”，是说天与人、天道与人道、宇宙本体与人心性体是一个东西。这是熊氏“新唯识论”的一个基本思想，认为本心便是本体。“本体所云心与生命、精神三名词，其名虽殊，而所目则一。以其为本来灵明净妙之体，是为吾身之主宰，则名曰心。……又以其为生生不息真几，则名曰生命。……又以其迥超物外，神用不测，刚健不挠，是为万有之原，则名曰精神。故三名虽异，而实无别体。”[①]这种天人不二的思想，一上来就确定了熊氏哲学的基本性质。

应当指出：“天人不二”与通常所谓“天人合一”并不是一个意思。近年对“天人合一”这个命题有许多讨论，尽管歧见纷呈，但有一点可以肯定：所谓“合一”决非“同一”或者“不二”。“合”与“分”对待，而且以“分”为前提。在我看来，儒家“天人合一”思想，可以用《中庸》开宗明义那三句话来概括：“天命之谓性，率性之谓道，修道之谓教。”这里略做分梳：（1）所谓“天命”，是自天言；自人言，则谓之“得天”。得天为性，故人性即“天性”，此[②]乃谓之天人合一。（2）率性为道，率（随顺）人性即率天性，故而人道即天道，此亦谓之天人合一。（3）修道为教，要义在于由“知性”而“知天”（孟子），故可以说“修道为天”，此亦谓之天人合一。得天为性，率性为道，修道为天，此含三层意思，为一循环，实乃儒家“天人合一”思想之要领。简言之，可谓天人“合”而不“同”，或“通”而不“同”；换言之，天人一而二、二而一，不得简单说“天人不二”。

《中庸》这个思想，其实也是《周易》的意思。得天为性，这个“性”的狭义指人性（人之禀性）。在《周易》，人与天并非一个东西。《序卦》：“有天地然后有万物，有万物然后有男女，有男女然后有夫妇，有夫妇然后有父子……”这就是说，天与人并不是同一的，对人来说，天具有先在性。进一步讲，“性”的广义指物性（万物禀性）。在《周易》，天对于万物也具有先在性。《序卦》：“有天地，然后万物生焉。”《乾彖》：“乾道变化，各正性命。”乾为天，乾道即天道。先有天道变化，然后才有万物各得其性。正是“乾元”

---

① 熊十力：《新唯识论》（语体文本），中华书局1985年版，第520页。

② 此文发表时，“此”作“引”，乃属排版错误。——作者新注

即天，通过“云行雨施”，这才“首出庶物”“品物流行”。(这里的“物”，理当包括“人”。)可见人与天并不是相同的，而只可说是相通的；不是同一，而是统一(既有统一的一面，亦有对立的一面)。所以，根据《周易》《中庸》，“天人不二”是不确切的。

当然，熊十力没有说过“天人不二”这个话；但是，其思想之实质则是天人不二，也就是说，认为天和人是一个东西①，用他的话讲，就是“本心”与“本体”是一个东西。例如，他曾一再强调：吾人的生命与宇宙大生命，原是一个东西，“吾人识得自家生命即是宇宙本体，故不得内吾身而外宇宙。吾与宇宙，同一大生命故。此一大生命非可剖分，故无内外”②。这实在有乖于《周易》思想，据《周易·系辞传》，“《易》之为书也，广大悉备，有天道焉，有人道焉，有地道焉”，是把“天道”(包括“地道”)与“人道”分开来说的。天人之际固然可感可通，然而毕竟“有二”。

## 二、体用不二

所谓“体用不二”，是说体和用、本体和现象、实体和功能是一个东西；联系到《周易》，是说乾和坤是一个东西；进一步讲，乾坤和太极(“太易”)也都是一个东西。

在熊氏“新唯识论”中，“体用”是其核心范畴。联系到《周易》，在熊氏看来，“体”指乾元，“用”指坤元。应当承认，熊氏对“体”“本体”或“实体”的理解是相当精到的，在他看来，所谓“体”并不是西方人所理解的那样一个实在的东西，一个物，一个叫Substance的存在；所以他说：“《易》曰：‘生生之谓易。’而又曰：‘易无体。’此明生者未尝有独存的自体可得，其旨实通《般若》。”③“故三藏十二部经中，从来没有道得实体是怎样的一个物事，只在变易法中见不变易，即说不变易名‘如’，亦即名体而已。(《大易》变易不易二义，亦是此旨)何谓不变？曰：以化言之，万变之繁，万象之纷，皆有则而不可乱，此有则而不可乱者，《易》所谓‘至动而贞一’也，即

① 此文发表时，作“认为天和人不是一个东西”，其中“不”字明显是衍文。——作者新注

② 熊十力：《新唯识论》(语体文本)，中华书局1985年版，第535页。

③ 熊十力：《新唯识论》(文言文本)，中华书局1985年版，第142页。

此见不变也。”[①]此不变之体，熊十力谓之“恒转”，“遂为本体安立一个名字叫做恒转。恒字是非断的意思，转字是非常的意思。非常非断，故名恒转”[②]。所谓“非常非断”，便是《周易》“变易不易”的意思。

然而熊氏认为，此“恒转”即是“乾”。“乾”是实体和本体，“坤”是功能和现象；“乾”是心，“坤”是物。这是因为，在他看来，“乾”代表了“辟”这么一种具有本体性精神性的积极力量，“坤”则代表了“翕”这么一种倾向物化的消极力量。他说：“我的意思，是拿乾卦来表示辟，拿坤卦来表示翕。”[③]又说：“《易》曰：‘乾知大始。’乾谓本心，亦即本体。”[④]又说：“《易》以乾元为万物之本体，坤元仍是乾元，非坤别有元也。”[⑤]其实，这不符合《周易》的思想。

在周易哲学里，乾、坤都不足以担当本体；“太极”（即“易”）才是“体”，乾坤是其“用”而已。《系辞传》说：“易有太极，是生两仪。”“两仪”即阴阳，即乾坤。关于太极“生”阴阳或乾坤，过去认为是宇宙论，是在讲宇宙之生成，那是误解。后来周敦颐《太极图说》也被视为宇宙论，其实也是误解。所谓“本体”，常有二义：一指本原，二指本质。宇宙论（Cosmology）讲本原，存在论（本体论Ontology）讲本质。《周易》太极与两仪的问题并不是宇宙论问题，而是存在论问题。这里，乾和坤是对等的，都是现象，不是本质。

同时，“乾坤”又是功能范畴。在这个问题上，熊十力是很有见地的。过去，谁也没有把“乾坤”与“实体和功能”联系起来过。然而，熊氏认为“乾”是实体，“坤”是功能。这是不合《周易》思想的。根据《周易》，乾、坤都是功能，太极是其实体。这里我想指出，熊十力关于《周易》的思想，在本体论问题上，往往自相矛盾。他有时以乾为体、坤为用，如前所述；有时却又以太极为体，而同时以乾坤为用，如说：“太极，本体之名；两仪，谓阴阳。”[⑥]“翕辟元是本体之流行，故现作此两种动势，并不是对立的两种东

① 熊十力：《破破新唯识论·寅项》，中华书局1985年版，第171—172页。
② 熊十力：《新唯识论》（语体文本），中华书局1985年版，第315页。
③ 熊十力：《新唯识论》（语体文本），中华书局1985年版，第512页。
④ 熊十力：《新唯识论》（语体文本），中华书局1985年版，第251页。
⑤ 熊十力：《新唯识论》（语体文本），中华书局1985年版，第568页。
⑥ 熊十力：《新唯识论》（语体文本）附录《答问难》，中华书局1985年版，第670页。

西。"[①]这是一种正确的理解(乾坤为翕辟两种"动势",同时都是[②]本体之流行),却不在他《新唯识论》的正文之中。

熊十力又认为,"乾"阳为心,"坤"阴为物。他讲:"夫阴者,所以表物质,阳者,所以表生命或心灵。"[③]照他的意思,"乾坤"表示"翕辟"两种势用,"辟"为动、为心,"翕"为静、为物。他说:"心者本体,在《易》则谓之乾。"[④]"乾卦,三爻皆奇数,吾借以表示辟。坤卦,三爻皆偶数,吾借以表示翕。翕即成物,物界是有待的,故用偶数。辟者神也,神无形而不可分割,故用奇数。"[⑤]这也是与《周易》思想大相径庭的。在《周易》里,乾坤关系绝非心物关系。《系辞传》说:"乾知大始,坤作成物。"这话是很容易引起误解的,值得仔细推敲。首先要注意的是,这两句话的句子结构完全相同。"大始"和"成物"是对应的,也就是说,"大始"是说事物的开始,"成物"是说事物的完成,总之,是讲事物的过程:自物之始,至物之成。其次,这两句话在修辞上叫作"互文",也就是说,不论乾还是坤,都是既"知"又"作"的(都是动词)。乾坤既然知作物之始、物之成,它们本身当然就不是物。乾不是物,坤同样不是物。不是物,是心否?从其能"知""作"看,似心。其实这是一种比拟,犹如说乾坤是功能,这有"能"有"功"也是一种比拟,不能据此而断定为人心。根据《周易》,乾坤是指天地,其实这里所谓的"天地",同样既非心亦非物,而是指宇宙本体之两大基本势能。在《周易》,乾坤、天地、阴阳是同等范畴,均非实体,而是功能。

另一点易致误解的是,乾坤意指阴阳,阴阳谓之"二气",而"气"一向被理解为物质实体。如此看来,乾坤当然是物了。其实,把阴阳二气理解为物质实体,这实在是对中国哲学的误读。在中国哲学,所谓"阴阳"之"气"绝不是什么实体,而是一种功能范畴。在这个问题上,熊十力的悟性确实超过许多人,在他看来,"坤"是一种功能(但他仍然认为,"乾"是实体)。其实在《周易》里,乾坤都是功能,是两种互补的"势"或"力";它们的实体就是

---

① 熊十力:《新唯识论》(语体文本),中华书局1985年版,第512页。
② 此文发表时脱"都是"二字。——作者新注
③ 熊十力:《新唯识论》(语体文本),中华书局1985年版,第650页。
④ 熊十力:《新唯识论》(文言文本),中华书局1985年版,第104页。
⑤ 熊十力:《新唯识论》(语体文本),中华书局1985年版,第325页。

“太极”或“易”。所谓“易有太极，是生两仪”，正确的理解应为：作为存在之“大全”[1]，易或太极具有阴阳两种基本功能或势力。根据上述，熊十力讲“体用不二”，是有问题的，也与《周易》意思不侔。《周易》既不认为乾与坤不二，也不认为乾坤与太极不二。乾与坤是阴阳两大基本势能的对立统一，乾坤与太极则是功能与实体的对立统一。

其实熊十力自己也明白，他讲的“乾坤”与《周易》讲的并不是一回事：“《新论》言翕辟，实与《系传》言坤翕动辟之文无关。《新论》辟字之义甚渊深广远，与《系传》言坤‘其动也辟’自不相同。《新论》说一翕字，与《系传》言坤‘其静也翕’义亦有别。”[2]《系辞传》讲：“夫乾，其静也专，其动也直，是以大生焉；夫坤，其静也翕，其动也辟，是以广生焉。”这里的意思，是说不论乾还是坤，都是既静也动、既翕也辟的，两者同为造成天地万物生生不息、流行不止的两种基本的对立统一力量。而在新唯识论，则是乾主辟，坤主翕，实与《周易》大异其趣。

另外，熊十力以乾元为“心”，涉及心性问题，这也是《周易》与《中庸》共同关怀的问题。这个问题也涉及“天人之辩”。《系辞传》讲到“一阴一阳之谓道”，这是讲的天道；讲到“继之者善也，成之者性也”，这是[3]讲的人道，即《中庸》所说的“率性之谓道”。然而“继之”者，继天也；“成之”者，成天也。人之善性既能继天，且能成天，这就说明人是天的一部分，人道是天道的一部分。可见“率性”简直就是“替天行道”了。在这个意义上，人与天是相通的，统一的，“合一”的。但虽合一而不同一，仍不可说“不二”。

## 三、性修不二

所谓“性修不二”，用《中庸》的术语讲，是说“率性”与“修道”并没有区别，两者是一回事。熊十力讲：“天人合德，性修不二故，学之所以成也。《易》曰：‘继之者善，成之者性。’全性起修名继，全修在性名成。本来性净为天，后起净习为人。……在《易》，乾为天道，坤为人道。坤

---

① 这里的逗号“，”，发表时误为句号“。”。——作者新注

② 熊十力：《新唯识论》（语体文本），中华书局1985年版，第647页。

③ 此“是”字，发表时误作“时”。——作者新注

以顺承天，故为善继乾健之德。”[①]意思是说：“性”是天性，本净；“修”是人为，由习而净。这是不错的。但他同时认为，“乾”代表性，“坤”代表修，且谓两者“不二”。这就不对了，既不合于《周易》之意，也与《中庸》相左。

《中庸》所谓“修道”，就是《大学》所谓“致知”。致知对人自己来说就是“知性”，对自然界来说就是“知天”。所以《孟子·尽心上》言：“知其性，则知天矣。”因为人性便是天性。就“知性”言，正如《系辞传》讲的“成性存存，道义之门”。就“知天”言，则是《系辞传》讲的“仰以观于天文，俯以察于地理”。而《系辞传》所谓“乐天知命”，则是兼讲这两个方面的“致知”：知命即知性（认识自己；《中庸》讲“天命之谓性”），乐天即知天。《周易》其书本身便是这种“致知”的一个结果，即《系辞传》所谓“圣人有以见天下之赜，而拟诸其形容，象其物宜，是故谓之象；圣人有以见天下之动，而观其会通，以行其典礼，系辞焉以断其吉凶，是故谓之爻”“天地变化，圣人效之；天垂象见吉凶，圣人象之”。

这种“修道”，显然[②]与所谓“率性”是大不一样的。率性是说按本性或天性行事，不假思索，不假安排。这正是《系辞传》所讲的：“百姓日用而不知，故君子之道鲜矣。”可见“率性为道”虽然也算人道，却不足以称为“君子之道”。君子之道不仅要求自发、“自在”的“率性”，而且要求自觉、“自为”的“修道”。显然，这是两种不同的境界。当然，“性”与“修”、“率性”与“修道”有共通之处，否则，就不可能从自发到自觉；但两者之间毕竟存在一个自觉与否的区分，不得混同。所以，不宜简单化地讲“性修不二”。

综上所论，可知熊氏“新唯识论”不能说是“归本《大易》”的。不仅早年的《新唯识论》，即便是晚年专就《周易》“乾坤”来阐发其思想的《乾坤衍》，也不能说是以《大易》为宗的。读熊氏书，于此不可不辩。话虽如此说，熊十力仍不失为，或者说正因为如此才成为现代新儒家的最富于原创性的思想大师。

我读熊十力，曾作诗一首，今录于此，以示敬意：

---

① 熊十力：《新唯识论》（语体文本），中华书局1985年版，第622页。

② 这里的“显然”，发表时误作“虽然”。——作者新注

百年谁是出群才？唯识子真翻别裁。
儒释之间君自立，陆王而后我重来。
体用圆融一源出，物心翕辟二门开。
良苦用心有谁解？令人一读一哀哉！

# 《周易》及其哲学*

## ——《周易人生智慧丛书》主编闲话

记得是在去年，责任编辑专程赴京，邀我设计、主编一套关于《周易》人生哲理的应用方面的丛书。这使我一时很踌躇。一则我虽然研究过《周易》，但那是从文学和文献学角度进行的，而且只涉及古经部分①；再则自那以后，我虽然一直想从哲学角度再对《周易》，尤其大传部分做些研究，却总苦于没有时间②；三则我从来就没有想过要从“应用”的角度去研究《周易》，而且担心一说到《周易》的“应用”，人们就会想到占卦算命之类的事情上去。我是一向服膺“善为易者不占”“子不语怪力乱神”一类古训的。

不过，我最后还是应承下来了。这主要是我的朋友、任教于作为国家社科研究基地的山东大学周易研究中心的林忠军教授，给了我巨大的心理支持。我们决定共同主编这套丛书。他在《周易》研究方面的功力是我素所钦信的。何况还有我的朋友们，尤其是在《周易》研究上造诣颇深、曾承担国家级《周易》研究项目的杨庆中博士的加盟，这更使我信心倍增。

转眼之间，已经寒暑，各方书稿，陆续告成。批览之余，考虑到这套丛书的读者层面的特殊性，我想略谈一些想法，一是简要通俗地介绍一下《周易》其书的情况，二是借此机会梳理一下我对《周易》哲理的若干感想，以就教于广大读者。

---

* 这是笔者为《周易人生智慧丛书》所写的导言《主编闲话》。这套丛书是由本人和林忠军教授共同主编的，一套四种，并请蒙培元先生、刘大钧先生作序，四川人民出版社2001年版。

① 黄玉顺：《易经古歌考释》，巴蜀书社1995年版。

② 只有非常零星的研究，例如拙文《生命结构与和合精神——周易哲学论》，《社会科学研究》1998年第1期。

## 一、研究《周易》的意义及其方法

《周易》是跟"玄学"挂钩的。这与"魏晋玄学"颇有关系。魏晋玄学的一个特点，是儒家思想和道家思想在相当程度上的合流，亦即论证"名教出于自然"。名教者，儒家伦理也；自然者，道家玄思也。两家思想的这种合流是有文献依据的，这就是当时玄学家所谓的"三玄"：《老子》《庄子》《周易》。前两部书都是道家的，唯有《周易》素来是被视为儒家经典的：儒家以"六经"为原典，而《周易》为所谓"六经之首"。但事实上，《周易》本来并无所谓哪家的。唯其如此，先秦诸子许多都跟《周易》有所关联。

不仅如此，事实上可以说：此后的一部中国思想史，在相当程度上也是一部《周易》诠释史。在汉代经学里，"易学"极为昌盛；董仲舒的哲学，所取于《周易》的观念尤为显著。接下来是魏晋玄学，已如上述。汉唐佛学也与《周易》多所关联，我们只须指出一点：般若学脱胎于玄学，这是众所周知的。至于宋明理学，其中的易学更是蔚为大宗，理学大家莫不治《易》，理学家往往同时也是易学家。直至现代所谓"新学"，《周易》仍然发挥一种基本思维模式的作用。例如现代新儒家开山祖师熊十力先生，便自宣称其"新唯识论"乃是"归宗大易"的。

由此看来，欲理解中国思想文化而不知"易理"，殊不可能。那么，应该如何研究《周易》？我想，首先要有一种正确的态度。所谓正确态度，我感觉最迫切的就是必须破除迷信。自20世纪80年代"易经热"以来，人们对《周易》表现出几种常见的迷信：

一是"应用的"迷信。考虑到《周易》这部书的"筮书"特点，这一点是尤为紧要的。研读《周易》，首先必须避免那种求神问卦、占卜吉凶的想法。你读《周易》的目的如果是想从那里面，进而从"神"那里捞取什么好处，诸如何时升官、怎样发财之类的，那我劝你趁早放下别读了，因为读了也白搭。这倒不是说我们读《周易》就没有一点实际用处了，否则我们写这套书来干什么？用处也是有的，但那绝对不是什么神神怪怪的未卜先知，而是能够为我们的实际生活提供些有益的思维方式、处理方法而已。

二是"科学的"迷信。现今在学术界某些人心里，有一种很大的迷信，就是以为古人比今人高明得多。在他们看来，仿佛不是猴子变成了人，反倒是人越来越变得像猴子了。在《周易》研究方面，这种迷信的一种重要表现是：以为《周易》比今天的科学还科学。《周易》是科学吗？我的回答是断然否定的。我们今天可以用科学的方法去研究它，但它本身并不是科学。我们用科学方法研究它，它就成为科学的对象，正如我们用科学的方法去研究毛毛虫，毛毛虫也就成为科学的对象。但是毛毛虫本身仍不是科学。有人认为《周易》比今天的物理学、天文学还科学，据说可以凭它发现新星！这实在是痴人说梦！就以我们所谓的易道“广大悉备”来说，那也不过是说它属于那种比较抽象的、哲理思维层面上的东西，而越是抽象的道理，其适用的解释涵盖面当然也就越大，这也没有什么神秘的。其实，这正好说明了《周易》乃属于人类早年的一种尚未充分分化的观念形态。

三是“历史的”迷信。《周易》里面涉及不少历史材料，后世关于《周易》的传注也涉及许多历史材料问题。其中当然也有可以归入“信史”的，但是绝对不可迷信。例如《系辞下传》有一段说，历史上的许多发明都是“取诸”《周易》某某卦的，这就不能说是史实。又如传统认为，伏羲发明了八卦，文王又推演为六十四卦，又和周公一起为之系辞等，这些也都未必可信。当年顾颉刚先生倡导“疑古”，现今李学勤先生则又倡导“走出疑古时代”，本身都是不错的，但容易被人们拿来走向极端，一“疑”就疑到了一无是处，一“走出”就走到了句句是真理。最近学界的倾向，就往往是后者。《周易》文本简直要被神化了。

在我看来，今日研究《周易》，应有三项基本任务：一是以文献考据为基础，二是以义理诠释为方向，三是以思想转换为宗旨。这三者是相互关联的：前者是后者的工具、根据，后者是前者的目的、目标。仅就其中的文献考据一项来说，也有三项基本任务：其一，文献的搜求，这属于目录学的范畴。就今天的情况来说，尤其要注意出土文献的搜集。其二，文献的鉴定，这属于版本学的范畴。在这方面，有大量工作需要做。其三，文献的释读，这属于校勘学和训诂学的问题。只有在正确、准确释读的基础上，才谈得上义理的阐释。

而我们最终极的目标，则应该是对《周易》思想进行现代转换。通俗地讲，这也就是继承与发展、创新的关系问题。《周易》毕竟是古人的思想，如果现成地搬来用，未必适合于今天的情况，更不用说它肯定是没有达到当代思维水平的了。但就文化的传承来说，我们又有责任使它的某些具有恒定价值的观念、精神得以发扬光大。这就需要进行现代转换。在我看来，《周易》思想的现代转换，必须与当代的思想格局联系起来，具体说来，就是必须注意与马克思主义的对接，与西方现当代思想的对接。否则，《周易》的哲理就永远不过是博物馆里面的老古董，只能供人赏玩而已。

## 二、《周易》的文献构成

下面，我们首先简要介绍一下《周易》的文献构成情况。《周易》一书不是一时一人之作，而是出自历代众人之手，因此，它的构成是一个复杂的问题。对这个问题，有一些传统的说法，例如“人更三圣，事历三古”[①]之说，认为伏羲画“八卦”；文王推演为“六十四卦”，并与周公共同为之“系辞”；孔子进而为之作“传”等。这些说法当然是不一定可靠的，我们必须自己重新研究这个问题。这里，我想介绍一下我对这个问题的看法。

《周易》（也称《易》或《易经》）的文献构成情况大致如下：

1.《易经》（《周易》古经）——殷末周初

（1）符号系统（卦爻符号）

（2）文字系统（卦辞爻辞）

①象辞（殷周歌谣、原始史记）

②占辞（吉凶断语）

2.《易传》（《周易》大传）——战国秦汉

（1）《彖传》上下

（2）《象传》上下

（3）《文言传》

（4）《系辞传》上下

（5）《说卦传》

（6）《序卦传》

（7）《杂卦传》

下面分别加以简要介绍：

① 见《汉书·艺文志》。后来朱熹又加上周公，提出“人更四圣”说。

（一）《周易》古经

“古经”部分是由两个层次构成的，即符号系统和文字系统。

1.符号系统

《周易》的符号系统就是六十四卦的卦爻符号体系。最基本的是两种符号，即“--”（旧称阴爻）和“—”（旧称阳爻）。根据后来儒家学者的解释，这就是“阴阳”，叫“两仪”。将这两种符号“爻”重叠起来，就能构成各种层次的“卦”：两两相重，可得“四象”（后来邵雍称为：太阴，少阴，太阳，少阳）；三三相重，可得“八卦”（乾坤震巽坎离艮兑）；再将八卦两两相重，即得整个《周易》的六十四卦（另有一种解释，六十四卦不是八卦的重叠，而是直接由基本符号六六相重而得到的）。所以《系辞传》说：“易有太极，是生两仪，两仪生四象，四象生八卦，八卦定吉凶，吉凶生大业。”“太极”就是“易”，就是“道”，但是没有对应的符号，或者说就是“--”和“—”的统一，亦即《系辞传》所说的“一阴一阳之谓道”。

2.文字系统

《周易》的文字系统即旧所谓“卦辞”“爻辞”，统称“筮辞”。据我的研究，卦辞和爻辞是一个整体，应是同时编纂的。它们包含两个层次：一是“述”，是编者引用的当时流行的歌谣（以及少量原始史记），它们都是非常生动形象的，所以往往属于所谓“象辞”；二是“作”，是编者加上的占断吉凶的辞语，如“吉”“凶”“悔”“吝”等，往往属于所谓“占辞”。例如涣卦：

涣：亨。王假有庙。利涉大川。利贞。
初六：用拯马壮吉。
九二：涣奔其机。悔亡。
六三：涣其躬。无悔。
六四：涣其群。元吉。涣有丘。匪夷所思。
九五：涣汗。其大号。涣王居。无咎。
上九：涣其血。去逖出。无咎。

如果我们剔除了其中的占辞，剩下的除去一句原始史记“王假有庙”（王至于庙）以外，就是一首歌谣：

涣奔其机，
涣其躬，
涣其群。（古韵冬或身部、文部合韵）
涣有丘，
匪夷所思。（古韵之部）
涣汗，
其大号，
涣王居。（古韵宵部、鱼部合韵）
涣其血，
去逖出。（古韵质部、物部合韵）

《周易》每一卦都引用了歌谣，这里我们再举一例渐卦："渐：女归吉。利贞。初六：鸿渐于干。小子厉。有言。无咎。六二：鸿渐于磐。饮食衎衎。吉。九三：鸿渐于陆。夫征不复。妇孕不育。凶。利御寇。六四：鸿渐于木。或得其桷。无咎。九五：鸿渐于陵。妇三岁不孕。终莫之胜。吉。上九：鸿渐于陆。其羽可用为仪。吉。"鸿：大雁。渐：进，登。除去了占辞，剩下的乃是一首非常优美的情诗：

鸿渐于干，鸿渐于磐，饮食衎衎。
鸿渐于陆，夫征不复，妇孕不育。
鸿渐于木，或得其桷。
鸿渐于陵，妇三岁不孕，终莫之胜。
鸿渐于陆，其羽可用为仪。

《周易》的文字就是这样由歌谣和占断编纂起来的，没有什么神秘之处。[①] 其神秘之处，乃在于人们对它的解释。

至于其符号的最初来历究竟如何、文字系统与符号系统最初是如何关联起来的，这倒真是一个至今未破之谜。这可能与旧说"观象设卦"有关。《系辞传》对此做过一种解释："古者包牺氏之王天下也，仰则观象于天，俯则观

---

① 参见拙著《易经古歌考释·绪论》（修订本），上海古籍出版社2014年版。

法于地，观鸟兽之文与地之宜，近取诸身，远取诸物，于是始作八卦，以通神明之德，以类万物之情”；“圣人有以见天下之赜，而拟诸其形容，象其物宜，是故谓之象；圣人有以见天下之动，而观其会通，以行其典礼，系辞焉以断其吉凶，是故谓之爻”；“圣人立象以尽意，设卦以尽情伪，系辞焉以尽其言”；“圣人设卦观象，系辞焉而明吉凶”；等等。首先，符号本身是从某些形象加以抽象得来的[①]；其次，诗歌描写的也是一些形象；最后，这两类形象有可以类比的地方。值得注意的是，类比思维是中国古代传统的一种典型思维方式，它所用以概括规律的东西不是逻辑的概念推演，而是自然的形象比拟。但是，它仍然是一种“抽象”概括。

（二）《周易》大传

“大传”古称“十翼”，意指十种对“经”具有附翼辅助作用的文献；事实上，它们是七篇文献。这些文献旧说乃是孔子所作；但比较可靠的理解是，它们应是孔子后学的作品，其中记录了孔子本人的许多关于《周易》的理解阐释（所以其中多有“子曰”字样）。分述如下：

1.《彖传》

“彖”（tuàn）指“彖辞”，就是古经六十四卦中每一卦开头的卦辞。它与“爻辞”相对而言。例如乾卦，“元亨利贞”就是彖辞或者卦辞；其余六爻的筮辞就是爻辞。爻辞只断定该爻的吉凶，彖辞则断定整卦的吉凶。古人把“彖”解释为“断”，就是“断定”（吉凶）的意思。这种断定是根据整个卦象来进行的，所以《系辞上》说：“彖者，言乎象者也。”

彖辞是对卦象的吉凶断定，而《彖传》则应该是为彖辞作的“传”，也就是对彖辞的解释。但实际上它也直接解释卦义：“统论一卦之义：或说其卦之德，或说其卦之文，或说其卦之名。”试以需卦为例，彖辞为：“需：有孚，光亨贞吉，利涉大川。”彖传为：“需，须也（解释卦名），险在前也（解释卦象：下坎）。刚健而不陷，其义不困穷矣（根据卦象上乾下坎解释卦德）。‘需有孚光亨贞吉’，位乎天位，以正中也（解释彖辞亦即卦文）；‘利涉大川’，往有功也（解释彖辞）。”但要注意的是，这些解释未必是彖辞本来的意思。作为筮书的《周易》古经本是吉凶占断，《彖传》把它们政治化、伦理化、哲理

① 至于这些符号最初究竟象征的什么具体物象，则有很大争议。例如—、-- 两个符号，有人认为象征的男女的生殖器官，如郭沫若先生；有人认为出自数字的奇、偶，如张政烺先生。还有八卦，旧说认为象征的天、地、雷、风、水、火、山、泽。诸如此类，迄无定论。

化了。不仅《彖传》，整个《易传》都是如此。

2.《象传》

各卦的《象传》都是分为两个层次的：《大象》解释整个“卦象”，《小象》解释各爻的“爻象”。例如《蒙象传》：“山下出泉，蒙；君子以果行育德（以上大象，以下小象）。利用刑人，以正法也（释初六爻）。子克家，刚柔接也（释九二爻）。勿用取女，行不顺也（释六三爻）。困蒙之吝，独远实也（释六四爻）。童蒙之吉，顺以巽也（释六五爻）。利用御寇，上下顺也（释上九爻）。”

《大象》的特点是：其一，将每卦看作由两个三爻卦（即“八卦”或“经卦”）构成的；其二，以经卦所象征的事物来解释卦象；其三，又以此卦象来象征人事。就拿上例来说，“山下出泉”是说此卦的上艮（山）下坎（水）的卦象；“君子以果行育德”则是比拟人事，说君子应该像山下泉水的流行一样行事、培育德行。《小象》则是以各爻所处的位置来解释，仍是比拟人事的。例如“子克家、刚接柔”是说此爻为阳爻（刚）而紧接着阴爻（柔）的，暗示男（阳）女（阴）相接，故儿子能成家。

3.《文言传》

是专门对乾、坤两卦的解释，即《乾文言》和《坤文言》。它以孔子答问的形式，讲解乾、坤两卦蕴含的关于天地之德、君臣之义、为人处世、修齐治平方面的道理。

4.《系辞传》

这是大传中最重要的一篇，相当于对《周易》全书的通论。“系辞”本来是指古经的卦爻辞（彖辞、爻辞），意为将言辞系属于各卦爻符号之下（相传是由文王周公进行的）；而“系辞传”则应是对“系辞”的解释，但实际上不限于此。提出了一整套哲学思想，涉及一系列重要观点，诸如“一阴一阳之谓道”“生生之谓易”“刚柔相推而生变化”“易有太极，是生两仪……”“天尊地卑”“易穷则变，变则通，通则久”等等。这些思想观念及其术语，对中国后来的哲学和文化产生了深远影响。

5.《说卦传》

这是专门解释所谓“经卦”，亦即“八卦”的。孔颖达《周易正义》说：“说卦者，陈说八卦之德业变化及法象所为也。”突出了乾、坤两卦对于其余震、巽、坎、离、艮、兑六卦的优先地位，提出了“观变于阴阳而立卦”“立天之道曰阴与阳，立地之道曰柔与刚，立人之道曰仁与义”“天地定位，山泽通气，雷风相薄，水火不相射”“穷理尽性以至于命”等重要思想。

6.《序卦传》

专门解释《易经》六十四卦的排列秩序及其蕴含的道理。从“天地”（乾坤）始（“有天地，然后万物生焉”）、至“未济”终（“物不可穷，故受之以‘未济’终焉”），贯彻了周易哲学的宇宙论、存在论、方法论、辩证法思想。

7.《杂卦传》

《杂卦传》也是对六十四卦的解释，但又与《序卦传》不同。它对六十四卦的排列也是井然有序的，但跟《序卦传》确定的顺序很不同。因此，《杂卦传》所谓“杂”并非杂乱无章，而是一种“错综复杂”关系：它把六十四卦分为三十二对组合关系，两两相对，对比说明。例如：“乾刚，坤柔；比乐，师忧。临、观之义，或与或求。”从音韵上来看，它是一篇形式整饬的韵文。

以上就是《周易》经、传的文献构成的大致情况。

## 三、《周易》的思想及其应用

严格来说，《周易》的古经部分是谈不上什么“思想”的，虽然它包含有当时人们的许多重要的观念；《周易》的思想主要是在大传部分，人们通常所说的“周易哲学”就在其中。这里我简要介绍一下自己对周易哲学的基本理解。

我把中国哲学视为一种“东方生命哲学”。“生命哲学”一语具有几种意义：最狭义的生命哲学，是西方二十世纪的一个著名的哲学流派。广义的理解，凡是具有以下特征的都属生命哲学：第一，这种哲学首先关注的是人的生命存在，即关注人的生活、生存；第二，这种哲学赋予人的生命存在以一种本体论意义，把生命意向提升为宇宙世界的本原和本质；第三，对这种生命存在的把握，最需要的是一种直截了当的“领悟”，而不是理智，虽然后者也是必要的。在这个意义上，中国哲学乃是一种典型的生命哲学。

而周易哲学就是中国生命哲学历史上的第一个系统性的形态。它的终极关怀是“观我生”“观其生”（《周易・观卦》），就是对于人生的高度关注；它把天地人一体的宇宙视为一个大生命系统，“天地之大德曰生”，“生生之谓易”（《周易・系辞传》）；它引领我们去直观地领悟这个生命系统的“易道”——天道、地道，尤其人道。由此，它指示我们将所领悟到的人道运用于我们的人事中，求得人际的和谐、天人之际的和谐。

周易哲学的核心可归结为“阴阳”范畴，而阴阳范畴的实质则可概括为“生命的结构”：阴阳范畴的内容是一种“生命忧患”意识，阴阳范畴的形式是一种“结构思维”方法。

《庄子·天下》云：“易以道阴阳。”周易哲学可以归约为“阴阳”问题。不仅如此，其实整个中国哲学也可以归约为阴阳问题。中国哲学几乎所有重要范畴，都是一种“二元一体”的关系范畴，亦即某种“阴阳”关系。例如，何谓“道”？“一阴一阳之谓道。”① 何谓“气”？“盖阴阳者气之二体。”② 何谓“仁”？“仁，亲也，从人二（即二人）。”（《说文解字》）“仁者爱人。”（《论语·颜渊》）（其实也是一种二元一体阴阳关系）何谓“理”？“理不可见，因阴阳而后知。”③ 看来无须多费唇舌，“阴阳”确为中国思维的最高范式。中国哲学的三大问题，就是天人、群己、身心关系问题，无非阴阳关系问题。《易传》完成了阴阳范畴的生成，“阴阳”从此成为中国哲学的基本思维模型。

阴阳范畴的内容，就是生命关怀，或曰生命忧患意识。故《系辞传》一言以蔽之：“生生之谓易。”所以我说周易哲学就是生命哲学。又云：“作《易》者其有忧患乎！”此即生命忧患意识。忧患的具体内容随时代而转变，但生命忧患本身是中国哲学永恒的主题。

阴阳范畴之能成为中国哲学的核心范畴，正在于它契合了这种生命关怀。阴阳范畴在周易哲学中的原型，是男女交媾而孕育生命这个事实。《说卦传》将八卦视为父母（乾坤）生育了三男三女（震坎艮、巽离兑）；《系辞传》对乾坤进行了生殖器官交合前后的描写：“夫乾，其静也专（抟），其动也直，是以大生焉；夫坤，其静也翕（合），其动也辟（开），是以广生焉。”《咸彖传》还具体描写了交媾的情形：“二气感应以相与（亲和），止而说（悦），男下女，是以亨（通）。”《易传》中充满了性暗示，人所共知。按郭沫若的理解，甚至《周易》古经最原始的阴阳卦画，已是生殖器的写照。

把男女交媾外推为天地交合，再抽象为阴阳交感，此即周易哲学阴阳范畴的逻辑诞生，《系辞传》以一语括之：“男女构精，万物化生。”从“男女”交媾而直接言及“万物”化育，这是思维的跃迁。故李贽《夫妇论》一语道

① 见《周易·系辞传》。老子所谓“负阴而抱阳”亦此意。

② 见王夫之《正蒙注·太和》。此种观念始于西周。

③ 见《朱子语类》卷九十四。谓理与阴阳为同构关系。

破：“极而言之，天地一夫妇也。”生命存在成为宇宙的本体，阴阳结构成为普遍的法则。此即中国哲学天人之际的实质。西方生命哲学将个体“生命冲动”本体化，而周易哲学则将人际“生命交流”本体化。周易哲学的形而上学本体不是一个实体，而是一个结构①；不是一个外在于人的结构，而就是人本身的生存结构。此即《周易》的生命本体论，生命形上学。所以，“天地之大德曰生”“天地感而万物化生”。唯其如此，《周易》筮法，凡阴阳相交则吉，而阴阳相背则凶。

阴阳范畴的形式方面，则是结构思维方法，可以从静态与动态两个维度上来把握。

静态的阴阳结构，总体特征就是“二元一体”关系模型。

所谓“二元”，是讲阴阳双方的差异对立，其经典表述为“一分为二”，可界定为“同类异性”。男女是同类异性，天地、乾坤、阴阳也都是同类异性。非同类不相交，这是一个生命法则：“同声相应，同气相求”；“风马牛，不相及”。非异性亦不相交，这也是一个生命法则：“二女同居，其志不同行”（《周易·艮彖传》）；“和实生物，同则不继”（史伯语）。

所谓“一体”，是讲阴阳双方的亲和统合，其经典表述为“合二而一”，可界定为“共存互补”。此即所谓“和”（孔子语），所谓“交”（方以智）。不和不交，“夫妻反目”（《周易·小畜卦》）、“上下敌应”（《周易·艮彖传》），是不符合生命结构法则的。

动态的生命结构，则是一种公理方法。这种思维方法分为两步：首先寻求一种不证自明的公理，揭示一种一般关系、普遍结构；然后由此出发，推演出一系列定理，从而形成一个自足的解释系统。周易哲人从生命现象中发现了这种公理：阴阳—生命结构。从而推演出一系列伦理—政治定理，形成独具特色的中国传统文化体系。这就是《系辞传》所谓：“引而伸之，触类而长之，天下之能事毕矣。”《周易》作为这样一个生命公理系统，把宇宙天地人物推演成一个生命大系统，阴阳结构便是它的公理。这个公理既是自为的理性公设，也是自在的形上本体，亦即逻辑与历史的同一，阐释与文本的同一。这个公理系统至今仍在发挥作用，例如“一分为二”至今仍是中国人所承认的

---

① 周易哲学的“本体”应从两个方面去看：从粗陋的宇宙论角度去看，其本体是自然“天地”；从本质论亦即从真正意义的本体论的角度去看，其本体是“太极”“阴阳”，这并不是实体，而是一种逻辑结构。

一条公理。

这种方法在西方逻辑尤其现代符号逻辑中得到了充分的发挥，主要就是形式化、符号化，成为一种精确的科学工具。在周易哲学中，象数派早已企图将它形式化、数理化，但它不是形式逻辑的，而是思辨逻辑的；而义理派则对形式化、数理化不感兴趣，他们注重内容、实际，以之解释生活、理解人生。西方结构主义从列维–斯特劳斯到乔姆斯基，把这种公理方法成功地运用于人文社会科学，仅此而论，西方结构主义与周易哲学是相通的：阴阳范畴，就是生命系统的“深层结构”。但西方结构主义的公理是一种先验的预设；而周易生命哲学的公理是生命的直观（仰观俯观，近取远取）；西方结构主义是一种科学理性主义，而周易生命哲学是一种人文理性主义。此即中国的生命现象学、生命阐释学。

周易哲学的生命关怀落实于整个中国哲学，是在三个层面上展开的：

其一，民生与人生：群体生命与个体生命。

此即中国哲学的群己关系问题。儒、道两家都将《周易》奉为经典。儒家关怀群体生命。孔子主张“爱人”“务民之义”“博施于民而能济众”。孟子的民本思想、对仁政及社会分工的探讨，荀子的王制思想和对“群”“分”的探讨，都是企图寻求一种群体生存结构。“礼”便是群体生存的保障，君臣、父子等关系，无非阴阳结构。道家关注个体生命。老子研究“长生久视之道”。庄子研究如何“养生”“保身”“全身”。至于杨朱“贵生”“重己”以至“一毛不拔”，则把这种个体生命哲学推向了极端。

其二，生存与发展：生命的维持与提升。

群体的生存发展乃是近代以来中华民族的时代主题，也是当今世界的一大主题，其实从来就是中国哲学的主题。儒家关怀群体生命，讲集体的生存与发展。《论语·子路》：“子适卫，冉有仆。子曰：‘庶矣哉！’冉有曰：‘既庶矣，又何加焉？’曰：‘富之。’曰：‘既富矣，又何加焉？’曰：‘教之。’”庶、富、教，正是由求生存而到求发展的阶梯。道家关注个体生命，讲个人的生存与发展：老子侧重生命的维持，庄子侧重生命的提升。

其三，肉体与心灵：生命的存在与超越。

此即中国哲学的身心关系问题。人总希求克服生命的有限，追求生命的无限。儒家诉诸群体，讲“三不朽”（立德、立功、立言）、“杀身成仁”“舍生取义”，是将个体生命融入生生不息的群体生命之中。道家诉诸个体生命的形上依据“道”，就是诉诸“自然”这个大生命。老子偏重肉体存在，庄子偏重心灵超越。老子“玄牝之门”，“可以为天下母”，“以顺众父”，几乎就是《周易》的原版。

周易哲学所确立的这种生命结构主义哲学，影响了后来整个的中国哲学史。不同时代的哲学家所面临的历史课题各不相同，但他们的致思取向却惊人地一致，具体来说，中国哲学史表现为同一“生命结构”的主题变奏。所谓中国哲学的转型，不外乎是生命结构的具体历史内容的转换，亦即剥除其失去现实意义的内容，赋予其具有时代价值的内容。

这可以追溯到周公思想，可概括为一个中心、两个关系。一个中心就是周族的群体生命忧患，即周王朝的生死存亡问题，归结为“德”的问题（德者得也，这里是讲的得天受命）。两个关系都是阴阳结构模式：一是天人关系，要求“以德配天”；一是君民关系，要求“敬德保民”。周人的思维模式很类似于结构主义、如布拉格音位学派的思维方式。这里是两次二元对立（天人、君民）的叠加，而形成一个“语义三角”：

这里，天决定君，即“天命靡常”“唯德是依”；君决定民，即“保民”“牧民”；民决定天，即“天视自我民视，天听自我民听”。由此可见，中国哲学的某种基本思维构架是由周公确立的。

进入子学时代，儒道墨法无不以生命结构为中心议题，其中儒、墨、法家探讨群体生命问题，道家探讨个体生命问题。儒道二家上文已有讨论。墨家“兼相爱，交相利”“尚同”“非攻”，无非在二元对立关系中求得亲和一致，消除“祸篡怨恨”，以利社会群体生存发展。甚至法家韩非，其实也是想要解决社会群体生存问题。他认为由于人性恶（这个思想得自其师、儒家的荀子），“人民众而财货寡”，导致争夺而危及群体生存，这就必须实行强有力的专制统治，才能维持群体的生存秩序。其师荀子是以“礼”节群，而韩非则是以“法”制群，但其目的都是一样的，就是维持群体生存秩序。

汉代经学大师董仲舒全面继续和发展了先秦生命结构思想，完成了中国哲学第一次历史大转型，从而确定了未来整个封建专制生命哲学的基本历史走向。他的阴阳学仍然是对群体生命结构的探讨，而且仍然是周公式的两大关系（天人、君民）、三角结构，亦即一方面“屈民而伸君”，一方面“屈君而伸天”。

魏晋以降，作为一种历史的反拨，个体生命问题突显出来。道教哲学是很典型的个体生命哲学，追求得道成仙、长生不死。佛教则由超越个体生死轮回（小乘）而发展到普渡众生（大乘），最后禅宗回到个体生命超越问题。玄学则企图调和“名教”与“自然”，亦即调和儒家群体生命关怀与道家个体生命关怀，但明显以个体生命超越为主导倾向，崇尚老庄，主张“超世而绝群，遗俗而独往”“越名教而任自然”。

唐代韩、李开启了宋明理学，历史的钟摆再次摆向群体生命问题。程朱理学全面总结了封建生命哲学，而其核心范畴“理”或“天理”、实即仁义礼智的伦理规范，本质上是群体生存结构的概括；而陆王心学，则是对群体生存结构的另外一种概括，是以个体心灵存在透显出来的群体生命存在。程朱认为“性即理”，天理即“生理”，“天只是以生为道”[①]，这是把生命本体宇宙论化；陆王则认为“心即理”，即是把生命本体心性论化。

中国哲学的第二次历史大转型，从康有为开始，这个过程至今尚未结束。中国近、现、当代哲学的主题，是中华民族这个大群体的生存与发展问题。救亡保种、独立自强成为压倒一切的任务，“生存竞争”这类生物学命题，一时间竟成为最富魅力的哲学话语。康有为“三世说”，本质上是中国最早的民族生存发展战略。此间有一种很值得研究的现象，就是：一方面西方生命哲学得到相当程度的传播，如张君劢、李石岑、梁漱溟、朱谦之等的哲学；另一方面则是官方哲学中相当突出的生命哲学倾向，如吴稚晖、戴季陶、蒋介石、陈立夫等的哲学。所谓现代新儒家，也只是传统生命哲学的现代化转换的一种尝试。

有三个理论形态是这种时代精神的真正代表：孙文学说，毛泽东思想，邓小平理论。在孙文“三民主义”中，民族主义是其主体性前提，民权主义是其工具性设施，唯有民生主义才是其实质性目标。所以孙中山《三民主义·民生主义》认为：“人类求解决生存问题，才是社会进化的定律，才是历史的重心。”但孙中山未能找到解决中华民族生存危机的有效途径。这个历史课题是由中国共产党人完成的：如果说毛泽东思想解决了中华民族的生存问题，那么

① 《河南程氏遗书》卷第二上，见《二程集》，中华书局1981年版，第29页。

邓小平理论就正在成功地解决中华民族的发展问题。

至于《周易》哲理的运用问题，我们所应把握的一个核心精神就是：“神而明之，存乎其人”；“运用之妙，存乎一心”。你是什么样的人，存有什么样的心，你就有什么样的“易道”。这是因为，一方面，易道“广大悉备，有天道焉，有人道焉，有地道焉”；天文学家自然注意了“天道”，地质学家自然注意了“地道”，我们常人当然首先应该注意“人道”的方面。此即“神而明之，存乎其人”的意思。另外一方面，“神无方而易无体”，“仁者见之谓之仁，智者见之谓之智”，“不可为典要，唯变所适”，随机应变。此即“运用之妙，存乎一心”的意思。不过在运用时，有一点是必须特别注意的：“继之者，善也；成之者，性也。”易道的运用必须以“善”继之，以“性”成之。换句话说，易道的运用必须发挥自己的善性、良知、天理良心。

最后，我想借此机会，对刘大钧先生的慷慨赐序，表示由衷的谢意。

2000年12月记于四川成都锦江之滨

# 生存结构与心灵境界*

## ——面向21世纪的中国哲学

人类似乎永远面临三大问题：人与自然界之间的问题，人与人之间的问题，人自身的肉体与心灵之间的问题。众所周知，这些正是中国哲学历来予以特别关注的三大基本问题："天人关系"问题，"人己关系"问题，"身心关系"问题。大家似乎一致同意，在已经到来的21世纪里，这些问题可能将会变得更为严峻。那么，对于如何化解这些问题，中国哲学将可以有怎样的作为？本文就此提出一些思考，就教于海内外方家。

我以为，所有这些问题可以归结到一点，就是"生存"问题。这一点如今已充分突显出来。例如关于天人关系的环境问题，关于人际关系的伦理问题、国际关系的南北、南南问题、共同发展问题，关于身心关系的信仰、安身立命问题，无不以生存问题为焦点。人类今日面临的，实为一种普遍的生存焦虑。而这正是我曾经强调过的、中国哲学一以贯之的"生命忧患意识"问题。

生存问题永远是人所面临的最基础的问题，而生存问题的解决依赖于某种合理的生存结构。这种生存结构体现在上述三大关系中：天人结构（人与自然界的关系结构），人己结构（人与人的关系结构），身心结构（肉体与心灵的关系结构）。这些正是中国哲学的基本课题，因为在我看来，中国哲学就是一种"生命结构主义哲学"。

努力探索人类生存的合理结构，这就是当今哲学家，尤其是中国哲学家的任重道远的时代使命。

---

* 原载《周易研究》2002年第4期；人大复印资料《中国哲学》2003年第1期全文转载。

## 一、中国哲学的生命结构主义

我把中国哲学视为一种“生命哲学”或者“生存哲学”，它所关注的核心问题就是“生存结构”或者“生命结构”。

对于何谓“生命哲学”或者“生存哲学”，可有几种理解。最狭义的生命哲学，所指的当然是西方二十世纪以狄尔泰、柏格森为代表的哲学流派，以至包括以叔本华、尼采为代表的意志主义，乃至于以海德格尔、萨特为代表的存在主义哲学。但广义的理解，凡有以下特征的都属生命哲学：第一，这种哲学首先关注的是人的生命存在或者生存问题，即关注人的生活、生存；第二，这种哲学赋予人的生命存在以一种存在论意义，亦即把生命意向提升为宇宙世界的本原和本质，或者本真存在；第三，要把握这种生命存在，所最需要的不是理智，而是一种直截了当的“思”“观”“领悟”，虽然前者也是必要的。在这个意义上，中国哲学乃是一种典型的生命哲学。中国哲学既具有西方哲学中属于人文主义思潮的生命哲学的生命关怀，又具有西方哲学中属于科学主义思潮的结构主义的结构方法；既不失为作为一种真正的东方哲学的民族特质，又蕴含着丰富的可以为当今世界所利用的精神资源。而这种中国哲学中最经典的形态，就是周易哲学。

中国生命哲学可谓源远流长，但其第一个系统性的成熟形态无疑是《周易》大传的哲学体系。这个哲学的终极关怀是“观我生”“观其生”《周易·欢卦》，即对人生的高度关注；它把“三才”（天地人）一体的宇宙视为一个大生命系统，从而提出了“天地之大德曰生”“生生之谓易”（《周易·系辞传》）的思想；它引领我们去直观地领悟这个生命系统的“易道”——天道、地道，尤其人道；它让我们倾听“道言”，然后“言道”。由此，它指示我们将所领悟到的人道运用于我们的人事中，求得天人之际的和谐、人际的和谐、身心的和谐。因此，我们的讨论将主要围绕着《周易》大传的哲学思想来进行。

毫无疑问，周易哲学的核心可以归结为“阴阳”范畴；而我们更进一步认为，阴阳范畴的实质则可以概括为“生命的结构”：从其内容来看，阴阳范畴是一种“生命忧患”意识；而从其形式方面来看，阴阳范畴则是一种“结构思维”方法。

阴阳范畴的内容，就是生命关怀，或曰生命忧患意识。故《系辞传》一言以蔽之：“生生之谓易。”孔颖达曰：“生生，不绝之辞。阴阳变转，后生次于前生，是万物恒生，谓之‘易’也。”这是讲的生命绵延之道，所以我说周易哲学就是生命哲学。又云：“作《易》者其有忧患乎！”此即生命忧患意识，或者生存忧患意识。忧患的具体内容随时代而转变，但生命忧患本身是中国哲学永恒的主题。

阴阳范畴之能成为中国哲学的核心范畴，乃在于它契合了这种生命关怀。阴阳范畴在周易哲学中的意象原型，是男女交媾而孕育生命这个事实。《说卦传》将八卦视为父母（乾坤）生育了三男三女（震坎艮、巽离兑）；《系辞传》对乾坤进行了生殖器官交合前后的描写：“夫乾，其静也专（抟），其动也直，是以大生焉；夫坤，其静也翕（合），其动也辟（开），是以广生焉。”咸卦及《咸彖传》还具体描写了交媾的情形：“咸其拇，咸其腓；咸其股，执其随；憧憧往来，朋从尔思；咸其辅颊舌，咸其脢”；“二气感应以相与（亲和），止而说（悦），男下女，是以亨（通）”。[1]《易传》中充满了性暗示，人所共知。按郭沫若等人的理解，《周易》古经最原始的阴阳卦画，已是生殖器的写照。从文化人类学的角度看，人类早期意识总是普遍地存在着性崇拜的；然而将这种性意识上升为一种形而上的哲学模型的，恐怕唯有中国哲学。

把男女交媾外推为天地交合，再抽象为阴阳交感，此即周易哲学阴阳范畴的逻辑的诞生，《系辞传》以一语括之：“天地氤氲，万物化醇；男女构精，万物化生。”从“男女”交媾而直接言及“万物”化育，这是思悟的跃迁。故李贽《夫妇论》曾经一语道破：“极而言之，天地一夫妇也。”此即《家人彖传》所谓“男女正，天地之大义也”，《系辞传》所谓“天地相遇，品物咸章也”。儒家《中庸》也已经讲过：“君子之道，造端乎夫妇；及其至也，察乎天地。”道家《老子》开宗明义也说：“无名天地之始，有名万物之母。”这“始”与“母”值得深味。始者，女之初也。天地之交，如女之初；万物之生，如母之乳。故《老子》亦有“万物负阴而抱阳”之说，即万物皆生于阴阳天地之交。至此，生命存在成为宇宙的本体，阴阳结构成为普遍的法则。此即中国哲学以究“天人之际”的实质。西方生命哲学将个体“生命冲动”本体化，而周易哲学则将人际“生命交流”本体化。周易哲学的形而上学本体不是一个

---

① 参见拙著《易经古歌考释》，巴蜀书社1995年版。

实体，而是一个结构[①]；不是一个外在于人的结构，而就是人自身的生存结构。此即《周易》的生命本体论，生命形上学。所以，“天地之大德曰生”“天地感而万物化生”。唯其如此，《周易》筮法，凡阴阳相交则吉，而阴阳相背则凶。此乃读《易》解《易》的根本要领。

阴阳范畴的形式方面，则是结构思维方法。对于这种结构方法，我们可以从静态与动态两个维度上来把握。

静态的阴阳结构，总体特征就是“二元一体”的关系模型。[②]

所谓“二元”，是讲阴阳双方的差异对立，其经典表述为“一分为二”，可界定为“同类异性”。本文拈出“同类异性”这个说法，自以为深得周易哲学、中国哲学之精髓。物有同类，有异类，而异类不相交，所谓“方以类聚，物以群分”(《周易·系辞传》)；类有同性，有异性，而同性不相交，所谓“二女同居，其志不相得”(《周易·革彖传》)；“君子和而不同”(孔子)。而在《周易》，男女是同类异性，天地、乾坤、阴阳也都是同类异性。我们知道，一方面，非同类不相交，这是一个生命法则，所谓“同声相应，同气相求”“风马牛，不相及”；另外一方面，非异性亦不相交，这也是一个生命法则，所谓“二女同居，其志不同行”[③]。这就是说，无论异类之间还是同性之间都是不可交合的，纵然交合也无“生生”之理。

所谓“一体”，是讲阴阳双方的亲和统合，其经典表述为“合二而一”，可界定为“共存互补”。此即所谓“和”(孔子语)，所谓“交”(方以智)。不和不交，“夫妻反目”(《周易·小畜卦》)、“上下敌应”(《周易·艮彖传》)，是不符合生命结构法则的。中国哲学中的“和同”论，所讲的就是这个道理，那就是史伯讲的：“和实生物，同则不继。”(《国语·郑语》)“同”指既同类且同性，其交不合生命法则，故“不继”；“和”则仅同类、不同性，其交合乎生命法则，故“生物”。因此，此所谓“和”就是“二元一体”的共存互补

---

① 周易哲学的“本体”应从两个方面去看：从粗陋的宇宙论角度去看，其本体是自然“天地”；从本质论亦即从真正意义的本体论的角度去看，其本体是“太极”“阴阳”，这并不是实体，而是一种结构：其内容是生存结构，其形式是某种特殊逻辑结构。

② 现今所谓“一元论”“二元论”之说，出自西方。西方哲学之“元”总是某个实体，而本文讲的中国哲学之“元”殊非任何实体，所以若用西方话语来讲，中国哲学既非一元论，也非二元论，因为阴阳乃是一而二、二而一的关系。对所谓“一体”也应当作如是观，此“体”殊非西方哲学所谓“本体”，因为它并不是任何实体。要而言之，“二元一体”只是关系。

③ 见《周易·睽彖传》。这里涉及“同性恋”问题，容另文讨论。

的关系：在天、人关系上，就是天人合一、人与自然和睦；在人、己关系上，就是人际和谐、国际和平等等；在身、心关系上，就是身心调和、心气和平。

动态的生命结构，则是一种公理方法，或曰“准公理化方法”[①]。这种思维方法分为两步：首先寻求一种不证自明的公理，揭示某种一般关系、普遍结构；然后由此出发，推演出一系列定理，从而形成一个自足的解释系统。上文已经谈到，周易哲学是从人自身的生命现象中发现了这种公理，就是“阴阳”结构，亦即“生命结构”；从而推演出一系列伦理—政治定理，最终形成了自足的、独具特色的中国传统文化体系。这就是《系辞传》所谓的：“引而伸之，触类而长之，天下之能事毕矣。”这个被引申、被触长的，就是阴阳公理、生命结构公理。周易哲学，以及整个中国哲学，作为这样一个生命结构公理体系，把宇宙天地人物推演成一个生命大系统，阴阳结构便是它的公理。

这种方法在西方科学，尤其现代符号逻辑中得到了充分的发挥，主要就是形式化、符号化，成为一种精确的科学工具。在周易哲学中，象数派早已企图将它形式化、数理化，但它不是形式逻辑的，而是思辨逻辑的；而义理派则对形式化、数理化不感兴趣，他们注重内容、实际，以之解释生活、理解人生。西方结构主义从列维-斯特劳斯到乔姆斯基，把这种公理方法成功地运用于人文社会科学，仅此而论，西方结构主义与周易哲学是相通的：“阴阳”范畴，就类似于结构主义所谓的“深层结构”。但西方结构主义的公理是一种先验的预设，而周易生命哲学的公理是生命的直观（仰观俯观，近取远取）；西方结构主义是一种科学理性主义，而周易生命哲学是一种人文理性主义。此即中国的生命现象学、生命阐释学。

周易哲学这个公理体系既是自为的理性设置，我们可称之为“Lz系统”（《周易》语言系统）；但它同时也是自在的形上存在，是“物自身”或“事自身”。所以，它是逻辑与历史的同一，阐释与文本的同一。作为哲学，它所揭示出来的意义世界是中国人的可能世界。所以，这个公理系统至今在中国思想文化中仍在发挥着基本的“视界”作用。作为理性设置，生命结构公理系统其实也就是中国人的心灵结构，同时也是我们的心灵境界。它是心灵的结构，犹

---

① 所谓“准公理化”是说它并不是现代符号逻辑那样严格的公理方法，但其致思进路却是一致的。而且我深信不疑：中国哲学也是可以严格地加以公理化处理的。

如一面透镜[①]，“透视”出人的一种可能世界、可能生活；它是心灵的境界，我们在此安身立命，建立我们的精神家园。按冯友兰先生的划分，中国哲学是欲达至一种最高的精神境界：天地境界。天地境界的精神实质正是周易哲学的理念，就是追求合和融通。所以我们就可以说：同类异性的亲善交合、共存互补，是有境界的表现；同类不交是没有境界的，异性不交也是没有境界的；异类相交是没有境界的，同性相交也是没有境界的。

## 二、中国生命哲学的横向呈现

周易哲学可以归约为“阴阳”范畴，这是没有问题的了。这正如《庄子·天下》所说：“《易》以道阴阳。”然而不仅如此，其实整个中国哲学也可以归约为阴阳问题。中国哲学几乎所有重要范畴，都是一种“二元一体”的关系范畴，这种二元一体的关系，实质即是某种“阴阳”关系。例如，何谓“道”？“一阴一阳之谓道。”《周易·系辞传》何谓“气”？“盖阴阳者气之二体。”[②]何谓“理”？“理不可见，因阴阳而后知。”[③]何谓“仁”？“仁，亲也，从人从二（即二人）。”（《说文解字》）儒家所谓“仁者爱人”，道家所谓“负阴抱阳”，其实都是一种二元一体的阴阳关系。类似的论述，我们可以列举无数，举凡本末、体用、道器、天地、上下、君臣、父子、夫妇、朋友、身心、知行、性情等等，无非阴阳而已。看来无须多费唇舌，“阴阳”确为中国哲学的最高思维范式。中国哲学的三大问题——天人关系、群己关系、身心关系——无非阴阳关系问题。自从《易传》完成了“阴阳”范畴的生成，这种二元一体的生命结构就成为中国哲学“放之四海而皆准”的最基本的思维模型。

周易哲学的生命关怀落实于整个中国哲学，是在三个层面上展开的：

其一，民生与人生：群体生命与个体生命。

民生与人生作为中国哲学的群己关系问题的基本内容，就是群体生命与个体生命问题。儒、道两家都将《周易》奉为经典，因为他们两家都是中国生命哲学。但是他们关怀的重心不同。

---

① 中西哲学的差异，根本上是这种“心灵透镜”及其透视出来的可能世界/意义世界的差异。

② 见王夫之《张子正蒙注·太和》。此种观念始于西周。

③ 见《朱子语类》卷九十四。谓理与阴阳为同构关系。

儒家关怀群体生存。孔子主张“爱人”“务民之义”“博施于民而能济众”。为此，他最重“礼”，因为所谓“礼”，也就是群体生存结构在社会规范上的体现，犹今所谓“游戏规则”，其实乃是群体的生存规则。合乎“礼”是社会的理想境界，而作为“礼”的内化的“仁”则是心灵的理想境界。孟子的民本思想、对仁政及社会分工的探讨，荀子的王制思想和对“群”“分”的探讨，都是试图寻求建立一种合理的群体生存结构，也还是作为社会理想境界的“礼”；而孟子的论“心”和荀子的论“学”，作为心性修养，则是心灵理想境界的建构。“礼”是群体生存的保障，君臣、父子等人伦政治关系，无非阴阳结构。但是“礼”所强调的是阴阳之“分”，而不是阴阳之“合”，此即所谓“礼以别异，乐以和同”。所以儒家在重“礼”的同时，又重“乐”。乐者，和也。儒家文化，大致就是“礼乐”文化，这本身也还是一种阴阳结构。儒家的社会理想境界是“大同”，“大同”更哲学地讲也就是“太和”。“太和”作为群体生存的最佳状态是社会的理想境界，而作为心性修养的最佳状态则是儒者个人的心灵的理想境界。

道家关注个体生命。老子研究个体的“长生久视之道”，乃是典型的个体生存哲学。[①] 庄子研究个人如何“养生”“保身”“全身”，而更注重精神境界的逍遥，但实质上也是一种个体生命哲学。至于杨朱“贵生”“重己”以至“一毛不拔”，则把这种个体生命哲学推向了极端。道家之“道”，其实就是生存之道；个人“得道”则可达至个体心灵“逍遥”的理想境界，人人“行道”则可达至“小国寡民”的社会理想境界。

其二，生存与发展：生命的维持与提升。

人的生存与发展也是中国哲学的重大主题，其实也就是生命的维持与提升问题。

群体的生存发展乃是近代以来中华民族面临的严峻的时代课题，也是当今世界人类面临的一大课题。其实，这也从来就是中国哲学的主题。儒家就是关怀群体生命的，他们致力于集体的生存与发展。《论语·子路》：“子适卫，冉有仆。子曰：‘庶矣哉！’冉有曰：‘既庶矣，又何加焉？’曰：‘富之。’曰：‘既富矣，又何加焉？’曰：‘教之。’”庶、富、教，正是由求生存而到求发展的阶梯：“庶”是人口的生存（维持）、发展（增殖），而“富”是物质

① 参见拙文《老子哲学：生存之道》，《四川大学学报》1998年第2期。

生活的发展，"教"是精神生活的提升。《系辞传》所谓"富有之谓大业，日新之谓盛德"，此之谓也。

道家关注个体生命，着眼于个人的生存与发展。不过，老子侧重于肉体生命的维持，庄子侧重于精神生命的提升，这是两者的一个重大区别，不可不察。所以，老子更多地涉及社会的理想境界，而庄子则更多地涉及心灵的理想境界。

其三，肉体与心灵：生命的存在与超越。

肉体与心灵的关系，即中国哲学的身心关系问题，究其实质，也就是生命的存在与超越问题。生命的存在总表现为肉体的存在，而生命的超越则总是精神的超越。肉体生命总是有限的，但人总是希求克服生命的有限，追求生命的无限，因而人总是要追求超越的，亦即将有限的生命投入到某种无限的存在之中。这种超越性，正是哲学的宗教性的维度。所以，哲学尽管不是宗教，但是具有宗教精神，儒、道两家均是如此。

儒家之追求生命的超越，是诉诸群体。这是因为，个人肉体生命总是速朽的，然而群体生存则是不朽的。所以，儒家讲"三不朽"（立德、立功、立言），就是在群体存在的无限中追求个体生命的不朽。这种不朽是存在于群体的言说之中的，故儒家重"立言"，孔子所谓"言而不文，行之不远"，通过"言"而行之久远即是不朽。"有德者必有言"（孔子语），也可以说有功者必有言；而"立言"乃是"经国之大业，不朽之盛事"（曹丕《典论·论文》）。此外，儒家还讲"杀身成仁"（孔子）、"舍生取义"（孟子），这其实都是将个体有限的生命融入生生不息的群体无限的生命之中，因为"仁""义"的本质正是保障群体生存的条件，因而也就成为儒家追求的最高心灵境界。

道家同样追求生命的超越，但他们是诉诸个体生命的形上依据即"道"的，也就是说，是诉诸"自然"这个大生命的。个体生命速朽，如何追求超越？那就是老子所谓"人法地，地法天，天法道，道法自然"。这是因为，自然之道乃是永恒不朽的存在。此道亦即《易》道，老子之由"玄牝之门"即"天下母""以顺众父"，几乎就是《周易》"男女—阴阳"模式的原版。不过，老、庄之间是有差别的：老子偏重于肉体的存在，庄子偏重于心灵的超越。所以，庄子哲学更富心灵境界的意味。

## 三、中国生命哲学的纵向展开

周易哲学所确立的这种生命结构主义哲学，影响了后来整个的中国哲学史。在中国历史上，不同时代的哲学家所面临的时代课题当然各不相同，但我们不难发现，他们的致思取向却惊人地一致，具体来说，中国哲学史可以说是“生命结构”的一支“主题变奏曲”。所谓中国哲学的“转型”，不外乎是生命结构的具体历史内容的转换，亦即剥除其失去现实意义的内容，赋予其具有时代价值的内容。然而万变不离其宗，其间一以贯之的还是生命结构主义精神。

这可以追溯到周公，其思想可以概括为一个中心、两个关系。所谓一个中心，就是周族的群体生存忧患，即周王朝的生死存亡问题，周公把它归结为“德”的问题（德者得也，这里是讲的周人得天受命）。所谓两个关系，都是阴阳结构模式：一是天人关系，要求“以德配天”；一是君民关系，要求“敬德保民”。由此可见，周公的思维模式很类似于结构主义，如布拉格音位学派的思维方式：这里是两次二元对立（天人、君民）的叠加，而形成一个“语义三角”①：

这里，天决定君，即“天命靡常”“唯德是依”；君决定民，即“保民”“牧民”；民决定天，即《尚书》所谓“天视自我民视，天听自我民听”。由此可见，中国哲学的某种基本思维构架是由周公确立的。

进入子学时代，儒道墨法无不以生命结构为中心议题。其中儒、墨、法家探讨群体生存问题，道家探讨个体生命问题。儒道二家上文已有讨论，不再赘述。至于墨家的“兼相爱，交相利”“尚同”“非攻”，无非是在二元对立关系中求得亲和一致，以消除“祸篡怨恨”，追求一种“双赢”的效果，以利社会群体的生存发展。甚至法家韩非，其实也是想要解决社会群体的生存问题。他认为，由于人性恶（这个思想得自其师、儒家的荀子），“人民众而财货

① 这叫作“交通信号灯原理”：红、绿、黄三色，其实是两次二元对立（冷与暖、极端与中间）的叠加，从而形成一个语义三角。

寡”，必然导致争夺而危及群体生存，这就必须实行强有力的专制统治，才能维持群体的生存秩序。其师荀子是以“礼”节群，而韩非则是以“法”制群，但其目的都是一样的，就是维持群体的生存秩序。

汉代经学大师董仲舒全面继续和发展了先秦生命结构思想，完成了中国哲学第一次历史大转型，从而确定了未来整个专制社会的生命哲学的基本历史走向。他的今文春秋公羊学，核心观念乃是阴阳学。这个哲学的精神实质，仍然是对群体生命结构的探讨，而且仍然是周公式的两大关系（天人、君民）、三角结构，亦即一方面“屈民而伸君”，一方面“屈君而伸天”。这个三角的每一边，都构成一个阴阳结构关系：民阴君阳，君阴天阳，天阴民阳。于是这个“稳定的三角”在观念上铸就了群体生存的稳固秩序。

魏晋以降的险恶现实，似乎促成了一种历史趋势的反弹，人们对于个体生命的深刻忧患，再次充分突显出来。道教哲学无疑是一种极典型的个体生命哲学，他们追求的乃是个体的得道成仙、长生不死，这是标准的个体生存关怀。佛教则由超越个体的生死轮回（小乘），而发展到普渡众生（大乘）（最后唐代的禅宗，则又回到个体生命的心灵超越问题）。小乘佛教的焦虑在于个体从个人生存的苦难中解脱，而大乘佛教的焦虑扩展到了整个人世从群体生存的苦难中解脱；但是即便大乘佛教，群体的解脱也不过是若干个体解脱的积累结果而已。至于魏晋玄学，则企图调和“名教”与“自然”，亦即调和儒家群体生命关怀与道家个体生命关怀。但玄学总体上明显的是以个体生命超越为其主导倾向的，所以他们崇尚老庄，主张“超世而绝群，遗俗而独往”“越名教而任自然”。玄学的精神就是个体生命关怀的精神。

自从唐代韩愈、李翱开启了宋明理学，历史的钟摆再次摆向了群体生命结构问题。就其现实景况而言，这无疑与中国当时的周边军事危机导致的民族群体生存危机有关；但是就其学理的脉络来看，宋明理学无疑是此前的中国生命结构哲学的逻辑的展开和深化。程朱理学全面总结了先前的生命结构主义哲学，其核心范畴“理”或者“天理”，实即仁义礼智的伦理规范，本质上是关于群体生存结构的更精细、更严密的再度概括；而陆王心学的“心即理”，则是对群体生存结构的另外一种新的概括，换句话说，它是以个体心灵存在来透显出来的群体生命存在。程朱认为“性即理”，“天理”即“生理”，“天只是以生为道”，这是走的客观主义的路，把生命结构“本体论化”了；陆王则认为“心即理”，则是走的主观主义的路，即是把生命结构“心性论化”了。要之，他们关注的都是群体的生存结构问题。

中国哲学的第二次历史大转型，始于洋务运动的“西体中用”，而以康有为的哲学为代表（饶有趣味的是，康有为跟完成了第一次大转型的董仲舒一样，是一个今文经学派的公羊学家）。这个过程至今尚未结束。中国近、现、当代哲学的主题，是中华民族这个大群体的生存与发展问题。鉴于列强压境，救亡保种、富国强兵成为压倒一切的任务。通过严复的译介，“生存竞争”“适者生存”这类生物学命题，一时间竟成为最富魅力的哲学话语。自此以来，中国哲学界的“最强音”始终都是中华民族的群体生存发展问题。康有为“三世说”，本质上是中国最早的民族生存发展战略之一。所谓“现代新儒家”，也就是传统生命哲学尤其儒家生命哲学的现代化转换的一种可贵尝试。此间有一种很值得研究的现象，就是：一方面西方生命哲学得到了相当程度的传播，诸如张君劢、李石岑、梁漱溟、朱谦之等人的哲学；另一方面则是官方哲学中的相当突出的生命哲学倾向，诸如吴稚晖、戴季陶、蒋介石、陈立夫等人的哲学。所以孙中山《三民主义・民生主义》认为：“人类求解决生存问题，才是社会进化的定律，才是历史的重心。”这显然决不是偶然的，而是中西哲学之间的一点灵犀。

如今，人类面临着许许多多紧迫的世界性、全球性问题，该怎么办？以周易哲学为代表的中国生命结构哲学或许能够给我们以相当的启示。简而言之，答案就是：多元一体，共存互补。

# 中西之间：轴心时代文化转型的比较*

## ——以《周易》为透视文本

众所周知，中国文化在“轴心时期”，即西周、春秋、战国时期曾发生过一次大转型①；但是，关于这次转型与《周易》之间的关联②，尤其是其现代意义，我们还不是十分清楚，这正是本文试图探讨的问题。

### 一、作为分析方法的基本观念

为此，不得不先讨论一下作为本文的分析方法的几个基本观念，因为我们今天研究《周易》，决不是为了发思古之幽情。在当今时势下，有两个问题是我们无法回避的：《周易》对于我们应对西方文化的逼迫有什么意义？《周易》对于我们解决中国当下的问题有什么意义？

因此，我们势必或有意或无意地站在今天的立场上来打量传统；我们今日关于历史的倾向性观念，必将成为我们研究传统的方法论前提。

1.轴心期与现代性

当西方后现代思潮已经对“现代性”观念进行深刻反思的时候，我们中国人还未能实现现代化；在这个意义上，我们还不完全属于“现代人”。我们在太多地失去了自家文化传统中的可以适应于现代性的“慧根”的同时，也太多地因袭了自家传统中的悖逆于现代性的“劣根”。怎么办？彻底抛弃传统、全

---

* 原载《四川大学学报》2003年第3期；人大复印资料《中国哲学》2003年第9期全文转载。

① 越来越多的学者确认，西方文化的轴心期是古希腊时代，印度文化的轴心期是佛陀时代，而中国文化的轴心期则是春秋战国时代。而我认为，中国文化的轴心期大转型在此前的西周时期就已经开始了。

② 关于《周易》的名称使用并不一致。本文所称《周易》包括：《周易》古经（《易经》），《周易》大传（《易传》）。

盘西化？这显然是不行的，我曾专门著文对此加以讨论，指出中国现代自由主义之所以屡屡失败，一个重要原因是他们脱离传统。[①] 那么，如我们所注意到的人们所提出的主张“重建传统”？然而这里问题在于，传统不是一成不变的，我们究竟是要重建“后轴心期”的传统，还是轴心期的传统，乃至于“前轴心期”的传统？这就涉及对“轴心期”观念的评价了。

我们知道，“轴心期”（the Axial Period）是雅斯贝尔斯（Karl Jaspers）提出的重要概念，认为在公元前数百年的时候，人类至今赖以自我意识的世界几大文化模式（中国、印度、西方）大致同时确立起来，从此，“人类一直靠轴心时期所产生的思考和创造的一切而生存，每一次新的飞跃都回顾这一时期，并被它重燃火焰……轴心期潜力的苏醒和对轴心期潜力的回归，或者说复兴，总是提供了精神的动力”[②]。按照这种思路，我们似乎应该彻底地“回归”我们的轴心期传统，或者“复兴”轴心期传统？然而在我看来，雅斯贝尔斯的“轴心期”概念是一种有缺陷的创新观念。它确实是一种很好的创新观念，可以相当有说服力地解释历史，但它同时是有缺陷的，主要缺陷有二：一是它容易使人将轴心期与前轴心期割裂开来。例如就西方的情况来看，古希腊哲学时代的传统实际上是此前的某种更古老的传统的进一步发扬。雅斯贝尔斯自己也说过：“（前轴心期的）古代文化的某些因素进入了轴心期，并成为新开端的组成部分。”[③] 西方的现代性观念的核心精神不仅可以追溯到轴心期的哲学传统，而且还可以追溯到前轴心期的神话传统。二是轴心期观念并没有注意到轴心期转型的负面。其实不论在东方还是在西方，轴心期大转型的结果都是既建立了某些积极的东西，也失落了某些积极的东西。否则，以西方的情况看，我们就不能理解为什么轴心期大转型之后出现了中世纪“黑暗时代”，也不能理解为什么后来需要“复兴”（renaissance）。中国的情况亦然，作为轴心期大转型的百家争鸣，既建立了也失落了某些积极的东西。所以，我们不仅要回顾轴心期，还要回顾前轴心期。

所谓建立了同时失落了某种积极的东西，这当然是以现代性作为衡量标准的。那么，何谓“现代性”？这是我们必须首先搞清楚的一个关键问题。对

---

① 黄玉顺：《“自由”的歧路：五四自由主义的两大脱离》，《学术界》2001年第3期；人大复印资料《中国现代史》2002年第3期全文转载。

② 雅斯贝尔斯：《历史的起源和目标》，华夏出版社1989年版，第14页。

③ 雅斯贝尔斯：《历史的起源和目标》，华夏出版社1989年版，第13页。

此，后现代思想者已有纷纭淆乱的许多说法，因为现代性本身有许多方面的呈现。但在我看来，可以一言以蔽之：现代性的根本是“第一实体”（primary substance）观念，亦即个体精神（individual spirits）。

在西方精神生活中，这种作为第一实体的个体精神，确实时时处处表现出来，诸如元素、原子、单子、基本粒子、逻辑变元、上帝、主体、个人、公民、法人，等等。它们被认为是基础的、独立自主的。按亚里士多德的说法，个体可以被种类所陈述而不陈述种类，因而个体乃是种类的基础。然后，第一实体组成第二实体：种、类、属等。这同样在现代观念的各个方面体现出来：感知依存于个别感觉，集合依存于个体变元，物种之遗传与变异依存于生物个体，社会组织依存于成员，市场依存于企业单位，国家依存于公民，等等。现代集合论作为数学与逻辑统一的基础、从而也是理解“世界的逻辑构造”[①]的真正基础，乃是西方第一实体观念的现代科学表达：集合（set / collective）的基础乃是元素（elements），此元素可以是低级集合，也可以是个体，但归根到底是个体，所以集合又叫作“个体域”（domain of individuals）。总之，个体乃是存在的根基。[②]

这个重要问题，下文还将论及，这里我想指出的是：中国的现代化，首先是观念的现代化；而观念的现代化，核心在于重建第一实体。请注意，我讲的是“重建”。我的意思是，中国的前轴心期不仅有过第一实体的观念，而且这种个体精神虽然在后轴心期的专制时代遭到了削弱，但是从来没有丧失尽净，它主要存在于儒家心学文化与道家文化中。这是中国文化传统的重要基因，是我们的观念现代化的大本大源。

2.实体与关系

现代西方文化中的第一实体精神是源远流长的，我们可以追溯到前轴心期荷马史诗时代、神话时代的众神生活中。但是，这种第一实体精神的最初自觉的理性表达，则无疑是由轴心期的雅典哲学，尤其是集大成者亚里士多德作出的。如果说西方思维形式在于亚氏的《工具论》，那么更根本的范畴基础就在于《工具论》当中的《范畴篇》。这个范畴表是什么东西？它就是西方人

---

① 这是维也纳学派的经典之一、卡尔纳普的著作名《世界的逻辑构造》（*Der Logische Aufbau der Welt*）。

② 黄玉顺：《儒家心性论作为伦理学基础是否可能》，鞠曦主编：《恒道》创刊号，吉林人民出版社2002年版。

的心灵结构。假定没有《范畴篇》“十大范畴”所建构的心灵结构基础，那么《工具论》乃至于整个西方思想文化的面貌都将是不可设想的。

亚氏列举了十大范畴：实体，关系，数量，性质，时间，地点，主动，被动，姿势，状态。这实际上就是西方人心灵结构中的世界构成。在十大范畴中，最要紧的是实体范畴。他把实体分为两类：第一实体（primary substance）指个体，而第二实体（secondary substance）指种、类、属这样的实体。实体是一切的基础，而第一实体则是一切实体的基础。他实际上认为，只有作为第一实体的个体才是真正的实体，因为“实体，从这个词的最真实、原始而又最明确的意义说，是指既不能被断言于主体，又不依存于主体的事物”；由于“除第一实体外，一切事物都或者能被断言于第一实体，或者依存于第一实体；如果第一实体不存在，其他任何事物也都不可能存在”；因此“第一实体之所以更恰当地被称为实体，是因为它们是其他一切事物的基础，而一切其他事物或者被断言于它们，或者依存于它们”。[①]

上文说过，我们曾经也有类似的富于个体精神的实体观念。这是下文还将涉及的问题。这里我想指出：经过轴心期大转型，中国文化失落了亚氏范畴那样的“实体”观念（我们也有“实体”这个说法，但不是substance的意思）。例如由周易哲学所确立起来的作为中国哲学最高范式的“阴阳”，并不被理解为实体范畴，而是被理解为纯粹关系范畴。由此，我们谈谈“关系”范畴。

现代汉语的“关系”也是一个西来的话语，所以这里我得说明，当我们说“阴阳”被理解为一种“纯粹关系”的时候，此“关系”并不是西语所说的那种关系（relation）。区别何在？按照亚里士多德《范畴篇》的观念，关系是由实体，最终是由第一实体决定的：关系就是实体之间的关系，没有实体，哪来关系？亚氏认为，作为实体，“个别的人或牛并不须要参照某种外在事物就可得到说明”[②]。这就是亚里士多德关于关系的规定：实体是其前提。这种观念在西方社会生活中的典型体现，例如“契约”精神：人与人之间，乃至人与神之间的一切关系，归根到底都是契约关系；缔约双方都是第一实体，契约就是实体之间的一种关系。

---

① 亚里士多德：《工具论》，李匡武译，广东人民出版社1984年版，第12—14页。
② 亚里士多德：《工具论》，李匡武译，广东人民出版社1984年版，第28页。

但这恰恰不符合中国后轴心期的关系观念。中国后轴心期的关系观念之所以"纯粹"，就在于它不以实体为前提。它是一种"无实体性前提的纯粹关系"。这说起来似乎有些玄乎，其实很好理解：大家试想一下我们的宗法观念。宗法就是一种纯粹的人伦关系，这里，不是作为实体的个体决定了这个关系，而是这个关系决定了个体。——甚至讲"决定了个体"也是并不确切的，因为在宗法关系下，作为实体的独立个体是并不存在的。个体等于零，因为他的价值、幸福等，甚至于他的存在本身，统统取决于"宗"这个关系。[①] 即便他不存在了，这个关系仍然存在。"宗"就是人伦关系之网，也就是天地万物之网。宋儒把这种纯粹关系称为"理"。"理"非实体，而且先于实体，故朱熹说：在本体论上，"未有天地之先，毕竟也只是理"[②]；在伦理学上，"未有君臣，已先有君臣之理；未有父子，已先有父子之理"[③]。这种纯粹关系的观念，显然缺乏作为第一实体的个体精神的基础。

3.人与神

中国个体精神的失落，与上帝神的至高无上地位的失落大有关联。谈到中国的前轴心期文化观念，可将作为"三代"之一的商代的文化观念作为典型，因为此前的夏代"文献不足征"，此后的周代则开始已经进入了轴心期转型。商代文化观念的一个最突出的特征，是神学观念。《礼记·表记》："殷人尊神，率民以事神，先鬼而后礼。"这大概是无须在此作出论证的历史常识。我这里想要特别加以分析的，是这种神学文化的这样两个特征：一是超越性存在者或超越物（transcendence）的设定，二是超越者（transcender）的个体性（individuality）的设定。这两点是我们理解中国前轴心期文化传统的关键，我们得先从理论上做一番解释。

"超越"问题是目前的一个热门话题，但人们对此的理解存在着很大的混乱。按胡塞尔（Emund Husserl）现象学的解释，超越物是对处于内在意识之外的存在的预设。基督教的上帝、中国商代的帝，都是这种外在超越的设定。这是问题的一个方面，另一方面则是：人似乎天生是追求超越的，所以他总是要设定某种超越存在。人们对胡塞尔的一个极大的误解，就是以为他是反对一切超越的。其实胡塞尔所反对的只是"外在超越"，因为这种超越的设定

---

① "宗"原意指祭祖的宗庙，它是宗法关系在观念、制度、器物层面上的集中体现。

② 《朱子语类》卷一，中华书局1986年版，第1页。

③ 《朱子语类》卷九十五，中华书局1986年版，第2436页。

会导致"认识论困境"[①]；但他诉诸"内在超越"[②]，因为普遍的"本质直观"对于个体的"经验直观"来说仍然还是超越的。在这个意义上，先验的现象学（transcendental phenomenology）可以译为"超越的现象学"，因为"超越之物"（transcendence）和"先验的"（transcendental）其实是同源词。然而当人在追求超越时，这种超越体验必定是个体性的（所以胡塞尔也承认，普遍的本质直观是从个体的经验直观入手的）。唯其如此，神学的观念必然导致个体的观念。这就是为什么西方哲学的亚里士多德"第一实体"观念竟然为神学的基督教所接受又经宗教改革而生长出现代性的个体性观念的原因所在。

中国商代的神学观念也是如此，它本质地蕴涵着个体性观念。固然，对神的设定、宗教仪式的举行等，是宗族群体的事情；但对神的体验，则只能是个体的事情。前一情况孕育着群体精神，它是后来儒家文化，尤其理学的群体关怀的文化基因；而后一情况则孕育着个体精神，它是后来儒家心学、道家文化的个体关怀的文化基因。当人在体验神或"帝"时，他是单独地面对那个"绝对的他者"的，他知道这个他者随时随地都在关注着自己的言行，他的心灵独自与这个他者对话。他知道自己的善举会赢得这个他者的赞许，并因此而产生一种纯粹个体性的崇高感。我们在孟子那里看到的那种高扬的个体独立精神，正是这种崇高感的历史遗产。可惜的是，中国所固有的这种个体精神后来失落了或被遮蔽了。

## 二、中国文化的形态及其历史

为了对《周易》做出准确的历史定位，我们还须首先讨论中国文化形态及其历史演变的大势，因为只有以这个参照系为背景，我们才能准确地找到《周易》的历史坐标。

很明显的是，中国文化和西方文化的历史发展过程有一些基本的一致之处：它们都经过三个大阶段，中间都经历了两次大转型；这样，中西文化发展的历史都可以划分为五个阶段：前轴心期，轴心期（第一次大转型），中古时代，转型期（第二次大转型），现代。

---

① "认识论困境"是休谟以来的西方哲学面对的一个基本问题：在认识和真理问题上，内在的意识如何能"切合"外在的实在？我常用的一个比喻是：人如何能走出自己的皮肤？

② 近年关于"内在超越"已经成为一个热门话题，但人们对何为"内在超越"尚无一种正确的认识。

1.前轴心期

前轴心期，在西方是古希腊哲学时代之前，在中国则是春秋战国乃至西周之前。在这个时代，中西文化之间有许多相似之处，诸如，这是一个神学的时代、神话的时代、诗歌的时代，等等；文献方面，在西方是《荷马史诗》，在中国是甲骨卜辞、书（虞夏商书）、诗。[①]但是同时，中西文化在这个时期又各自呈现着自己的特色，例如在关于神的问题上，西方的"众神"具有相当独立的个体精神，而中国的神的等级相对更为森严。

中西文化形态尽管后来在轴心期发生了转型，但轴心时代精神仍承袭了各自在前轴心期所铸成的基本精神传统。就中国的情况看，个体精神方面，正如《说苑》所说："禹曰：尧舜之人皆以尧舜之心为心，今寡人为君也，百姓各以其心为心。"[②]"百姓各以其心为心"，这正是中国前轴心期之个体精神的表现。当然，群体精神也是前轴心期文化精神的另外一个方面。《白虎通》说："古之时未有三纲六纪，民人但知其母，不知其父……饥即求食，饱即弃余。茹毛饮血，而衣皮苇，于是伏羲……因夫妇，正五行，始定人道。"[③]《新语》说伏羲时代"民始开悟，知有父子之亲，君臣之义，夫妇之道，长幼之序"[④]。可见伦常纲纪作为群体原则也是前轴心期开始奠定的。

中国文化轴心期大转型的一个重要表现，就是神的地位的降低、人的地位的提高。今天看来，如上所述，前轴心期的人神关系本是一种"健康"的联系。这是因为人可以两种方式面对神：一是作为群体族类，一是作为个体自我。在西方现代观念中，经过文艺复兴、宗教改革的洗礼，宗教信仰已成为一件纯粹个体性的事务：人可以作为纯粹个体，单独面对神，与神签约。这与中世纪的观念是有所不同的，那时人神之间的事务必须由宗教组织教会来代理，而宗教组织所代表的不是个别的人，而是群体的人，因而不是信徒决定了教会，而是教会决定了信徒。但这已是轴心期大转型之后的事情了。

---

① 黄玉顺：《易经古歌考释》，巴蜀书社1995年版。《诗经》的时代与《周易》的有重叠，经历了春秋前期、西周乃至"商颂"。同时还有大量未收入《诗经》里的"逸诗"，时代更早，例如拙著《易经古歌考释》发掘出来的商周之际的歌谣。

② 刘向：《说苑》，《说苑校证》，向宗鲁校证，中华书局1987年版，第8页。

③ [清]陈立疏证，吴则虞点校：《白虎通疏证》（上下），中华书局1994年版，第50—51页。

④ 王利器：《新语校注》，中华书局1986年版，第9页。

2.轴心期（第一次大转型）

前轴心期乃是世界几大文化形态的酝酿期，而轴心期则是世界几大文化形态的定型期，如上所说，这种定型原是一种“有因有革”的过程，亦即孔子所说的“损益”的过程。但其共同特征则是哲学理性的觉醒，这个共同特征决定了世界几大文明传统的共通性，即它们都有过一个轴心期，那时，哲学理性产生了；但是不同文明传统之间的这种文化转型，又有若干不同的特点，正是这种不同，决定了世界几大文明传统的文化类型的区分。

中西文化的一个基本区别，在于上述超越观念经过轴心期大转型之后的分道扬镳：西方轴心期转型导致了文化的更进一步神学化，进入了中世纪基督教神学时代；而中国轴心期转型则导致了文化的世俗化，进入了中古时代（自秦至清）的儒学时代[①]，此时的中国文化虽然保留着许多诸如祭天祈神之类的神学孑遗，但基本上是世俗化的。没有统一的宗教，皇家宗教活动与儒、道、释多元并存，这正好表明此时中国人所有的只是古代神学解体以来的宗教“残片”（借Alasdair MacIntyre语）。《礼记·表记》：“殷人尊神，率民以事神，先鬼而后礼……周人尊礼尚施，事鬼敬神而远之，近人而忠焉。”所说的正是这样一种情况。在前轴心期的商代和轴心期开始的周代之间，这是一个极为重要的分野。有学者甚至于认为：“对于‘天命’，周公其实是不信的。周公对当时的另一辅政大臣召公奭就坦开了他对‘天命’的真实意见：‘天命不易，天难勘，乃其坠命，弗克经历嗣前人恭明德。’‘天不可信，我道惟宁王德延。’”只不过“在当时宗教思想浸入人心的情势下，周人又不能不利用‘天命’观念”[②]。这是颇有见地的看法。

另一方面，如上所说，属于前轴心期的商代，较之已开始进入轴心期的周代，是更富于个体独立精神的。据《泰誓》载，武王誓师：“受（纣王）有臣亿万，惟亿万心；予有臣三千，惟一心。”这虽然是声讨纣王之辞，倒是说出了一种事实。轴心期大转型的另外一个结果，就是这种个体独立精神的式微。但是，在儒家、道家、墨家思想中仍然保留着个体精神的理念。例如上文提到的，孟子就是儒家中极富于个体独立精神的人物，这种个体独立精神传至现代的儒家，如梁漱溟、张君劢、钱穆、牟宗三、陈寅恪等，也是有目共睹

---

① 这只是从大势来讲，儒学成为整个中古时代（自汉至清）的主流意识。

② 姜广辉：《论中国文化基因的形成》，载《国际儒学研究》第6辑，中国社科出版社1999年版，第313、314页。

的。墨家主张“兼相爱，交相利”，其前提显然是承认双方的个体利益；至于道家的个体精神，那就更不消说了。

3.中古时代

在上述文化形态的转型中，中国文化发生了巨大的变迁：一方面，神的地位被削弱了，人的地位被提高了；但另一方面，被提高了地位的人不是个体的、作为“第一实体”的人，而是群体的、只作为“类存在”（马克思语）的人。换句话说，此时的中国人并不是“被解放了的普罗米修斯”，而是虽然摆脱了神的权威但却套上了人自己的观念绳索的束缚。所以，这种转型的结果具有双重意义：伴随着神的地位的降低的，是个体精神的失落；伴随着人的地位的提高的，是群体精神的强化。在作为绝对实体的神被边缘化了的同时，作为第一实体的人本身也被边缘化了。结果例如，道家思想只能作为儒家思想的补充物而获得存在的价值，至于墨家思想，竟成了“绝学”。

但这并不是说在儒家思想中完全没有作为第一实体的个体精神，其实，儒家思想存在着内在的紧张。为说明这一点，我们试来分析一下长期充当了儒学正宗的心学。思孟学派创立的心学，经宋明新儒家（尤其是王阳明）、晚明儒家启蒙运动（尤其是黄宗羲）而至于现代新儒家（尤其是熊十力一系），实际上将外在超越的天命鬼神“悬搁”（epoche）起来了，而将人自身的心性设定为绝对自明的“原初所予”。但是正是这种类似于现象学的“还原”（reduction）蕴涵着内在的张力，那就是“道心”与“人心”，或“天理”与“人欲”的对立设置导致的自我悖逆：可以通过“经验直观”达到的人心人欲是个体性的，而只能通过“本质直观”才能达到的天理道心是非个体性的；但是这种本质直观活动本身，又只能通过个体行为来体证。这一点在宋明理学中的体现，那就是“本体”与“功夫”的紧张：本体作为非个体性的存在，作为性、作为理，只能通过本质直观才能领悟；但是这种领悟本身，却又必须通过个体经验性的功夫才能完成。这就存在着一个很大的问题：总是非个体性的本体，怎么可能通过总是个体性的功夫来达致？这非常类似胡塞尔对笛卡儿的质疑：个体经验的“我思”怎么可能到达本质的“存在”？这是不论西方还是中国的先验哲学存在的一个理论困境。

这种被理解为本质、本体的性、理，实质上乃是对中古专制制度设置的认可，即使之合法化，如黑格尔的“凡是存在的都是合理的”。后来戴震提出的“后儒以理杀人”的批判不是没有道理的，因为“存天理灭人欲”正是在天理人欲二元对置的基础上对个体精神的压抑乃至于扼杀。这是中古精神生活的事实，是我们不能不承认的。但是另一方面，也不能说中古思想文化传统完全彻底地丧失了个体精神，否则，我们无法解释这样的现象：从晚明、明清之际的早期思想启蒙运动，直到现代新儒学运动，都是富于个体精神的，他们为什么都跟中古儒学尤其是心学传统有着密切的内在思想关联？

4.转型期（第二次大转型）

中国思想文化的第二次大转型是一个横跨了所谓“近代”“现代”和“当代”的历史运动，直到今天，我们大家都还身处其中。至少从洋务运动起，这个过程就已开始了，接下来是维新运动、民主革命运动、五四新文化运动……一直到20世纪90年代兴起的传统文化热，其中包括“易经热”。这当中虽然一直呈现着自由主义西化派和传统文化派的斗争，但是人们似乎忽视了一个极为重要的现象，就是：个体精神始终是这个历史进程的主旋律。即使是被称为“文化保守主义”的现代新儒家，其实仍然是个体精神及自由、民主精神的阐释者，只不过他们寄希望于个体精神能从我们的文化传统中自然生长出来、逻辑地推演出来，而西化派则寄希望于将个体精神简单地从西方文化中移植过来。所以，在我看来，我们今天必须超越这种两派对峙、二元对立的格局。我们确实需要“重建”我们曾经固有的个体精神家园，但也同样确实需要引进西方个体精神的参照。

上述个体精神的张扬导致了另外两种重要的“精神现象”、另外一种紧张关系：有的人感到中国必须重建宗教神学文化传统，另外有的人则持相反的立场。感到中国迫切需要宗教神学的，又分两种情况：一是引进西方宗教尤其是基督教传统，这就是目前基督教在中国获得越来越广泛的传播的深层原因；一是把儒学改造为作为宗教的“儒教”，这种企图早在五四之前便已表现出来，一直延伸到最近还在激烈进行的关于“儒教”问题的大讨论。① 这种主张的实质，显然蕴涵着对轴心期世俗化转型以来乃至轴心期本身包括《周易》确立的中国文化传统从根本上的否定。我以为这是不可取的。虽如上文所述，神学本质地蕴涵着个体精神，但是显然不能反过来说，个体精神必须以宗教神学为基础。且以西方近代以来的历史为例，文艺复兴显然同时具有这样两个重要特征：一是对神学的批判，一是对个体精神的空前张扬。所以在我看来，无论从

① 近半年来在“孔子2000”网站上开展、并且仍在激烈进行的论战就是一个突出的例子。

学理上还是从历史事实上来看，在世俗的人文哲学的基础上建立现代性的个体性的“第一实体”精神都是可能的，这应该是我们努力的基本方向。

5.现代

这里所说的“现代”其实只是一个文化类型观念，因为我们中国人还没有真正进入现代性；如果从历史时间的角度讲，这里的“现代”应该是“未来”。未来中国哲学的方向是个复杂的问题，不是三言两语能说清楚的，但我认为，核心的一点应该是：重建第一实体；但是，并非回到那种神学的个体精神，而是建立人文的个体精神。这就是说，我们既要重新激活我们前轴心期的个体精神资源，但又不抛弃轴心期以来的世俗的人文精神遗产。因此，我以为我们的任务是：在作为先验哲学的儒家心学传统的基础上，吸收道家思想的积极因素，从而重建个体精神。我个人认为，在这方面，重新阐释作为中国文化轴心期大转型的经典文本标志的《周易》，是具有重大意义的。

## 三、《周易》古经观念的意义

中国文化的第一次大转型不是突然发生的，它实际上经历了三个阶段：西周、春秋、战国。这三个阶段的发展，恰好与《周易》文本对应：

| 时期 | 在《周易》之体现 | 文本 |
|---|---|---|
| 西周 | 《易》筮的解释化 | 《易经》观念 |
| 春秋 | 《易》筮的人谋化 | 《左传》筮例 |
| 战国 | 《易》筮的哲学化 | 《易传》思想 |

可以说，这次大转型是与《周易》文本之诞生及其早期演进相始终的。

中国文化的轴心期大转型在西周时即已发轫，其经典体现即《周易》。据《左传·昭公二年》载：韩宣子聘鲁，观书于大史氏，见《易象》与《鲁春秋》，赞叹说“吾乃今知周公之德与周之所以王也”；孔颖达疏：“周之所以得王天下之由，由文王有圣德，能作《易象》故也。”西周作为轴心期大转型的开端，我们从《尚书·周书》的有关记载中也可以看得很清楚：

（1）就神的地位来看，周代的“天”取代了商代的“帝”，此“天”虽然有时仍带有位格神（hypothesis）的意味[①]，但更逐渐加重了“自然”（nature）的色彩[②]。换句话说，“天”的神圣性远不及“帝”了。这里还有两点值得一提：其一，《周易》古经之所谓“天”并不一定指神，如明夷卦“初登于天，后入于地”、姤卦“有陨自天”，这些“天”显然都是在说自然界。其二，《周易》古经里的所谓“命”，例如讼卦“不克讼，复即命”、否卦“有命无咎”，并非神之命，而是王之命，如师卦“王三锡命”“大君有命”等。

（2）就人的地位来看，总的讲，它是与神的地位成反比的；但是，此时的人更少地作为个体的“自然人”[③]，而更多地作为“体制人”亦即礼制化的人而存在了。自传说中的周公“制礼作乐”以来，这种礼制就逐渐被视为人的存在性的本质规定：不是人设定礼，而是礼规定人。

（3）就人与神的关系来看，呈现出的是一种“疏离”或者“异化”（alienation）的趋势。

这种转变在文本上的最为典型的体现，就是《周易》蓍筮逐渐取代了甲骨龟卜。当然，蓍筮和龟卜同样是神学观念的体现，《周易》古经无异于龟卜的，是对神亦即超越性存在者的最高权威的设定，它所追求的是大有卦所说的“自天祐之，吉无不利”[④]。但是，两者之间毕竟出现了重大的差别。蓍筮与龟卜最重要的区别不在于具体操作程序上的差异，而在于通过这种操作差异而显露出的观念上的分界：

商代龟卜所设定的神是确定的“帝”，就是“那个”绝对的“他者”；而实际上这个“他者”其实乃是一个“他我”，“他”与“我”是具有亲缘关系的：在商代观念中，“帝”与“祖”是同格的，即上帝崇拜与祖先崇拜的同一。根据许慎《说文解字》的解释“帝，谛也，王天下之号也”，这应该是“帝”字的初始含义；但是“帝”字在儒家经典《诗》《书》中、商周甲、金文中都主要表示“上帝”这样一个神学观念。这是因为，在商代，“帝”与“王”乃

---

① 位格包含一些基本观念，如实体、神性、人格等。

② 中国所谓“自然”虽然含有、但是远非西方所谓nature的意思，它的基本语义是“自己如此”，因此，它只表明了“原初的自身所予”（the primordial self-given）的意义。

③ “自然人”是近代启蒙思想的一个极为关键的设定，它是现代观念的一个基本前提。另外，近代以来的“人性”（human nature）观念与“自然人”（natural man）观念之间具有天然关联，这是应该注意的。

④ 《周易》古经之所谓“天”并不一定指神，如明夷卦“初登于天，后入于地”、姤卦“有陨自天”。

是人神同格的，也就是说，“帝”生前为王，而死后为神。侯外庐先生说：“殷人的宗教祖先神是一元的，‘帝’和‘祖’是不分的，这是氏族公社具有强有力的地位的社会自然发生的意识。卜辞没有祀天的记载，只有祀祖祀帝的记载。”[①] 所以“帝”既是王的通称（如归妹卦“帝乙归妹”），也是对神的称谓。而蓍筮所设定的神是不确定的，我们翻遍《周易》古经，也看不到对神的具体形象或其具体情感意志的任何描述，正如《系辞传》所谓“神无方而易无体”。当然，《周易》古经里有几句记载，似乎表明蓍筮之神与龟卜之神并没有根本差别：萃卦的“王假有庙”（宗庙祭祖）、萃卦升卦的“孚乃利用禴”（宗庙夏祭）[②]、随卦的“王用亨于西山”、益卦的“王用享于帝”、升卦的“王用亨于岐山”（祭天神“帝”）。但是这里有两点是值得注意的：其一，是庙与帝的分离，即祖神与天神的分离，标志着那个最高存在者与人之间关系的疏离化（alienation）。[③] 其二，则是那个最高存在者的抽象化、即上面谈到的非具体性、不确定性。龟卜之神是具象性的，而蓍筮之神则是抽象化的，我们看到的只是“- -”“—”符号，以及筮辞的话语。一般说来，越是抽象，越需要人的解释，这是《周易》解释学化的一个原因。成熟的宗教神总是人格化的，因而总是形象具体的、确定的；反之，神的抽象性、非具体性、不确定性的增强，意味着神性的减弱，这是导致后来《周易》观念更进一步世俗化、哲学化的最初契机之一。

整个《周易》古经的卦爻符号及其筮辞的话语，作为神示、作为神对人的“告”，《系辞传》所谓“立象尽义”“系辞尽言”，同样是不确定的，也就是说，它们都是需要人来解释的。蓍筮较之龟卜的“解释学化”，这是一个非常重要的象征，表明了人对神意的理解乃至神意本身，都在相当程度上取决于人意，这就是《系辞传》所说的“人谋鬼谋，百姓与能”的意思。这也是跟那个时代“天视自我民视，天听自我民听”“民之所欲，天必从之”（《尚

---

① 侯外庐：《中国古代社会史论》，河北教育出版社2003年版，第127页。

② 禴与庙是一致的，它是宗庙祭祀的一种。吴澄《易纂言》：“盖宗庙四时之祭，春祠，夏禴，秋尝，冬烝。”

③ 姜广辉先生解释为：“帝、祖分开是从周代开始的。周人建国后，如果也象殷人那样有自己帝祖合一的宗教崇拜，那便会在周人与殷人之间有两个对立的信仰对像，不利于周人的精神统治。于是周人便将帝与祖分开，承认各有各的祖先神，但至上神的帝只有一个。这个至上神曾降‘天命’给殷的先祖，但因为殷人后来失德，又改降‘天命’给周人。这种解释有天道—人道的公平，谁叫殷人失德了呢！”（姜广辉：《论中国文化基因的形成》，载《国际儒学研究》第6辑，中国社科出版社1999年版，第299—300页。）

书·泰誓中》）的时代观念一致的，而在后来春秋时期《左传》筮例中获得了进一步发展。

从龟卜到蓍筮的转变，涉及传统所谓“象数”与“义理”的区分。按其特征来说，“龟，象也；筮，数也”（僖公十五年）。龟卜的特征是“象”（龟甲裂纹之象），《周易》的特征是“数”（蓍草成卦之数）。但我们知道，《周易》也讲“象”，这就是说，《周易》古经对商代神学龟卜是有所承袭的，这是一种观念性的承袭，即《系辞传》所说的神学意义上的“天垂象，见吉凶”，即认为象是神的意旨的表现。但是，两者的“成象”程序不同：龟卜的是“灼象”，即由灼兆而成象；而蓍筮的则是“数象”，即由蓍数而成象。这个区别非同小可，因为这种程序的不同，为“义理”阐释开辟了广阔的空间，而最终导致了观念的不同。

一方面是神的地位的演变，另一方面则是人的地位的变化。《周易》古经表明，龟卜时代的个体精神人格在蓍筮时代仍然有所保留，但已经出现了削弱的迹象。就个体人格的保留看，蛊卦的“不事王侯，高尚其事”是最有代表性的宣言，这是后来道家隐逸文化观念的最早表达之一。这使我们想到，《周易》古经本身蕴涵着个体精神。这一点从老子哲学与《周易》的关系上可以得到说明。如果说儒家哲学更多地关怀群体问题，那么道家哲学就显然更多地关怀个体问题，在这个意义上，道家哲学无疑属于个体本位哲学。在我看来，这也正是道家哲学最大的现实意义所在。而道家哲学的创始人老子的思想跟《周易》有着密切的关系，这是众所周知的。

但是，这种个体精神在《周易》古经里也在逐渐地淡出。我们知道，宗法礼制正是在周代尤其是在“制礼作乐”的周公那里得到加强的，而《周易》正是这种制度构建在观念形态上的产物之一。周公是中国古代宗法关系的制度化的第一个集大成者，《尚书大传》：“周公摄政，一年救乱，二年克殷，三年践奄，四年建卫侯，五年营成周，六年制礼作乐。”王国维先生曾指出：“欲观周之所以定天下，必自其制度始矣。”[①] 作为“制度”的《周礼》是否为周公亲作，虽是一个悬而未决的公案，但其基本观念无疑是由周公制定的；而《周易》古经据说正是在他手上完成的。《周易》古经所强调的宗法体制，体现在对人的等级森严的划分的称谓系列：天子、大君、大人、王、王母、祖、妣、

① 王国维：《殷周制度论》，《观堂集林》卷十，河北教育出版社2003年版，第232页。

君子、公、侯、国君、君、臣、长子、弟子、史巫、家人、武人、邑人、王臣、臣、童仆、妾、须、娣、宫人、小人、幽人等。这种宗法制度的加强，如同人卦所讲的"同人于野，同人于门，同人于宗"，是有现实需要的。

## 四、《左传》筮例的意义

从《周易》古经（西周）到大传（战国）的演变，中间有一个极其重要的但一向为人们所忽略的环节，就是《左传》以及《国语》（春秋时代）[①]的筮例体现出来的思想观念：一方面是人的地位的进一步提升，神的地位的进一步衰落；另一方面则是群体精神的进一步加强，个体精神的进一步削弱。从材料上来讲，高亨先生的《〈左传〉〈国语〉的〈周易〉说通解》是非常方便的。高亨先生得出了一条重要的结论："春秋时人基本是从占筮的角度来利用《周易》，但已经开始从哲理角度来理解《周易》了。这个时代，《周易》已经由筮书领域开始跨入哲理著作的领域。"[②]

《左传》《国语》筮例既取象数，也取义理。纯粹象数的如《国语·周语》："（单襄公）曰：'成公之归也，吾闻晋之筮之也，遇乾之否，曰：配而不终，君三出焉。'"晋国赵穿杀灵公，迎成公为君，成公此时客于周，归晋时，晋人占筮，得乾之否。按《说卦传》"乾为天为君"，则乾卦上卦为天，下卦为君，这是以君配天之象，应是吉占；但是乾卦变为否卦，下卦三爻由三阳（乾）变三阴（坤），按《说卦传》"坤为臣"，则由君变臣。所以其结论为"配而不终，君三出焉"。纯粹义理的如《左传》：史墨回答魏献子，引用乾、坤两卦，证明龙的存在："龙，水物也。……《周易》有之，在乾之姤曰'潜龙勿用'，其同人曰'见龙在田'，其大有曰'飞龙在天'，其夬曰'亢龙有悔'，其坤曰'见群龙无首，吉'，坤之剥曰'龙战于野'。若不朝夕见，谁能物之？"（《左传·昭公二十九年》）

但是总体来看，义理的解释正在开始逐渐形成一种时尚，因为它更远离早期龟卜那样的吉凶取决于神定的观念，更符合蓍筮的吉凶取决于人定的观念。而且，单就解释来看，在西周时代，对《周易》古经的解释还是比较"严格"的，而到了春秋时期的《左传》《国语》筮例，其解释就更为"随意"了。

---

① 《国语》的内容虽然涉及西周末期、春秋两个时期，但以春秋时期为主。

② 高亨：《高亨著作集林·周易杂论》（第一卷），清华大学出版社2004年版，第526、527页。

例如据《左传》载，卫襄公去世后，大夫孔成子对于立谁为国君拿不定主意。孔成子和史朝都梦到康叔叫他们“立元”，但“元”字有解释方面的歧义：或指名为“元”的次子，或指名为“絷”的长子（“元”有“长”义，《文言》：“元者，善之长也。”）。占了一卦，遇屯之比，结果产生了截然不同的解释：史朝根据卦辞“元亨”，主张立次子“元”：“元亨，又何疑焉！”孔成子表示疑惑说：“（元）非‘长’之谓乎？”于是史朝大发了一番议论，便说服了孔成子。（《左传·昭公七年》）这个筮例说明，决定人事的不是卦辞神意本身，而是人对它的解释，这种解释归根结底其实是取决于人自己的意愿的。

类似的例子，如《国语·晋语》载，后来成为晋文公的晋公子重耳，欲借秦国力量取得对晋国的领导权，占了一卦，“得贞屯悔豫”。筮史认为“不吉。闭而不通，爻无为也”；但司空季子认为“吉。是在《周易》，皆‘利建侯’”。两人各自提出了自己的理由，筮史所根据的是卦象，司空季子所根据的也涉及卦象，但主要是卦名、卦辞。这表明《周易》文本的卦名、卦辞和卦象并不一定一致，这需要人的解释。还有一个有趣的例子，《左传·僖公十五年》载：“秦伯伐晋，卜徒父筮之，吉。涉河，侯车败。诘之，对曰：‘乃大吉也。三败必获晋君。……’……三败及韩。”这件事的最终结果（三败乃胜）到底是不是出于神意，这很难说，实际上应是取决于当时秦晋两国之间的实际情况的对比；而可以肯定的是，第一次吃败仗无疑是与蓍筮的结论“吉”相违背的。占筮的吉凶，完全取决于卜徒父的解释。

人们有时甚至连解释也觉得多余，干脆抛开神意，专依人意行事。例如《左传·襄公二十五年》载，崔武子想娶齐棠公的遗孀，占了一卦，“遇困之大过”，史官都认为吉，但陈文子认为不吉：“夫从风，风陨妻，不可取也。且其繇曰：‘困于石，据于蒺藜，入于其宫，不见其妻，凶。’困于石，往不济也；据于蒺藜，所恃伤也；入于其宫，不见其妻，凶，无所归也。”筮辞显示的神意是再明白不过的了，但崔武子却无所谓：“‘嫠也何害？先夫当之矣！’遂取之。”这是因为那时在春秋思潮的背景下，人们已对神意产生了怀疑，认为吉凶取决于人自己。例如《左传·僖公十五年》载，当初晋献公嫁伯姬于秦，筮得归妹之睽，史苏认为“不吉”，经过一番解释，其结论是“姪从其姑，六年其逋，逃归其国，而弃其家，明年，其死于高梁之虚”。后来的史实似乎印证了这一点，但韩简却说：“先君之败德，其可数乎！史苏是占，勿从何益！”意思是说，当年即使依从了史苏的占断，也是于事无补的，因为吉凶完全取决于人自己的德行。

还有一个著名的例子：

> 穆姜薨于东宫。始往而筮之，遇艮之八。史曰：“是谓艮之随。随，其出也。君必速出。”姜曰：“亡！是于《周易》曰：‘随：元亨利贞，无咎。’元，体之长也；亨，嘉之会也；利，义之和也；贞，事之干也。体仁足以长人，嘉德足以合礼，利物足以和义，贞固足以干事，然故不可诬也。是以虽随无咎。今我妇人而与于乱，固在下位，而有不仁，不可谓元；不靖国家，不可谓亨；作而害身，不可谓利；弃位而姣，不可谓贞。有四德者，随而无咎。我皆无之，岂随也哉！我则取恶，能无咎乎！必死于此，弗得出矣！”（《左传·襄公九年》）

关于穆姜的未来命运，史官的乐观是依据对卦名“随”的解释，而穆姜的悲观是根据对卦辞“元亨利贞无咎”的解释。此例的重大意义在于：解释的义理发挥可以否定筮辞本身的吉凶断定。换句话说，吉凶并不取决于《周易》文本所垂示的神谕本身，而取决于求卦者本人所具有的德性，这里就提出了一条重要原则：易不可诬。

根据这种精神，《左传》筮例还提出了一个非常重要的原则：“易不可以占险。”

> 南蒯之将叛也（将欲叛鲁降齐）……枚筮之，遇坤之比曰“黄裳元吉”（坤卦六五），以为大吉也，示子服惠伯曰：“即欲有事，何如？”惠伯曰：“吾尝学此矣。忠信之事则可，不然必败。外强内温，忠也；和以率贞，信也。故曰：‘黄裳，元吉。’黄者，中之色也；裳者，下之饰也；元者，善之长也。中不忠，不得其色；下不共（恭），不得其饰；事不善，不得其极。外内倡和忠，率事以信为共，供养三德为善。非此三者，弗当。且夫易不可以占险。将何事也？且可饰乎？中美能黄，上美能元，下美则裳。参成可筮，犹有阙也，筮虽吉，未也。”（《左传·昭公十二年》）

这个筮例具有极为典型的意义，表明了这样一种时代观念：《周易》不能用来占断用心险恶之事，吉凶取决于人自己的心地善恶。高亨先生批评："子服惠伯的解释《周易》是琐碎而牵强的，他把内色的黄和内心的忠硬联系起来，把下身的裳和臣下的共又硬联系起来，都是附会之辞，失去《周易》的原意。"① 这个批评当然是有道理的，那就是子服惠伯的解释确实已"失去《周易》的原意"，然而这正好说明，《左传》筮例已不是《周易》古经的观念了。

吉凶由人，这是西周末期、春秋时期的时代观念：《诗经·小雅·十月之交》"下民之孽，匪降自天，噂沓背憎，职竞由人"；《左传·庄公三十二年》史嚚说："国将兴，听于民；将亡，听于神。"（《左传·僖公十六年》）叔兴说："吉凶由人。"正是在对《周易》古经的这种象数，尤其义理的解释、阐释中，孕育出了《周易》大传的世俗化、哲学化的观念体系。

但是所谓"吉凶由人"，这个"人"要看是什么样的人：个体本位的人，还是集体本位的人？在这方面，《左传》筮例也透露出一些消息。其实，上文的举例及其分析已经表明，《周易》解释学化的一个突出表现，就是伦理化。换句话说，人与人的关系原则逐渐地取代了人与神的关系原则。我们看到，这种伦理化就是宗法化，也就是上文所说的非实体化、纯粹关系化。正如上文曾经谈到的，"宗"是一种无实体性前提的纯粹关系，这样一来，作为第一实体的个体存在着逐渐被消解掉的可能。这是解释学化的一种趋势，就是任何解释都是需要作为前提的某种原则的，这种原则往往不是自我确立的，而是社会的"超我"（借Freud语）原则。在《左传》筮例中，这种超我原则就是社会群体伦理原则。但是，正如人神关系本身蕴涵着两个维度一样，解释本身也蕴涵着群体的和个体的两个维度，因为虽然支持解释的原则总是群体认同的，但是解释行为本身总是个体进行的，他的个体性体现在他对原则的选择性，这就正如萨特所说，人注定是自由的，因为人的行为总是选择性的。

这种解释的个体精神，在《左传》筮例中依然存在着。上举《左传·昭公七年》的筮例，关于所谓"立元"究竟立长子"絷"还是立次子"元"，史朝最后提出一个富于个体精神的原则："各以所利，不亦可乎！"在春秋时期王权衰落、"诸侯力政""各以所利"地争霸天下的时势下，诸侯对天子的态度是这种个体精神的一种特定体现。例如据《左传·哀公九年》载，狐偃劝晋文公出兵送襄王归周朝，文公命卜偃占了一卦，得到"大有之睽"，卜偃解

① 高亨：《高亨著作集林·周易杂论》（第一卷），清华大学出版社2004年版，第497页。

释：“吉，遇‘公用享于天子’之卦。……天子降心以逆（迎）诸侯，不亦可乎！”晋侯于是采取了行动。晋文公是一个极富个性的人物，这里他同意“天子降心以逆诸侯”是理所当然的。诸侯对天子的态度是如此，大夫对诸侯的态度亦如此。例如《左传·昭公三十二年》，鲁昭公被季孙氏逐出而死在乾侯，史墨引《周易》来加以评论：“社稷无常奉，君臣无常位，自古以然。故诗曰：‘高岸为谷，深谷为陵。’三后之姓，于今为庶，主所知也。在易卦雷乘乾曰‘大壮’，天之道也。”其实这并不是新事物，倒是旧传统的再现。王国维曾指出：夏商时代，“诸侯之于天子，犹后世诸侯之于盟主，未有君臣之分也。周初亦然，于《牧誓》《大诰》，皆称诸侯曰‘友邦君’，是君臣之分亦未全定也。逮克殷践奄，灭国数十，而新建之国皆其功臣昆弟甥舅，而鲁、卫、晋、齐四国，又以王室至亲为东方大藩。夏殷以来古国，方之蔑矣。由是天子之尊，非复诸侯之长，而为诸侯之君。……此周初大一统之规模，实与其大居正之制度相待而成者也”[①]。

## 五、《周易》大传思想的意义

上述《左传》《国语》筮例所呈现的淡化个体原则、强化伦理原则的趋势，在《周易》大传里更进一步加强了。

易象筮辞都是表意的，在古经里，“意”本来是天意神旨；但是经过《左传》筮例的解释转换，到大传里，如《系辞传》所说，“圣人立象以尽意，系辞焉以尽其言”，显然，这里的“意”已不是天神上帝之意，而是“圣人之意”了。众所周知，大传多次明确地指出，《周易》的产生不是神迹，而是圣人“观象设卦”的结果。因而《周易》似乎不再是神意的传达，而变成了圣人之意的传达了。换句话说，天神上帝已被“悬搁”起来了，至少是边缘化了。神的边缘化，同时也是人——作为第一实体的独立个体——的边缘化；神的淡出，其实也是人本身的淡出。

当然，《周易》大传并未完全彻底地排除天神上帝的观念。一是“帝”。例如《象·鼎》：“圣人亨（烹）以享上帝，而大亨以养圣贤。”鼎作为礼器，是具有双重意义的：既烹以享上帝，也烹以养圣贤。《象·涣》：“先王以享于帝，立庙。”《象·豫》：“先王以作乐崇德，殷荐之上帝，以配祖考。”这两

① 王国维：《殷周制度论》，《观堂集林》卷十，河北教育出版社2003年版，第238页。

句都涉及上帝神与祖先神之间的关系问题，但这些“帝”往往是大传对古经的追述，似乎应该看作商代的传统观念的孑遗。二是“天”。《象·师》：“‘在师中吉’，承天宠也。”上文说过，《周易》古经的“天”往往指自然之天；而到了大传，这个“天”反倒逐渐兼有了“帝”的意思。这是因为“帝”本身为“天”所取代；但这个“天”的神性毕竟要比“帝”弱一些。大传还讲“天命”，例如《象·无妄》讲：“大亨以正，天之命也。”大传的“天”与“天命”都还保留着神性。

但是，大传的基本特征毕竟在于世俗化、哲学化。在《象·观》里有一句容易导致误解的话：“观天之神道，而四时不忒；圣人以神道设教，而天下服矣。”这里的关键在于什么叫“神”，《系辞传》明确说“阴阳不测谓之神”“利用出入、民咸用之，谓之神”。《说卦》也说：“神也者，妙万物而为言者也。”可见“神道”并无神学的意味，神道就是阴阳之道，就是“天道”“天行”的意思。天行也就是天道，《象·复》：“‘反复其道，七日来复’，天行也。”《象·恒》：“天地之道，恒久而不已也；利有攸往，终则有始也。”甚至所谓“河图洛书”也须如此理解，“天生神物，圣人则之；天地变化，圣人效之；天垂象、见吉凶，圣人象之；河出图、洛出书，圣人则之”。这里讲“神物”，即“神”乃是“物”，而不是那个至上神。《系辞传》还进一步说，易道是“神无方而易无体”的，知易道即圣人，也就是神，即“知几其神乎”。这就犹如《白虎通·号》关于“神农”所说的：“古之人民，皆食禽兽肉。至于神农，人民众多，禽兽不足。于是神农因天之时，分地之利，制耒耜，教民农作，神而化之，使民宜之，故谓之神农也。”这不是上帝神的作为，而是圣人“神而化之”的作为。

总起来说，在人神关系上，大传的精神就是《系辞传》讲的：“天地设位，圣人成能；人谋鬼谋，百姓与能。”《说卦》也有一个总结：“昔者圣人之作易也，幽赞于神明而生蓍，参天两地而倚数，观变于阴阳而立卦，发挥于刚柔而生爻，和顺于道德而理于义，穷理尽性以至于命。”这样一来，一切取决于圣人而不是上帝。

正如上文所说，神的衰落伴随着人的提升，但是此人更多地不是个体的人而是群体的人，这种群体性的典型就是“宗”。关于大传的宗法观念，《象·同人》提出了一个原则：“君子以类族辨物。”“族类”作为一个群体概念，其典型正是“宗”亦即宗族。一个宗族就是一个大的家，《象·家人》称：“家人，女正位乎内，男正位乎外。男女正，天地之大义也。家人有严君焉，父母之谓也。父父子子、兄兄弟弟、夫夫妇妇，而家道正；正家，而天下定矣。”这是非常典型的宗法观念，它引申出另外一些宗法观念，如《象·恒》：“妇人贞吉，从一而终也。夫子制义，从妇凶也。”以宗法观念为核心的制度建构，即所谓“礼”，《象·大壮》：“君子以非礼弗履。”礼的特点之一是各安其位，故《象·艮》讲：“君子以思不出其位。”总之，个体的人被群体人伦遮蔽了，人本身制度化了。

但这一切并不是说《周易》大传已经毫无积极意义了，其实大传仍有很多积极的东西。不过，在我看来，《周易》大传对于今天的积极意义并不在于它的哲学化本身，而在于它通过确立此后中国哲学的最高范式“阴阳”，确立了一种“东方生命哲学”，而这种生命哲学是既可以展示群体生命存在也可以展示个体生命存在的。① 大致而言，《周易》大传的思想具有双重的意义：一是富于伦理精神的宇宙论模式，一是富于实体精神的存在论模式。这尤其体现在作为《周易》大传核心范畴的“阴阳”范畴上面：对于“阴阳”，既可作宇宙论的理解，亦可作存在论的理解。而这两种理解，可以导致两种截然不同的观念。其共同性在于，“阴阳”总是一种关系范畴；但是，这里存在着前文谈过的两种不同意义的关系：宇宙论意义上的阴阳，是那种“无实体性前提的纯粹关系”，即阴和阳均非独立的实体；而存在论意义上的阴阳，则是以实体为前提的关系，即阴和阳本是两个独立的实体。关于后者，《系辞传》所征引的当时的谚语很能说明问题：“二人同心，其利断金；同心之言，其臭如兰。”无论是否“同心”，这种关系总是以“二人”的个体存在为前提的。

其宇宙论模式富于群体伦理精神，这在大传中是随处可见的。例如《系辞》开篇就讲：“天尊地卑，乾坤定矣；卑高以陈，贵贱位矣。……乾道成男，坤道成女。”这是从自然宇宙论的尊卑贵贱秩序推演出人间伦理学的尊卑贵贱秩序。这种思路在《序卦传》里也非常突出：“有天地然后有万物，有万物然后有男女，有男女然后有夫妇，有夫妇然后有父子，有父子然后有君臣，有君臣然后有上下，有上下然后礼义有所错。”造物者是天地而不是神，故《序卦》从天地开始；造成之物，“盈天地之间者唯万物”。这里也没有神的位置，但这里同样也缺乏独立个体的位置。

① 黄玉顺：《生命结构与和合精神——周易哲学论》，《社会科学研究》1998年第1期。

而其存在论模式则富于个体精神，这也是大传思想中的一个非常重要的方面。难怪其宇宙论模式被后来的宋明理学特别地加以发挥，结果造成了个体精神的遮蔽；而其存在论模式则被此前的魏晋玄学特别地加以发挥，结果形成了后轴心期的中国哲学史上难得的崇尚个体精神的时代。下面这些都是富于个体精神的表述：《象·蛊》“‘不事王侯’，志可则也”，《象·大过》“君子以独立不惧，遁世无闷”“老夫女妻，过以相与也”，《象·恒》“君子以立不易方”，等等。《乾文言》解释“潜龙勿用”说：“龙，德而隐者也。不易乎世，不成乎名；遁世无闷，不见是而无闷；乐则行之，忧则违之，确乎其不可拔，潜龙也。”这确实类似亚里士多德所概括的西方的第一实体观念。但双方也存在着重要区别：西方的第一实体始终追求绝对的独立价值，它可以生长出现代性的基础观念，但也可能造成“人对人如狼”那样的斗争哲学；而中国的“阴”“阳”实体则追求和谐。阴阳观念在于互补和谐，但从今天的立场看，它应是一种多元互补的和谐，这就要求我们把阴、阳理解为两个独立实体。

这里我还想说一点：《周易》大传虽然不一定是儒家心学的文献，但仍存在着相当浓厚的心学思想观念色彩。例如《象·蹇》“君子以反身修德”，《象·晋》“君子以自昭明德”，《象·丰》“‘有孚发若’，信以发志也”（《系辞传》讲“圣人以通天下之志”），《乾文言》“闲邪、存其诚”“利贞者，性情也”，《坤文言》“直，其正也；方，其义也。君子敬以直内，义以方外，敬义立而德不孤”“君子黄中通理，正位居体，美在其中，而畅于四支，发于事业，美之至也”。大传的“继善成性”思想也是富于心学意义的，《系辞传》说：“一阴一阳之谓道，继之者善也，成之者性也。”在儒家看来，天地是未完成的“正在进行时态”，那么，何以继之？何以成之？这就要靠人之“性”。所以《系辞传》接下来又讲：“成性存存，道义之门。”此成性即是彼成性，也就是成天地者本乎人之性的意思，“存存”者，存性也，亦即孟子所说的“存心养性”。所以《系辞传》说：“默而成之……存乎德行。”上文谈到的“神道设教”，《系辞传》则称“显道、神德行”，就是圣人“以神明其德夫”的意思。如何神道？《系辞传》说：“神而明之，存乎其人。”其根据还是人自身。《说卦》提出“穷理尽性以至于命”，跟思孟学派的心学思想是完全一致的。这里的“理”并不是外在的，而是内在的，亦即下文所说的“性命之理”。这些都是《周易》大传富于个体精神的宝贵的思想资源，因为正如上文所说，心学合理地蕴涵着弘扬个体独立精神的意义。

最后，我想总括起来申明一点：我们今天需要的不是重建前轴心期的神学文化传统，而是重建前轴心期的第一实体精神；但是这种重建不是彻底抛弃轴心期以来的文化成果，而是继承发扬轴心期以来的某些积极的文化成果。在我看来，这种积极文化成果存在于从孔子、孟子到王阳明、李卓吾、黄宗羲的儒家心学传统之中，以及道家文化传统之中，也存在于作为儒道两家共同经典的《周易》之中，它需要我们去积极地发掘、阐释、转化、发挥。总之，我们不需要神，但我们需要人——作为第一实体的现代性的人。

第三编

# 周易哲学近期研究

# 《周易》的本源之观*

何谓“本源之观”？本源之观，其所观者既不是形而上者，更不是形而下者，而是大本大源——不仅是形而下者的本源，而且是形而上者的本源。如果说形而上者、形而下者都是存在者、“物”，那么本源就是存在本身，就是“无物”或“无”。这就是《老子》所说的“万物并作，吾以观复”（第十六章），不仅复归于作为形而上者的“道之为物”，而且“复归于无物”（第十四章）。因为“天下万物生于有，有生于无”（第四十章），所以我们作为“万物”之一，不仅要复归于形而上的“有”，而且要复归于本源性的“无”。这就是《老子》的本源之观：观复。

这种“观复”的观念，在《周易》观卦的卦辞中传达出来：

> 观：盥而不荐，有孚颙若。

这就表明，我们今天所谓“观察”，原本是指的祭祀之观。“察”字从“祭”就是证明，徐铉解释说：“祭祀必天质明明察也，故从祭。”由此看来，“观祭”是“观”的极其古老的意义。

王弼注解《易·观》：“王道之可观者，莫盛乎宗庙；宗庙之可观者，莫盛于盥也。至荐，简略不足复观。故观盥而不观荐也。”这就是说，此卦是讲：观之所观，乃是宗庙祭祀。但王弼的解释也存在问题，在他看来：之所以“观盥而不观荐”，是因为盥“盛”而荐“简略”。汉儒已有此说，李鼎祚《周易集解》引马融：“此（盥）是祭祀盛时；及神降荐牲，其礼简略，不足观也。”后世也都采取此说：礼仪盛大便足以观，礼仪简略则不足观。这样的解

* 本文原为《爱与思——生活儒学的观念》附论一《汉语“观念”论》下篇“3.本源之观”，四川大学出版社2006年版。

释，简直就是“凑热闹”“瞧光景”的意思了！其实，“盥”与“荐”是祭祀之中的先后程序。李鼎祚《周易集解》引马融：“盥者，进爵灌地，以降神也。”但朱熹《周易本义》却解为：“盥，将祭而洁手也。”马解为“降神”，是已开始祭；而朱解为“洁手”，是“将祭”而尚未开始祭。从“盥”字的字形看，应以朱说为佳。《说文解字》：“盥，澡手也。从臼（象双手之形）水临皿。”这就是今天俗话说的“洗手”，而非马融所说的“进爵灌地”。正式祭祀之前，先把手洗干净，这是谈不上什么“盛”的，不过是准备“荐”，亦即奉进祭品而已。孔颖达《周易正义》解释：“荐者，谓既灌之后，陈荐笾豆之事。”朱熹《周易本义》说得更简明：“荐，举酒食以祭也。”这是正式的祭祀活动，我们决不能说不“盛”反倒“简略”。

那么，为什么要“观盥而不观荐”呢？难道祭祀之前的洗手竟然比正式的祭祀还更值得看吗？对此，孔子有一句话尤其值得注意，可以视为就是对这一句卦辞的解释：

禘，自既灌而往者，吾不欲观之矣！（《论语·八佾》）

禘是一种祭祀，朱熹引赵伯循之说：“禘，王者之大祭也。王者既立始祖之庙，又推始祖所自出之帝，祀之于始祖之庙，而以始祖配之也。”（《论语集注·八佾》）这就是说，禘是既祭祖、又祭帝。[①] 而“灌”，朱熹认为：“灌者，方祭之始，用郁鬯之酒灌地，以降神也。”这跟他对《易·观》之“盥”的解释是不一致的，是继承了何晏的说法：“灌者，酌郁鬯灌于太祖，以降神也。”（《论语集解·八佾》）然而我们认为，此处之“灌”即是《易·观》之“盥”。“灌”本是河流名，《说文》：“灌，水出庐江雩娄北入淮水。”这里是假借字，“灌”即是“盥”，亦即“澡手”（洗手），而非“进爵灌地”。此后的“既灌而往者”就是“既盥而往者”，亦即《易·观》“盥而不荐”之“荐”。孔子的意思，正是《易·观》所说的“盥而不荐”。

那么，孔子为什么说“既灌而往者吾不欲观之”呢？何晏《论语集解·八佾》认为：“既灌之后，列尊卑，序昭穆；而鲁逆祀，跻僖公，乱昭穆，故‘不欲观之矣’。”朱熹《论语集注·八佾》引赵伯循之说，虽与何晏之说略有

---

① 其实，在中国早期观念中，天上的“帝”曾经也是地上的“帝”，祖先与上帝是同一的。

差异，但还是认为是因为鲁祭非礼："成王以周公有大勋劳，赐鲁重祭，故得禘于周公之庙，以文王为所出之帝，而周公配之，然非礼矣。"这样的解释实在过于牵强附会。试想：既然孔子"不欲观"那"既灌而往"的非礼之祭，何以偏偏又要"观"那为此非礼之祭做准备的"灌"呢？无论如何解释这个"灌"字，"洁手"也好，"进爵降神"也好，孔子之所以只观"灌"不观"荐"，都不可能是因为什么鲁祭非礼的缘故，否则于理不通。然而朱熹曲为之解："盖鲁祭非礼，孔子本不欲观；至此而失礼之中，有失礼焉，故发此叹也。"意思是说：孔子本来是连"灌"也都"不欲观"的。可是，孔子既然本"不欲观"，他为什么偏偏又"观"了呢？显然，传统的解释都是不能服人的。其实，孔子说他"既灌而往者吾不欲观之"，恰恰表明了"灌"本身却是他"欲观"的。

孔子为什么欲观"灌"或"盥"，而不欲观"既灌而往者"的"荐"？这显然取决于"盥"与"荐"之间有什么不同之处。我们回到《易·观》的卦辞上来："盥而不荐，有孚颙若。"《周易》凡言"有孚"，其义都是"有信"。孔颖达《周易正义·观卦》解释："孚，信也。"还解释说"颙是严正之貌若为语辞""言下观而化，皆孚信，容貌俨然也"。这里对"颙若"的解释是不够确切的。"若"固然是"然"的意思，表示是形容词，但"颙"却是"大"的意思：《说文解字》曰"颙，大头也"，引申为大。"颙若"就是今天俗语所说的"大大地""极为""非常"等等，是形容"孚"即"信"的程度。"有孚颙若"就是极为诚信。这种诚信是说的在禘祭中的诚信，就是对"祖"与"帝"的诚信（其实"帝"也是"祖"，是当时那种上帝崇拜与祖先崇拜之同一的信仰）。这种诚信，就是我们通常所说的"虔诚"。《易·观》卦辞的意思在于"强调祭祀不在乎礼之厚，而在乎心之诚"①。《易·革》中有一句爻辞，意思与此类似："大人虎变，未占有孚。"尚"未占"，已"有孚"，正如这里的尚未"荐"，已"有孚颙若"。

由此可见，孔子那一番话的意思显然是说：在禘祭中，"灌"或"盥"是虔诚的，而"自既灌而往者"如"荐"则不虔诚或未必是虔诚的。孔子所看重的并不是祭祀的丰盛礼品，而是祭祀中虔敬、虔诚、诚信的态度。这使我们想起孔子在另一处对祭礼的看法：

---

① 黄玉顺：《易经古歌考释》，巴蜀书社1995年版，第100页。

林放问礼之本。子曰：“大哉问！礼，与其奢也，宁俭；丧，与其易也，宁戚。”（《论语·八佾》）

“礼之本”就是“礼之质”，就是祭礼的实质，正如朱熹所说：“俭者物之质，戚者心之诚。”（《论语集注·八佾》）孔子的意思是说：“荐”之礼品，与其“奢”，不如“俭”；“丧”之礼数，与其仪式之“易”（整治），不如情感之“戚”（哀伤）。由此看来，孔子所看重的乃是对祖先的情感。同样的例子还有，孔子说过：

居上不宽，为礼不敬，临丧不哀，吾何以观之哉？（《论语·八佾》）

所谓“临丧不哀”是说：在丧礼中，即便所“荐”的贡品如何丰盛，如果没有哀伤的情感，那就是不可观的了。于是，这就真正回到了儒家观念的大本大源：生活情感。

现在我们可以回到《易·观》之“观”的实质意义上来了：这里，所观的不是“荐”，而是“盥”，这就是说，所“观”的乃是情感。本源之观，乃是观情。而情作为生活情感，乃是生活本身的事情。所以，《易·观》的爻辞才说“观我生”“观其生”。这就是说，观情即是观生。前面说过，存在本身被中国先民领悟为“存”“在”，亦即被领悟为这样一种本源情境：人与草木的共同生活。现在我们知道，存在本身被领悟为“生”，亦即再次被领悟为草木的生活：“生”字从“屮”，意谓草木之生。周敦颐当年“窗前草不除去”，是感觉到野草的存在“与自家意思一般”[①]，就是缘于他领悟到了：“草”原来是与我共同生活着的“自家人”——草并不是与“人”划界的“物”，而是本源的共同生活中的“生活者”。由此，儒家才可能有“民胞物与”“一视同仁”的观念。草木之生与人之生的这种“无分别智”，便是本源之观。

可是，情感这样的无形的事情如何能被“观”到呢？这就是我们所说的本源性的生活领悟。生活领悟并不是认识论的问题：既非所谓“感性认识”，也非所谓“理性认识”。领悟根本不是认识。因为：凡是认识，都是在“主—客”架构下进行的，而主与客都是存在者，都是物；然而生活领悟却是在“无

① 《河南程氏遗书》卷三，见《二程集》，中华书局1981年版，第60页。

物”的层级上，在先行于任何存在者的本源情境中的事情。物、存在者恰恰是在这种领悟中才获得生成的可能。在这种本源之观中，我们固然在“看”，但这并不是认识论意义上的观察，甚至也不是所谓“现象学的看”。我们是在领悟着生活情感，领悟着生活本身。

这使我们想起孔子说过的“诗可以观”。他说：

> 《诗》可以兴，可以观，可以群，可以怨；迩之事父，远之事君；多识于鸟兽草木之名。（《论语·阳货》）

这里，孔子明确区分了三个方面：“兴观群怨”；“事父”“事君”；“多识鸟兽草木之名”。显然，“多识于鸟兽草木之名”是知识的问题，“足以资多识”；而“事父”“事君”则是伦理的问题，“人伦之道，诗无不备，二者举重而言”。（《论语集注·阳货》）那么，“兴观群怨”又是怎样的事情？朱熹把“兴观群怨”解释为形而下学的伦理问题，“感发志意”“考见得失”“和而不流”“怨而不怒”，那是不对的，跟“事父”“事君”伦理问题相重复了。根据孔子思想的观念层级，那么，“兴观群怨”既然是作为形而下学的知识与伦理之外的事情，就有两种可能：或者是形而上学的事情，或者是本源的事情。显然，“兴观群怨”并非形而上学的问题，因为这里并未涉及作为形而上者的唯一存在者、绝对物。因此，“兴观群怨”必定是说的本源的生活情感的事情。

本源的事情乃是生活情感，而“怨”明显地正是这样的情感。我们知道，《诗经》里有许多作品都是表达怨情的，这种怨，往往出于爱。孟子在谈到舜时，曾讲过这种由爱而怨的生活情感，谓之“怨慕”：

> 万章问曰：“舜往于田，号泣于旻天。何为其号泣也？”孟子曰：“怨慕也。”万章曰：“父母爱之，喜而不忘；父母恶之，劳而不怨。然则舜怨乎？”曰：“……人少，则慕父母；知好色，则慕少艾；有妻子，则慕妻子；仕，则慕君，不得于君则热中。大孝终身慕父母。五十而慕者，予于大舜见之矣。”（《孟子·万章上》）

赵岐注说：“慕，思慕也。”（《孟子注疏·万章上》）这里，“慕”乃是情感之“思”，而源出于“爱”，今语所谓“爱慕”。《礼记》谈到丧葬之哀：“其往送也如慕。”郑玄注解：“慕者，以其亲之在前。”(《礼记正义·问丧》)舜“号泣于旻天”之怨，乃是由于爱父母而“不得”，以至“热中”，思之慕之：由爱之而思之，由慕之而怨之。

由此看来，“群”也应该是说的生活情感的事情。这种层级上的“群”，就是我们所说的作为生活的本源情境的共同生活：这里没有“尔为尔、我为我”(《孟子·公孙丑上》)的分别，甚至没有人、物的分别。当远古先民用“羊群”(即“群”)来说“人群”时，他们就领悟到了这种共同生活的本源情境。

而“诗可以兴”，也是说的生活情感。朱熹把“兴”解释为“感发志意”，这原本不能说是不对的，然而关键在于：何谓“感发志意”？朱熹是这样解释“兴”的：“兴者，先言他物以引起所咏之辞也。”(《诗集传·周南·关雎》)这样一来，“他物”便成了先行的东西，这就陷入了形而上学的“性—物”架构、亦即“主—客”架构。朱熹的解释基于这样的观念：“人生而静，天之性也；感于物而动，性之欲也。”(《诗集传·序》)这里，主体性是先行的。然而问题在于：主体性本身何以可能？主体性的确立，恰恰在于“兴”。这就是孔子所说的：“兴于诗。”(《论语·泰伯》)孔子的意思是说：主体性的兴起、确立，在于诗。这是因为：诗是生活情感的言说。所以，“诗可以兴”是说：诗可以使我们在情感言说中确立起主体性。朱熹所谓“感发志意”，只有在这种意义上才是可以成立的。

由此可见，“诗可以兴、可以观”乃是说的情感之观。这样的情感之观，其所观者不是主体性本身，而是主体性何以可能。关于主体性本身的观，乃是“反身”之观，乃是“反思”，即是主体的自我观照，它还是形而上学的事情，并没有通达本源的层级。而关于主体性何以可能的观，则是“观情”，其实也就是本源的生活领悟本身。就存在者、物来看，生活领悟其实无所观，只是“无”；然而就生活情感来看，生活领悟却又有所观，其所观者就是作为“无物”的生活本身。这就是诗的兴—观。

孔子以上这段议论，表述了中国人的“观念”：从本源的生活情感观念，到形下的伦理学、知识论观念。《易·观》六爻所传达的观念层级也是与之对应的，其实是说的一种境界观念：

初六：“童观。”小人无咎，君子吝。

六二："窥观。"利女贞。

六三："观我生进退。"

六四："观国之光。"利用宾于王。

九五："观我生。"君子无咎。

上九："观其生。"君子无咎。

一、二两爻所说的是同一层级的观。从"利女贞"可知，"窥观"就是"闺观"，亦即少女之观[①]；那么，与之相对的"童观"就应该是少男之观。因此，"小人""君子"就不是今天意义上的用法，而是：小人即是少男，《周易》也称"小子"；君子则是成人，《周易》也称"丈夫"。[②] 少男少女之观，类似于冯友兰先生《新原人·境界》所讲的"自然境界"。

三、四两爻所说的君子成人之后，在政治层级上的观察，显然属于形下之观。六三"观我生进退"是自我功利性的，"观察我人生名位的陟黜穷达"；而六四"观国之光"则是政治伦理性的，"观察我国政治善否"。[③] 这就类似于冯友兰先生所讲的"功利境界""道德境界"。

五、六两爻所说的则是另一个层级的观：由主体性的"观我生"，通达本源性的"观其生"。主体性的"观我生"类似于冯友兰先生所讲的"天地境界"，因为主体性实质上乃是作为形而上者的唯一存在者、绝对物，这就正如海德格尔所说"什么是哲学研究的事情呢？……这个事情就是意识的主体性""作为形而上学的哲学之事情乃是存在者之存在，乃是以实体性和主体性为形态的存在者之在场状态"。[④] 而本源性的"观其生"之所以是本源性的，就在于这里的"其"乃是无所定指的。《尚书·酒诰》"予其杀"蔡沈注："其者，未定辞也。"例如"其人"就与这里的"其生"属于同样的用法，《左传·襄公二十五年》："晏子立于崔氏之门外，其人曰：'死乎？'"刘淇《助字辨略》解释："其人，犹言'或人''某人'也。"这个"未定"之人，正是"无物"的观念层级。无所定指之"观其生"，这正是"观"生活本身。

---

① 《周易》古经之"女"都是指的未出嫁的少女。

② 《周易》古经所谓"君子"一般是指的贵族，成年后便是某个级别的统治者。《易·随》六二："系小子，失丈夫。"

③ 黄玉顺：《易经古歌考释》，巴蜀书社1995年版，第101、102页。

④ 海德格尔：《哲学的终结和思的任务》，见《面向思的事情》，陈小文、孙周兴译，商务印书馆1999年版，第76页。

# 论“观物”与“观无”*

## ——儒学与现象学的一种融通

西方现象学讲“看”（“现象学的看”：“本质直观”），中国人尤其儒学讲“观”，这两者是可以比较的。在汉语所表达的中国人的思想中，显而易见，我们的一切“观念”①，皆出于“观”：观念是“念”，念出于“观”。然而在中国思想中，“观”有两层不同的意义：一是“观物”，是有所观之观；二是“观无”，是无所观之观。观物之所观者，或者是形而下的存在者、“万物”，或者是形而上的存在者、“道之为物”，故有所观；而观无之所观者，则是存在本身，是“无物”“无”，故无所观。而在儒家，这种“无物”的存在本身，就是作为大本大源的生活情感尤其是爱的情感；而观无作为无所观之观，实质上是一种生活领悟。这样的生活情感、生活领悟，是先行于任何存在者、任何物的“事情本身”。

## 上篇　有所观之观：观物

在通常意义下，“观”是指的有所观之观，亦即“观物”，“观”某种“存在者”。所谓“存在者”，中国人称之为“物”：众多相对的存在者，谓之“万物”；作为万物的终极根据的那个唯一绝对的存在者，谓之“道之为物”（《老子》第二十一章）。道之为物乃是“形而上者”，万物则是“形而下者”（《周易·系辞传》）。当其所观者为形而下的存在者亦即众多相对物的时候，我们称之为“形下之观”；而当其所观者为形而上的存在者亦即唯一绝对物的

* 原载《四川大学学报》2006年第4期。

① “观念”在汉语中不仅是指的西方哲学、现象学之所谓“idea”，而是泛指的一切意识，尤其是“观”之“念”。

时候，则称之为“形上之观”。不论形上之观还是形下之观，所观者都是物，所以谓之“观物”。

（一）形下之观

所谓“形下之观”是说，这种“观”是“形而下者”的事情。观者是一个形而下的存在者，其所观者同样是一个形而下的存在者：观者与其所观者，均属于“万物”。一个人自从有了自我意识之后，他首先作为一个形而下的存在者、万物之一而存在：他所遭遇的东西，也首先是形形色色的形而下的存在者、万物。他是作为一个形而下者，去“观”其他的形而下者。这就是典型的认识论的“主—客”架构，认识、知识都是由此发生的。

比如《易传》所讲的“观”就是这样的形下之观，与《易经》之“观”大不相同：“圣人设卦观象，系辞焉而明吉凶，刚柔相推而生变化。”（《周易·系辞传》）那么，圣人究竟是如何“设卦观象”的呢？那就是“仰以观于天文，俯以察于地理”（《周易·系辞传》）。今所谓“观察”，即由此而来。具体到《周易》的“设卦观象”，那就是：

> 古者包牺氏之王天下也，仰则观象于天，俯则观法于地，观鸟兽之文，与地之宜，近取诸身，远取诸物，于是始作八卦，以通神明之德，以类万物之情。（《周易·系辞传》）

这是典型的在“主—客”架构下的“观察”：作为“王”的包牺氏是主体，而“天文”“地理”“鸟兽之文”“地之宜”“身”“物”等则是“客观”对象。汉语“客观”一词，也是由此而来的：把它们作为“客”来“观”，那么，观者也就是“主”。以主观客，便是经验的“主—客”观察。英国经验主义者培根所竭力宣扬的，就是这样的形下之观，他因此而成为“近代实验科学之父”（马克思语）。

这样的经验观察乃是一种审视。“观”字的含义本来就是“审视”。许慎《说文解字》说：“观，谛视也”；“谛，审也”。“审”古作“宷”，从“宀”从“釆”。“釆”读如“辨”，意谓辨别：“釆，辨别也。象兽指爪分别也。”这里的“象兽指爪分别”，也就是《易传》所说的“观鸟兽之文”。辨别就是区分“物界”，也就是划分存在者领域。如果说，作为形而上学的哲学，所思者是“存在者整体”[①]，那么，作为“形而下学”的科学，所思者就是其中的某个存在者领域。《易传》之“观”就是以这样的存在者领域的划分作为前提的，此即所谓“方以类聚，物以群分”(《周易·系辞传》)。这就表明：这种“观”确实是形下之观，它以关于众多相对物的分别为前提。

甚至《老子》，一开篇就在讲这样的形下之观：

> 无名天地之始，有名万物之母。故常无欲，以观其妙；常有欲，以观其徼。此两者同出而异名，同谓之玄。玄之又玄，众妙之门。(《老子》第一章)

过去人们以为，这里的“常无欲”“观其妙”是说的“观”形而上的“道”，其实不然。这里的关键在于：其所观者乃是“众妙”。凡言“众”，即是“多”，而不是“一”，更不是“无”。《老子》中与“众妙”一致的还有“众人”“众甫”，都是在说众多存在者而非唯一存在者。所以《老子》才说：“妙”与“徼”是“此两者同出而异名”的东西，本质上都是物，即上一句所说的“万物”。此所谓“徼”，意谓边界、分界，显然是说的众多存在者、相对物的物界。“妙”与“徼”这两者“同出”于“玄”，“玄”才是“道”。“无欲以观其妙”是说“以”“无欲”“观其妙”，亦即以“道”观“物”；以道观物，所观的不是道，而是物——“万物”“众妙”。由此可见，这里的“观其妙”“观其徼”，都是在说形下之观。

孔子也讲形下之观。例如：

“父在，观其志；父没，观其行。”(《论语·学而》)——这是说的“观”其意志行为，而“父”乃是一个形而下的存在者。

“视其所以，观其所由，察其所安，人焉廋哉？”(《论语·为政》)——这是说的“观”其道德根据，而“其”“人”同样是一个形而下的存在者。

“人之过也，各于其党。观过，斯知仁矣。”(《论语·里仁》)——这是说的“观”其过错，而“人之过”是形而下的存在者。

“如有周公之才之美，使骄且吝，其余不足观也已。”(《论语·泰

---

① 海德格尔：《哲学的终结和思的任务》，载《面向思的事情》，陈小文、孙周兴译，商务印书馆1999年版，第68页。

伯》)——这是说的“观”其才艺，而“周公之才”同样是形而下的存在者。

“夫达也者，质直而好义，察言而观色，虑以下人。”(《论语·颜渊》)——这是说的“观”其辞色，而人之“色”也是形而下的存在者。

显然，这些“观”都是说的形下之观，所观者都是形而下存在者当中的某种存在者、万物中的某种物。这样的形下之观是“人伦”道德与“物理”知识得以可能的前提，因为不仅“人”“物”的划分，而且“伦”“理”本身，都是“辨别”的结果，而“辨别”是存在者领域，即“物界”的划分。

但是，我们还要追寻众多相对物的终极根据，追寻那个唯一绝对物。我们“观”这个绝对“物”，便是：

(二)形上之观

所谓“形上之观”是说，其所观者不是“形而下者”之“器”，而是“形而上者”之“道”。如《老子》说：

> 不出户，知天下；不窥牖，见天道。其出弥远，其知弥少。是以圣人不行而知，不见而名，不为而成。(《老子》第四十七章)

这里所“观”所“知”所“见”的，显然不是有形之“器”，而是无形之“道”。但在《老子》，“道”这个观念有不同层级的意义：形下之道，是“万物”之中的某个“物界”的道，诸如“人君面南之道”、明哲保身之道或者“长生久视之道”、用兵之道、养生之道等；形上之道，是这里所说的“道之为物”的道，此道不是众多相对物，而是作为它们的终极根据的唯一绝对物；还有本源之道，是“无物”的或作为“无”的道。这里所说的“不出户”“不窥牖”所知所见的“天道”，就是作为形而上者的“道之为物”。《老子》是这样谈论这个“道”的：

> 道之为物，惟恍惟惚；惚兮恍兮，其中有象；恍兮惚兮，其中有物。窈兮冥兮，其中有精；其精甚真，其中有信。自古及今，其名不去，以阅众甫。吾何以知众甫之状哉？以此。(《老子》第二十一章)

此“道”之中，有“象”有“物”，这显然与《老子》其他地方所讲的作为“无物”或者“无”的“道”，亦即本源之道不同。这里的“道之为物”的道，乃是与“众甫”“万物”，亦即众多相对物处于一种对待关系之中的唯一绝对物，所以叫作“道之为物”。他说：我们何以知万物之状态？正是根据此“道”；换句话说，此“道”便是作为众多存在者的最后根据的那个终极存在者。我们“观”此道，那就是形上之观。

形上之观之区别于形下之观，在于这样的“观”不是经验的“看”，因为“道之为物”乃是“形而上者”，即是无形无象的，无由观察。所以，“见天道”不是经验的“看”，倒似“现象学的看”。胡塞尔所说的“现象学的看”，也就是“本质直观”，不是经验的观察，而是先验的直觉，这种直觉并不是通过经验的“归纳”去“抽象”出“本质”来，而是直接把握本质。所不同者，“现象学的看”所把握的是所谓“纯粹意识”，而“见天道”所把握的并不是这样的意识。“天道”作为“道之为物”，就是作为众多相对存在者的终极根据的那个绝对存在者。形上之观，所观者就是这个绝对存在者。

后来宋儒邵雍所讲的“观物”，也是这样的形上之观，那就是他所讲的“反观”“以物观物”：

> 圣人之所以能一万物之情者，谓其能反观也。所以谓之“反观”者，不以我观物也；不以我观物者，以物观物也。（《皇极经世·观物内篇》）

邵雍这样的“以物观物”，乃是典型的形上之观。这是因为：虽然“不以我观物”，而“以物观物”，因而超越了“主—客”架构，即超越了认识论的视域，而达到了本体论的视域。但是他明确说：

> 夫所以谓之“观物”者，非以目观之也：非观之以目，而观之以心也；非观之以心，而观之以理也。（《皇极经世·观物内篇》）

以“心”观物、以“理”观物，此心此理，正是形上之物，而非本源之无。他还说：“以一心观万心，一身观万身，一物观万物，一世观万世。”（《皇极经世·观物内篇》）这里的“万”便是形而下的众多相对物，亦即“万物”；“一”则是形而上的唯一绝对物。总之就是：根据唯一绝对物，去“观”众多相对物。这是典型的形上之观。

所以，须注意的是，邵雍这里的“以物观物”，跟《老子》所说的“以物观物”是不同的。《老子》虽然说过：“以身观身，以家观家，以乡观乡，以国观国，以天下观天下。”（第五十四章）但是这样的“以物观物”，其实如王国维所说的“无我之境”：

> 有有我之境，有无我之境。……有我之境，物皆著我之色彩。无我之境，不知何者为我，何者为物。[①]

这里“不知何者为我，何者为物”，不仅超越了认识论的“主—客”架构，甚至超越了存在论的视域，而达到了“无物”，亦即“无”的境界。

虽然达到了“无”，然而此“无”仍须“观”：这就是“无所观之观”——“观无”。

## 下篇 无所观之观：观无

观无之观，我们称之为“本源之观”。所谓“本源”，所指的是先行于任何存在者的存在本身；在儒家，存在本身也就是生活本身；生活本身首先显示为生活情感，尤其是“仁”即“爱”的情感。[②] 情感不是一个东西，不是物、存在者，那么，这样的生活情感就归属于存在本身。本源之观，其所观者，既不是形而上的存在者，更不是形而下的存在者，而是这样的仁爱情感，亦即儒家所说的“大本大源”“源头活水”—— 不仅是形而下者的本源，而且是形而上者的本源。

如果说形而上者、形而下者都是存在者、物，那么，本源作为存在本身，就是“无物”或“无”。这就是《老子》所说的“万物并作，吾以观复”（第十六章）：不仅复归于作为形而上者的“道之为物”，而且“复归于无物”（第十四章）。这是因为“天下万物生于有，有生于无”（第四十章），亦即：

---

① 王国维：《人间词话》，《人间词话新注》（修订本），滕咸惠校注，齐鲁书社1986年版，第34页。

② 黄玉顺：《生活儒学导论》，载《原道》第十辑，北京大学出版社2005年版。

“万有”生于“纯有”，而“纯有”又生于“无有”。[①] 所以，我们作为万物之一，不仅要复归于形而上的“有”，而且要复归于本源性的“无”。这就是《老子》的本源之观：观复。这样的观复，其实就是“观无”，因为既然“复归于无”，此时就无所观。

（一）《易》之“观无”

这种“观无”的观念，在《周易》观卦的卦辞中传达出来：

> 观：盥而不荐，有孚颙若。

王弼注解：“王道之可观者，莫盛乎宗庙；宗庙之可观者，莫盛于盥也。至荐，简略不足复观。故观盥而不观荐也。”（《周易正义·观》）这就是说，此卦是讲观之所观，乃是宗庙祭祀。但王弼的解释也存在问题，在他看来，之所以“观盥而不观荐”，是因为盥“盛”而荐“简略”。汉儒已有此说，李鼎祚《集解》引马融：“此（盥）是祭祀盛时；及神降荐牲，其礼简略，不足观也。”[②] 后世也都采取此说：礼仪盛大便足以观，礼仪简略则不足观。这样的解释，简直就是凑热闹、瞧光景的意思了！其实，“盥”与“荐”是祭祀之中的先后程序。李鼎祚《集解》引马融：“盥者，进爵灌地，以降神也。”[③] 但朱熹《本义》却解为：“盥，将祭而洁手也。”马解为“降神”，是已开始祭；而朱解为“洁手”，是“将祭”而尚未开始祭。从“盥”字的字形看，应以朱说为佳。《说文》：“盥，澡手也。从臼（按：象双手之形）水临皿。”这就是今天俗话说的“洗手”，而非马融所说的“进爵灌地”。那么，正式祭祀之前，先把手洗干净，这是谈不上什么“盛”的，不过是准备“荐”，亦即奉进祭品而已。孔颖达解释：“荐者，谓既灌之后，陈荐笾豆之事。”朱熹《本义》说得更简明：“荐，奉酒食以祭也。”这是正式的祭祀活动，我们决不能说不“盛”反倒“简略”。

---

① “纯有”借自黑格尔《逻辑学》，是其形而上学的初始范畴，与《老子》所说的“有”相当。但黑格尔所说的“纯有即无”，却不同于《老子》所说的“有生于无”。黑格尔的意思是：“纯有”乃是尚未展开的绝对观念，所以无规定性；作为最高范畴、最大概念，它是不可界定、定义的，故谓之“无”。虽然如此，“纯有即无”仍是一个形而上的存在者。而《老子》所谓“无”，则是存在本身。至于“万有”，则是中国固有的说法，义同“万物”。

② 李鼎祚：《周易集解·观》，陈德述整理，巴蜀书社1991年版，第93页。

③ 李鼎祚：《周易集解·观》，陈德述整理，巴蜀书社1991年版，第93页。

那么，为什么要“观盥而不观荐”呢？难道祭祀之前的洗手竟然比正式的祭祀还更值得看吗？对此，孔子有一句话尤其值得注意，可以视为对这一句卦辞的解释：

禘，自既灌而往者，吾不欲观之矣！（《论语·八佾》）

禘是一种祭祀，朱熹《集注》引赵伯循之说：“禘，王者之大祭也。王者既立始祖之庙，又推始祖所自出之帝，祀之于始祖之庙，而以始祖配之也。”[①]这就是说，禘是既祭祖、又祭帝。而“灌”，朱熹《集注》认为：“灌者，方祭之始，用郁鬯之酒灌地，以降神也。”这跟他对《易·观》之“盥”的解释是不一致的，是继承了何晏《集解》的说法：“灌者，酌郁鬯灌于太祖，以降神也。”（《论语注疏·八佾》）然而我们认为，此处的“灌”也就是《易·观》之“盥”。而“灌”却是河流之名，《说文》：“灌，水出庐江雩娄北入淮水。”这里是假借字，“灌”即是“盥”，亦即“澡手”（洗手），而非“进爵灌地”。此后的“既灌而往者”就是“既盥而往者”，亦即《易·观》“盥而不荐”之“荐”。孔子的意思，正是《易·观》所说的“盥而不荐”。

那么，孔子为什么说“既灌而往者吾不欲观之”呢？何晏《集解》认为：“既灌之后，列尊卑，序昭穆；而鲁逆祀，跻僖公，乱昭穆，故‘不欲观之矣’。”（《论语注疏·八佾》）朱熹《集注》引赵伯循之说，虽与何晏之说略有差异，但还是认为是因为鲁祭非礼：“成王以周公有大勋劳，赐鲁重祭，故得禘于周公之庙，以文王为所出之帝，而周公配之，然非礼矣。”（《论语集注·八佾》）这样的解释，实在过于牵强附会。试想：孔子既然“不欲观”那“既灌而往”的非礼之祭，何以偏偏又要“观”那为此非礼之祭做准备的“灌”呢？无论如何解释这个“灌”字，“洁手”也好，“进爵降神”也好，孔子之所以只观“灌”不观“荐”，都不可能是什么鲁祭非礼的缘故，否则于理不通。然而朱熹曲为之解：“盖鲁祭非礼，孔子本不欲观；至此而失礼之中，有失礼焉，故发此叹也。”（《论语集注·八佾》）意思是说：孔子本来是连“灌”也都“不欲观”的。可是，孔子既然本“不欲观”，他为什么偏偏又

---

① 朱熹：《四书章句集注·论语集注·八佾》，中国书店1985年版，第64页。

“观”了呢？显然，传统的解释都是不能服人的。其实，孔子说他“既灌而往者吾不欲观之”，恰恰表明了“灌”本身却是他“欲观”的。

孔子为什么欲观“灌”或“盥”，而不欲观“既灌而往者”的“荐”？这显然取决于“盥”与“荐”之间有什么不同之处。我们回到《易·观》的卦辞上来：“盥而不荐，有孚颙若。”《周易》凡言“有孚”，其义都是“有信”。孔颖达解释：“孚，信也。”还解释说“颙是严正之貌；若为语辞”“言下观而化，皆孚信，容貌俨然也”。(《周易正义·观》)这里对“颙若”的解释是不够确切的。“若”固然是“然”的意思，表示是形容词；但“颙”却是“大”的意思,《说文解字》曰“颙，大头也”，引申为“大”。“颙若”就是今天俗语所说的“大大地”“极为”“非常”等等，是形容“孚”即“信”的程度。“有孚颙若”就是极为诚信。这种诚信是说的在禘祭中的诚信，就是对“祖”与“帝”的诚信(其实“帝”也是“祖”，是当时那种上帝崇拜与祖先崇拜之同一的信仰)。这种诚信，就是我们通常所说的“虔诚”。《易·观》卦辞的意思在于“强调祭祀不在乎礼之厚，而在乎心之诚”[①]。《易·革》中有一句爻辞，意思与此类似：“大人虎变，未占有孚。”尚“未占”，已“有孚”，正如这里的尚未“荐”，已“有孚颙若”。

由此可见，孔子那一番话的意思显然是说：在禘祭中，“灌”或“盥”是虔诚的，而“自既灌而往者”如“荐”则不虔诚，或未必是虔诚的。孔子所看重的并不是祭祀的丰盛礼品，而是祭祀的虔敬、虔诚、诚信的态度。这使我们想起孔子在另一处对祭礼的看法：“林放问礼之本。子曰：‘大哉问！礼，与其奢也，宁俭；丧，与其易也，宁戚。’”(《论语·八佾》)“礼之本”就是“礼之质”，就是祭礼的实质，正如朱熹所说：“俭者，物之质；戚者，心之诚。”(《论语集注·八佾》)孔子的意思是说：“荐”之礼品，与其“奢”，不如“俭”；“丧”之礼数，与其仪式之“易”(整治)，不如情感之“戚”(哀伤)。由此看来，孔子所看重的乃是对祖先的情感。同样的例子还有，孔子说过：“居上不宽，为礼不敬，临丧不哀，吾何以观之哉？”(《论语·八佾》)所谓“临丧不哀”是说：在丧礼中，即便所“荐”的贡品如何丰盛，假如没有哀伤的情感，那就是不可观的了。

于是，这就真正回到了儒家观念的大本大源：生活情感。

---

① 黄玉顺：《易经古歌考释》，巴蜀书社1995年版，第100页。

现在我们可以回到《易·观》之“观”的实质意义上来了：这里，所观的不是“荐”，而是“盥”，这就是说，所“观”的乃是情感。本源之观，乃是“观情”。而“情”作为生活情感，乃是生活本身的事情。所以，《易·观》的爻辞才说“观我生”“观其生”。这就是说，观“情”即是观“生”。存在本身被中国先民领悟为“存”“在”，亦即被领悟为这样一种本源情境：人与草木的共同生活。所以，存在本身被领悟为“生”，亦即被领悟为草木的生活：“生”字从“屮”，意谓草木之生。周敦颐当年“窗前草不除去”，是感觉到野草的存在“与自家意思一般”[1]，就是缘于他领悟到了：“草”原来是与我共同生活着的“自家人”——草并不是与“人”划界的“物”，而是本源的共同生活中的“生活者”。这里没有“人”与“草”那样的存在者领域的划界。由此，儒家才可能有“民胞物与”“一视同仁”的观念。草木之生与人之生的这种“无分别智”，便是本源之观。

可是，情感这样的无形的事情如何能被“观”到呢？这就是我们所说的本源性的生活领悟。[2]生活领悟并不是认识论的问题：既非所谓“感性认识”，也非所谓“理性认识”。领悟根本不是认识。因为凡是认识，都是在“主—客”架构下进行的，而主与客都是存在者，都是物；然而生活领悟却是在“无物”的层级上、在先行于任何存在者的本源情境中的事情。物、存在者恰恰是在这种领悟中才获得生成的可能。在这种本源之观中，我们固然在“看”，但这并不是认识论意义上的“观察”，甚至也不是所谓“现象学的看”。胡塞尔式的“现象学的看”，其所“观”者乃是纯粹先验意识，海德格尔仍归之于主体性存在者。[3]然而在本源之观中，我们是在领悟着生活情感，领悟着生活本身。在此例中，孔子固然似乎是在“看”洗手，即在“主—客”架构下的一种对象性的“看”；但实际上，洗手有什么可“看”的呢？对于孔子来说，洗手其实是他“视而不见”的；孔子所“看”的，是对祖先的情感。而这种情感不是存在者，不是任何意义上的物。因此，在这种本源之观中，无物存在。这就是无所观之观：观无。

---

① 《河南程氏遗书》卷三，见《二程集》，中华书局1981年版，第60页。

② 黄玉顺：《从“西方哲学”到“生活儒学”——清华大学人文学院讲演》，《北京青年政治学院学报》2005年第1期。

③ 海德格尔：《哲学的终结和思的任务》，载《面向思的事情》，陈小文、孙周兴译，商务印书馆1999年第2版。

我们从形下之观复归于形上之观，又从形上之观而复归于本源之观。这其实是一种境界的追求，这种追求过程是与作为“事情本身”的观念“奠基”[①]过程正好相反的：

| | | | | |
|---|---|---|---|---|
| 奠基→ | 无＝无物 | 有＝道之为物 | 万物 | ←境界 |
| | 生活情感 | 形而上者 | 形而下者 | |

就奠基来看，是《老子》所说的“天下万物生于有，有生于无”（第四十章）；而就境界追求来看，则是“万物并作，吾以观复”（第十六章）、“复归于无物”（第十四章）。这就是中国人的“观念”：从本源性的生活情感观念，生成形而上的存在者观念，进而生成形而下的存在者观念，诸如伦理学、知识论观念。

在《易·观》中，六爻所传达的观念层级是与之对应的，其实是说的一种境界观念：

> 初六：“童观。”小人无咎，君子吝。
> 六二：“窥观。”利女贞。
> 六三：“观我生进退。”
> 六四：“观国之光。”利用宾于王。
> 九五：“观我生。”君子无咎。
> 上九：“观其生。”君子无咎。

第一、二两爻所说的乃是同一层级的观。从“利女贞”可知，“窥观”就是“闺观”，亦即少女之观[②]；那么，与之相对的“童观”就应该是少男之观。因此，“小人”“君子”就不是今天意义上的用法，而是：小人即是少男，《周易》也称“小子”；君子则是成人，《周易》也称“丈夫”。[③]少男少女之观，类似于冯友兰先生《新原人·境界》所讲的“自然境界”。这种境界实质上是

① “奠基”是现象学的概念，表示观念之间的“先行”关系：如果观念A先行于B，那么A就是为B奠基的观念。

② 《周易》古经之“女”都是指的未出嫁的少女。

③ 《周易》古经所谓“君子”一般是指的贵族，成年后便是某个级别的统治者。《易·随》六二：“系小子，失丈夫。”

“天真”的生活情感，这里没有主体意识、对象意识，乃是一种“无分别相”；我们最后追求的“最高境界”，其实就是重新回到这种“天真”的生活情感，但此时已经有了“觉解”，乃是一种“无分别智”。

第三、四两爻所说的君子成人之后，在政治层级上的观察，显然属于形下之观。六三“观我生进退”是自我功利性的，“观察我人生名位的陟黜穷达”；而六四“观国之光”则是政治伦理性的，“观察我国政治善否”。[①]这就类似于冯友兰先生所讲的“功利境界”“道德境界”。这六爻虽没有提及形而上存在者的境界，但是根据“奠基”观念，我们知道，“形而下学”是奠基于形而上学的。[②]

第五、六两爻所说的则是另一个层级的观：由主体性的“观我生”，通达本源性的“观其生”。主体性的“观我生”类似于冯友兰先生所讲的“天地境界”，因为主体性实质上乃是作为形而上者的唯一存在者、绝对物，这就正如海德格尔所说：“什么是哲学研究的事情呢？……这个事情就是意识的主体性”；“作为形而上学的哲学之事情乃是存在者之存在，乃是以实体性和主体性为形态的存在者之在场状态”。[③]而本源性的“观其生”之所以是本源性的，就在于这里的“其”乃是无所定指的、“未定”的。例如《尚书·酒诰》“予其杀”蔡沈注：“其者，未定辞也。”又如《左传·襄公二十五年》：“晏子立于崔氏之门外，其人曰：‘死乎？’”这里的“其人”就与《易·观》的“其生”属于同样的用法，刘淇《助字辨略》解释：“其人，犹言‘或人’、‘某人’也。”这个“未定”之人，正是“无物”的观念层级。无所定指的“观其生”，正是“观”的生活本身。

(二)《诗》之“观无”

以上讨论，使我们想起孔子所说的“诗可以观”。真正的诗，诚如王国维所说，乃是“无我之境”“不知何者为我、何者为物”之境。唯其如此，诗乃是无所观之观的一种典型样式。所以，孔子说：

---

① 黄玉顺：《易经古歌考释》，巴蜀书社1995年版，第101、102页。

② 黄玉顺：《为科学奠基——中国古代科学的现象学考察》，中国儒学网（www.confuchina.com）。

③ 海德格尔：《哲学的终结和思的任务》，载《面向思的事情》，陈小文、孙周兴译，商务印书馆1999年第2版，第76页。

《诗》可以兴，可以观，可以群，可以怨；迩之事父，远之事君；多识于鸟兽草木之名。(《论语·阳货》)

这里，孔子明确区分了三个方面：“兴观群怨”；“事父”“事君”；“多识于鸟兽草木之名”。显然，“多于识鸟兽草木之名”是知识的问题，“足以资多识”；而“事父”“事君”则是伦理的问题，“人伦之道，诗无不备，二者举重而言”(《论语集注·阳货》)。那么，“兴观群怨”又是怎样的事情？朱熹把“兴观群怨”解释为形而下者的伦理问题，“感发志意”“考见得失”“和而不流”“怨而不怒”(《论语集注·阳货》)，那是不对的，跟“事父”“事君”伦理问题相重复了。根据孔子思想的观念层级，那么，“兴观群怨”既然不是作为形下之学的知识与伦理的事情，就只有两种可能：或者是形而上者的事情，或者是本源的事情。显然，“兴观群怨”并非形而上者的问题，因为这里并未涉及作为形而上者的唯一存在者、绝对物。因此，“兴观群怨”必定是说的本源的生活情感的事情。

本源的事情乃是生活情感，而“怨”明显地正是这样的情感。我们知道，《诗经》里有许多作品都是表达怨情的，这种怨，出于爱。孟子在谈到舜时，曾讲过这种由爱而怨的生活情感，谓之“怨慕”：

万章问曰：“舜往于田，号泣于旻天。何为其号泣也？”孟子曰：“怨慕也。”万章曰：“父母爱之，喜而不忘；父母恶之，劳而不怨。然则舜怨乎？”曰：“……人少，则慕父母；知好色，则慕少艾；有妻子，则慕妻子；仕，则慕君，不得于君则热中。大孝终身慕父母。五十而慕者，予于大舜见之矣。”(《孟子·万章上》)

赵岐注说：“慕，思慕也。”这里，“慕”乃是情感之“思”，而源出于“爱”，今语所谓“爱慕”。《礼记·问丧》谈到丧葬之哀：“其往送也如慕。”郑玄注解：“慕者，以其亲之在前。”舜“号泣于旻天”之怨，乃是由于爱父母而“不得”，以至“热中”，思之慕之：由爱之而思之，由慕之而怨之。

由此看来，“群”也应该是说的生活情感的事情。这种层级上的“群”，就是我们所说的作为生活的本源情境的“共同生活”：这里没有“尔为尔、我为我”(《孟子·公孙丑上》)的分别，甚至没有人、物的分别。当远古先民用

“群”即羊群来说“人群”时，他们就领悟到了这种共同生活的本源情境；这就正如当他们用草木之“生”来说“人生”时，也就领悟到了这种共同生活的本源情境。唯有当人们把这种本源情境对象化、客观化、存在者化、物化的时候，“群”才被理解为形而下者的“人伦”。

而“诗可以兴”，也是说的生活情感。朱熹把“兴”解释为“感发志意”，这原本不能说是不对的，然而关键在于：何谓“感发志意”？朱熹是这样解释“兴”的：“兴者，先言他物以引起所咏之辞也。”（《诗集传·周南·关雎》）这样一来，“他物”便成了先行的东西，这就陷入了形上之学的“性—物”架构，亦即“主—客”架构。朱熹的解释基于这样的观念：“人生而静，天之性也；感于物而动，性之欲也。”（《诗集传·序》）这里，主体性是先行的。然而问题在于：主体性本身何以可能？主体性的确立，恰恰在于“兴”。这就是孔子所说的：“兴于诗。”（《论语·泰伯》）孔子的意思是说：主体性的兴起、确立，在于诗。这是因为诗是本源的生活情感的言说。所以，“诗可以兴”是说：诗可以使我们在情感言说中确立起主体性。朱熹所谓“感发志意”，只有在这种意义上才是可以成立的。

由此可见，“诗可以兴、可以观”乃是说的情感之观。这样的情感之观，其所观者不是主体性本身，而是主体性何以可能。关于主体性本身的观，乃是“反身”之观，乃是“反思”，即是主体的自我观照，它还是形而上者的事情，并没有通达大本大源。而关于主体性何以可能的观，则是“观情”，其实也就是本源的生活领悟本身。就存在者、物来看，生活领悟其实无所观，只是“无”；然而就生活情感来看，生活领悟却又有所观，其所观者就是作为“无物”的生活本身。这就是诗的兴—观。

总之，中国传统，尤其儒家之所谓“观”是说：形下之观乃根据于形上之观，均属于有所观之观、亦即观物；而形上之观则渊源于本源之观，乃是无所观之观，即观无。而在儒家，所谓观无，其实就是观情：在生活情感中的生活领悟。

# “玄学”与“形而上学”之关系*

虽然在科玄论战中，“玄学”之名是被用来指称以张君劢为代表的玄学派的哲学的，但是，汉语“玄学”本指魏晋玄学。张君劢本人虽然很少提到魏晋玄学，而是大谈宋明理学，但事实上，魏晋玄学与他的玄学观也是相通的。魏晋玄学谓之为“无”的本体，所指的并非宇宙论的或者客观本体论的本体，而是一种心灵的本体。所以蒙培元先生讲：魏晋“玄学家热烈讨论的有无、本末、体用、名教自然等问题，决不是纯粹的思辨哲学和自然本体论问题，其核心仍然是心性问题”①。“魏晋玄学和宋明理学都以谈玄说理，即讨论道体等问题而著称。他们涉及对自然及人的意义的认识，即所谓‘天道性命’一类问题，也就是涉及人的存在及其价值的问题。因此，言意问题引起他们的重视就不是偶然的了。通过言意之辩而确立意义世界，这是他们的共同目的，但这所谓‘意义世界’，不是对象化的客观认识，也不是纯粹的语言分析，而是‘天人合一’的心灵境界。”② 此种“心灵境界”，正是张君劢所关注的意义世界、价值领域，亦即他作为其玄学对象的“精神生活”。所以，张君劢的“新玄学”与魏晋玄学实质上是有某种一脉相承的渊源关系的。

而魏晋玄学又与周易哲学有密切关系。《周易》为当时的“三玄”之一，魏晋玄学家没有不谈《易》的。《易传》已经讨论了许多真正的形而上学或者玄学问题，由此成为中国“玄学”的原典。汉语“形而上学”一语，正是出自《周易》的，《系辞传》讲：“形而上者谓之道，形而下者谓之器。”由此，我们可以见出魏晋“玄学”与《周易》“形而上学”之关联。但是，对“形而上”

---

* 节选自《科学与玄学的论战》，原载张天行主编《三大思潮鼎立格局的形成——五四后期的思想文化论战》，百花洲文艺出版社2008年版，“五、关于‘玄学’的几个问题”之“（一）‘玄学’与‘形而上学’”；该文收入《时代与思想——儒学与哲学问题研究》，山东人民出版社2017年版。

① 蒙培元：《中国心性论》，台湾学生书局1990年版，第185页。

② 蒙培元：《心灵超越与境界》，人民出版社1998年版，第258页。

和“形而下”，历来的理解都是含糊其词的。通常认为，“形而上”即指无形之道（抽象道理、规律），“形而下”即指有形之器（具体器具、事物）。例如孔颖达《周易正义》讲：“道是无体之名，形是有质之称”；“道在形之上，形在道之下”。这样说来，科学研究的是有形的东西，而哲学研究的则是无形的东西。其实这是不对的，因为科学同样要研究无形的东西，哲学同样要研究有形的东西。这种理解，就是把“形而上”理解为“形之上”，把“形而下”理解为“形之下”。这是没有道理的，因为“而”字没有“之”字的意思，而是“然而”（这样、而后）的意思。这个“而”字是个关键。这里“形”是中介，形上、形下都要从“形”开始，由有形而至于无形，亦即由具体（事物）而至于抽象（道理），科学、哲学莫不如此。

但我们今天讲“形而上学”（Metaphysics），又不得不至少考察两种“舶来”的意义：一是我们今天的中国人所耳熟能详的恩格斯的用法，一是亚里士多德那里的意谓。恩格斯之所谓“形而上学”，指的是西方近代的一种哲学思维方法，这种思维方法被认为是与辩证思维相对立的，亦即静止地、孤立地、片面地看待事物。这种思维方法最典型地表现在法国近代唯物主义哲学当中，实际上是以牛顿经典力学为范式的近代科学观念在哲学上的反映。这种“形而上学”乃是特指的，它只不过是一种特定历史形态的形而上学在方法论上表现出来的一种特征。我们注意到，这种语义上的“形而上学”今天已经用得越来越少了。对“形而上学”的这种理解，显然不适用于亚里士多德的“哲学”观念。按恩格斯那种关于“形而上学与辩证法”的话语，亚里士多德的“第一哲学”亦即形而上学，恰恰不是“形而上学”的，而是富于“辩证法”精神的。这是因为，恩格斯的语义是方法论的，而亚里士多德的语义则是本体论的；表现在语言上，前者是一个形容词，而后者是一个名词。正如丁文江所指明的，在科玄论战中，“玄学（Metaphysics）这个名词，是纂辑亚列士多德遗书的安德龙聂克士（Andronicus）造出来的。亚列士多德本来当他为根本哲学（First philosophy）或是神学（Theology），包括天帝、宇宙、人生种种观念在内，所以广义的玄学在中世纪始终没有同神学分家。……到了十九世纪的下半期……玄学于是从根本哲学，退避到本体论（Ontology）”[①]。所以，按照“形

---

① 丁文江：《玄学与科学——评张君劢的〈人生观〉》，收入《科学与人生观》，辽宁教育出版社1998年版，第46—47页。

而上学”的本来意义，黑格尔的“辩证法”哲学体系正是一种典型的形而上学体系。

因此显而易见，所谓“玄学”就是“形而上学”。那么，玄学究竟研究什么？我们认为，对作为形而上学的玄学的把握，还是应该回到汉语“形而上学”的语义上：（1）“形上”与“形下”的联系中介就是“形”——有形的现实的存在，亦即实践。所以，在汉语中，实践又叫“践行”“践形”——“行”有其迹，此迹即“形”（形迹、现象）。所以，实践乃是科学与玄学的共同的存在论基础。马克思的实践论哲学，正是抓住了这个关键。（2）“形而上”与“形而下”都是无形的，是为“理”、为“知”、为“真”。“形而上学”（哲学）与“形而下学”（科学）都是要寻求无形之“理”，而且都要由“形”出发，“形”而后“上”，“形”而后“下”的。所以，玄学与科学之区别不在对象上，而在“理路”上：一个是往上说，一个是往下说。玄学与科学的区别，就是“形而上”之理与“形而下”之理的区别。这是“真知”或者“真理”在向度层次上的区别：科学所知之理，是所谓“往下说”；玄学所知之理，是所谓“往上说”。（3）这“上”与“下”的区别，我们可以科学的“公理”作为一条中间的基线。对于科学来说，经验的归纳层层提升，但始终在公理以下；逻辑的演绎级级下推，也是从公理开始往下说。总而言之，科学的范围总在公理以下，公理以上存而不论；但玄学则不然，它恰恰要从公理往上说，也就是说，它就是要追问公理本身。

# 制度规范之正当性与适宜性*

## ——《周易》正义思想研究

近年来，作为制度伦理学的正义论研究成了理论热点。但是，易学界尚未对此做出应有的回应。为此，本文将对《周易》正义思想加以初步探讨，就教于海内外专家学者。

根据笔者多年研究，《周易》的文献构成包含三个层次：一是古经所辑录的殷周之际以及此前更为古老的诗歌（象辞）；二是古经所汇编的殷周之际的表示吉凶占断的筮辞（占辞）；三是大传所汇集的战国时期儒家所撰述的义理。[①] 诗歌是前原创期（前轴心期）的一种前理性、前形而上学的生活情感言说，而筮辞则是进入原创时代（轴心时期）初期的一种神学形而上学的建构；然而大传的义理却是原创时代的一套哲学形而上学的建构。这套义理建构"广大悉备"，含"天道"（包括"地道"）与"人道"（《周易·系辞下传》）：其天道"广大配天地"，乃是关乎作为"形而上者"的阴阳的形而上学，是为形而下学奠基的；其人道"易简之善配至德"，则是关乎"形而下者"的形而下学。（《周易·系辞上传》）

这种形而下学的主题，就是人类社会的制度规范（社会规范建构及其制度安排）问题，也就是"礼"的问题，其所关注的是在"礼坏乐崩"时势之下的制度规范的重建。这种重建所依据的是正义原则，即"义"；而正义原则所解决的乃是利益冲突问题，即关于"利"的问题。为此，《周易》大传实际表述了两条基本的正义原则：正当性原则，要求制度规范的公正性与公平性，这渊源于仁爱情感之中的超越差等之爱的一体之仁；适宜性原则，要求制度规范的

* 原载《价值论与伦理学研究》2010年卷，湖北人民出版社2010年6月版。

① 黄玉顺：《易经古歌考释》，巴蜀书社1995年版。

时宜性与地宜性，以适应于具体的生活方式（时代性、地域性）。显然，正义原则（义）是由仁爱情感（仁）奠基的。如果说，仁爱情感作为生活情感乃是生活的原初显现，生活方式则是生活的次生显现样式，那么，这一切皆归属于“生生”的生活之流。

## 一、《周易》正义思想的总体架构

《易传》关注“礼”即制度规范问题，由此溯及“义”即赖以建构制度规范的正义原则。《序卦传》第二部分由夫妇之道《咸》开始论人道，而归结为“礼义”问题：“有天地，然后有万物；有万物，然后有男女；有男女，然后有夫妇；有夫妇，然后有父子；有父子，然后有君臣；有君臣，然后有上下；有上下，然后礼义有所错。”

关于“礼义”，《乾文言传》对于“四德”（元亨利贞）的解释值得注意：“元者，善之长也；亨者，嘉之会也；利者，义之和也；贞者，事之干也。君子体仁足以长人，嘉会足以合礼，利物足以和义，贞固足以干事。君子行此四德者，故曰：乾：元亨利贞。”

对此，朱熹《周易本义》解释：“元者……于人则为仁，而众善之长也；亨者……于人则为礼，而众美之会也；利者……于人则为义，而得其分之和；贞者……于人则为智，而为众事之干。”显然，朱熹将《乾文言传》的“四德”直接理解为了儒学的四德“仁义礼智”，尽管不无道理，却也存在问题（详下）。

这自然使我们想起孟子提出的“四端”：“恻隐之心，仁之端也；羞恶之心，义之端也；辞让之心，礼之端也；是非之心，智之端也。……凡有四端于我者，知皆扩而充之矣，若火之始然、泉之始达。苟能充之，足以保四海；苟不充之，不足以事父母。”（《孟子·公孙丑上》）孟子所提出的其实是儒家正义论——制度伦理学的一个基本的总体结构：仁→义→礼→智。本文讨论《周易》正义思想的总体结构，也是参照孟子提出的这个结构。

上述朱、孟两种说法，存在着两点重要区别：

第一，四者的排列顺序不同。朱熹的是“仁礼义智”，孟子的是“仁义礼智”。下文的分析将表明，孟子的排列才是正义论的一般结构。朱熹将《乾文言传》“四德”直接等同于孟子的“仁义礼智”，那显然是不对的。《乾文言传》不是在讨论“仁义礼智”，而是在讨论“元亨利贞”，其中最核心的问题其实是孟子提出的“义利之辨”(《孟子·梁惠王上》)问题，即利与仁义的关系问题(详下)。

第二，涉及的观念层级不同。朱熹谈的是“德”，而孟子谈的则是“端”。“端”有两种解释：一是朱熹的解释“端绪”“统绪”，似乎“四端”就是“四德”，但这并不符合孟子本来的意思；二是孟子本人之意，“端”仅仅是发端、开端，犹如“火之始燃，泉之始达”，需要更进一步“扩而充之”，“四端”才能成为“四德”。“四德”是说的德性、人性，而“四端”则是说的这种德性的情感来源。孟子认为，德性作为人性，来源于作为生活情感的仁爱情感——“恻隐之心”“不忍之心”；德性在仁爱情感中确立起来，这就是“先立乎其大者”(《孟子·告子上》)。

下面讨论在“仁→义→礼→智”总体结构中，《周易》如何处理“义”与“仁、礼、智”及“利”的关系：

(一)正义与礼法制度

正义论作为制度伦理学，首先直接关注的就是制度规范问题，亦即“礼”或“礼法”问题。[1]《易传》亦然。故《系辞上传》论《易》之所以作，说：“圣人有以见天下之动，而观其会通，以行其典礼。”所谓“典礼”是说礼法乃备载于典册，犹如《尚书·多方》所说“惟殷先人，有册有典”。作者的意思是，圣人作《易》就是为了解决礼法制度问题。《系辞下传》讲“谦以制礼”，《大壮象传》讲“君子以非礼弗履”，都是这个意思。

礼也叫“节”(故有“礼节”之说)，合礼也叫“中节”。《蹇象传》说：“大蹇朋来，以中节也。”这与《礼记·中庸》的说法一致：“喜怒哀乐之未发，谓之中；发而皆中节，谓之和。”《易经》节卦说：人应该“安节”“甘节”，否则，“不节若，则嗟若”，故“苦节不可贞”“苦节贞凶”。例如关于家庭伦理的制度规范，《蒙象传》讲“子克家，刚柔节也”；《家人象传》讲“妇子嘻嘻，失家节也”；如此等等。

所谓“礼”或“节”作为社会规范，有些并不能制度化，例如道德规范；但有些则是可以制度化的，如《节象传》所说的“节以制度”，《节象传》进一步说的“君子以制数度”。

至于所谓“法”，主要是指的刑法，也是广义的“礼”的一种，因为法同

① 关于“礼”或“礼法”即指制度规范，作者已有另文讨论。

样是一种制度规范。当然,《易传》所谓"法"还有更广义的用法,诸如《系辞上传》:"阖户谓之坤,辟户谓之乾……制而用之谓之法。"《系辞上传》:"法象莫大乎天地,变通莫大乎四时。"《系辞下传》:"古者包牺氏之王天下也,仰则观象于天,俯则观法于地。"但是也有"刑法""礼法"的用法,例如《噬嗑象传》"先王以明罚敕法",《蒙象传》"利用刑人,以正法也",等等。

上文曾谈到过,《周易》不仅关注"礼",还关注"礼义"。这涉及礼与义之间的关系:社会规范建构及其制度安排,需要某种价值尺度,这个尺度就是"义"即正义原则。

(二)正义与利益问题

社会之所以需要建立制度规范(礼)并为此而寻求正义原则(义),其实是因为利益问题(利)或者说是利益冲突问题需要解决。所以,"义利"关系问题,或曰"义利之辨"也就成为中国哲学的一个重大课题。故《系辞下传》说:"天地之大德曰生,圣人之大宝曰位,何以守位曰仁,何以聚人曰财,理财正辞、禁民为非曰义。"又说:"损以远害,益以兴利,困以寡怨,井以辩义。"《序卦传》说:"比必有所畜,故受之以小畜;物畜然后有礼,故受之以履。"这就是说,礼义的课题,其所处理的就是利益的问题。假如人们完全没有利欲,包括私利,就不会有利益冲突,礼义问题也就成为多余的了。对此,《礼记·礼运》讲得很清楚:在"天下为公"的时代,根本就没有,也无须礼义;直到"天下为家,各亲其亲,各子其子,货力为己"的时代,这才"如此乎礼之急","大人世及以为礼","礼义以为纪,以正君臣,以笃父子,以睦兄弟,以和夫妇,以设制度","未有不谨于礼者也"。

整部《周易》古经作为占筮之书,其实就是"谋利"的,故其筮辞屡言"利贞""利见大人""主利""利建侯""利用刑人""利用狱""利用侵伐""利用行师征邑国""利涉大川""利用宾于王""利有攸往""利已""利用为大作""利用为依迁国""利用禴""利用享祀""利用祭祀"等。其正面的极端是"无不利",而负面的极端是"无攸利"。简而言之,就是《系辞下传》所说的"变动以利言,吉凶以情迁"。故《系辞上传》引孔子之说:"圣人立象以尽意,设卦以尽情伪,系辞焉以尽其言,变而通之以尽利。"

后来《易传》继承了这种"谋利"的指导思想。如《系辞上传》说:"夫《易》,圣人所以崇德而广业也。"《系辞下传》对"崇德"有专门的解释:"精义入神，以致用也；利用安身，以崇德也。”崇德广业的所谓“德业”，又叫“盛德大业”，《系辞上传》是讲得很明白的：“盛德大业，至矣哉！富有之谓大业，日新之谓盛德。”《系辞上传》还说：“崇高，莫大乎富贵；备物致用、立成器以为天下利，莫大乎圣人。”《系辞下传》也说：“神农氏作，斵木为耜，揉木为耒，耒耨之利，以教天下，盖取诸益；日中为市，致天下之民，聚天下之货，交易而退，各得其所，盖取诸噬嗑。……黄帝、尧、舜……刳木为舟，剡木为楫，舟楫之利，以济不通，致远以利天下，盖取诸涣；服牛乘马，引重致远，以利天下，盖取诸随。……断木为杵，掘地为臼，臼杵之利，万民以济，盖取诸小过。”还谈到孔子论阴阳推移：“往者，屈也；来者，信也。屈信相感，而利生焉。”

需注意的是：这里所讲的乃是“为天下利”，也就是说，这是公利，而非私利。如《节彖传》所说：“节以制度，不伤财，不害民。”所以《乾文言传》说：“乾始能以美利利天下，不言所利，大矣哉！”这就是《系辞上传》所说的“利用出入、民咸用之谓之神”。但这并不是说《周易》的“谋利”只讲公利，不讲私利。其实，正义问题之产生，正是利益冲突所导致的，这其中私利是主要的利欲。所以《系辞下传》记载孔子解释“公用射隼于高墉之上，获之，无不利”说：“君子藏器于身，待时而动，何不利之有？动而不括，是以出而有获，语成器而动者也。”《说卦传》说：“巽……为近利市三倍。”如此等等。

承认利欲，包括私利，并不意味着唯利是图，恰恰相反，利益冲突需仁义礼法来调节，由此才能真正有效地满足人们的利欲。《系辞下传》引孔子说：“小人不耻不仁，不畏不义，不见利不劝，不威不惩。小惩而大诫，此小人之福也。”这就是说，所谋取的不论是公利、还是私利，都得出自仁义，遵从礼法。所以《乾文言传》才说：“亨者，嘉之会也；利者，义之和也。……嘉会足以合礼，利物足以和义。”

（三）正义与仁爱情感

之所以会出现利益冲突，是因为人们有利欲；然而人们之所以有利欲，又是因为什么？这是一个重大的疑难问题。历史上有两种解释，都是从人性论角度提出的：性善论者认为，利欲是由于善性的被遮蔽；性恶论者认为，利欲乃是人之本性。然而《易传》事实上对此有自己的一种独到解释。如《系辞下传》说：“爱恶相攻而吉凶生，远近相取而悔吝生，情伪相感而利害生。”这就是说，利害冲突是与人们的爱恶情感相关的；换句话说，利欲在一定意义上乃是源于仁爱的。

然而对于迄今为止的儒家学者来说，“利欲源于仁爱”这样的说法太过惊世骇俗了！不过，我们不妨看看大儒荀子的看法。为此必须首先指明：荀子其实并非人们通常所说的那种性恶论者。他在《性恶》篇中所讲的人性之“恶”并不是道德意义上的概念，而是对于“自然状态”的一种描述。为了论证仁义礼法的必要性，荀子阐明了“爱利”（爱而利之）学说：“礼乐则修，分义则明，举错则时，爱利则形……夫是之谓道德之威”；“无爱人之心，无利人之事，而日为乱人之道……夫是之谓狂妄之威”。（《荀子·强国》）显然，前段的“爱利”就是后段的“爱人之心”“利人之事”。所以王先谦集解“爱利则形”时，引杨倞注“爱（人）利人之心见（现）于外也”，引郝懿行之说“爱人利人皆有法”。这就是说，“爱利”的意思就是“爱而利之”。这是合乎生活实情的。我们爱一个人，便欲利这个人：爱己便欲利己，爱亲便欲利亲，爱民便欲利民，等等。这涉及仁爱之中的差等之爱。正是由于爱的差等性，才会出现利益冲突。

荀子这种看法，具有相当充分的学理依据。如果我们承认，对于儒学来说，仁爱乃是所有一切的大本大源，那么合乎逻辑的结论就是：仁爱不仅是善的来源，同样是恶的来源。不仅如此，问题的关键在于：不仅导致利益冲突的是仁爱（主要是仁爱中的差等之爱方面），并且最终解决利益冲突问题的同样是仁爱（主要是仁爱中的一体之仁方面）。荀子正是这样看待和处理问题的，《易传》其实也是这样看待和处理问题的。看来人们认为《易传》与荀学之间有着密切关系不无道理。

我们知道，《易传》秉持儒家的仁爱立场。如《系辞上传》说“安土敦乎仁，故能爱”，《明夷象传》说“王假有家，交相爱也”，《复象传》也说“休复之吉，以下仁也”，《乾文言传》也说“君子学以聚之，问以辩之，宽以居之，仁以行之”，如此等等。这样一来，按照上面的分析，必然在学理上合乎逻辑地得出“利欲源于仁爱”的结论。但《易传》并不是仅仅停留于此，而是更进一步申说：仁爱不仅导致利益冲突，而且最终解决利益冲突问题。《说卦传》说：“昔者圣人之作《易》也，将以顺性命之理，是以立天之道曰阴与阳，立地之道曰柔与刚，立人之道曰仁与义。”人道不是利欲，而是仁义。《系辞上传》称《易》意在“成性存存，道义之门”，极为深刻：“存存”是说的存仁

（“存”的原始义正是仁爱），即孟子所说的对于仁爱恻隐情感的“扩而充之”（《孟子·公孙丑上》）；“成性”是说的立德，即孟子所说的“先立乎其大者”（《孟子·告子上》）；这两者是通往正义的门径。

在这个问题上，人们很容易想到孟子所提出的“义利之辨”：“王何必曰‘利’？亦有‘仁义’而已矣。”（《孟子·梁惠王上》）人们往往以为孟子是将“利”与“仁义”绝对对立起来，其实那是误解。赵岐的注是比较正确的：“孟子知王欲以富国强兵为利，故曰：王何以‘利’为名乎？亦有‘仁义’之道可以为名。”这是以何为“名”的问题，而非以何为“实”的问题。程子讲得更为明白：“君子未尝不欲利，但专以利为心则有害。唯仁义，则不求利而未尝不利也。”[①] 上文谈到《乾文言传》讨论作为“君子四德”的“元亨利贞”，其实就是讨论的“义利之辨”问题：之所以说“利者义之和也”，那是以“元者善之长也”为先行条件的，即正当之利是以仁为前提的。

（四）正义与良知以及理智

正义的制度规范的建构，还需要“知”或“智”。[②] 比起这种“知”或“智”来，“礼”是较为次级的，正如《系辞上传》所说：“知崇、礼卑：崇效天，卑法地。”但事实上存在着两种“知”或者“智”：

一种是形上的，甚至更为本源的作为生活感悟的智慧（我们用“知”表示）。《系辞上传》将这种“知”提升到了形而上者的高度，而为形而下者奠基：“乾知大始，坤作成物。乾以易知，坤以简能。易则易知，简则易从。易知则有亲，易从则有功。有亲则可久，有功则可大。可久则贤人之德，可大则贤人之业。易简，而天下之理得矣。”这种形上的智慧：“仰以观于天文，俯以察于地理，是故知幽明之故；原始反终，故知死生之说；……知周乎万物而道济天下，故不过；旁行而不流，乐天知命，故不忧。”《系辞下传》也讲：“子曰：知几，其神乎？……几者，动之微，吉之先见者也。君子见几而作，不俟终日。……君子知微知彰，知柔知刚，万夫之望。”

这种智慧的一个突出特点，是能洞见“险阻”。《系辞下传》：“夫乾，天下之至健也，德行恒易以知险；夫坤，天下之至顺也，德行恒简以知阻。”《蹇彖传》说：“见险而能止，知矣哉！”所谓“险阻”，其实是指的非正义所导

① 朱熹：《四书章句集注·孟子集注·梁惠王上》，中华书局1983年版，第202页。
② 先秦“智”皆作“知”。

致的凶险，例如由利益冲突所导致的乱象。显然，这种智慧不是知识理性给予的，而类似于孟子所说的“不虑而知”的“良知”(《孟子·尽心上》)；在正义问题上，这事实上就是一种由生活感悟所生成的正义感，并表现为孟子所说的“集义所生”之“浩然之气”(《孟子·公孙丑上》)。

所以，这种智慧是从形而上到形而下的转折点。《乾文言传》说：“知至至之，可与几也；知终终之，可与存义也。”“几”指形而上者之道，“义”即关于形而下者之器的正义原则。这就是说，这种智慧乃是先行于“义”的，即：仁→利→知→义→礼。这就叫作“神以知来，知以藏往”(《周易·系辞上传》)。

另一种则是形下的理智（我们用“智”表示）。这种“智”在于知道“礼”，因为具体的制度规范的设计需要这种理智或者理性；反之，则正如《未济象传》所说：“饮酒濡首，亦不知节也。”知道“礼”“节”，意味着明了制度规范的利害关系、是否可行，如《归妹象传》所说的“君子以永终知敝”，亦如《节象传》所说的“不出户庭，知通塞也”。显然，这种“智”是后于“义”然而先于“礼”的，即是直接指向制度规范建构的。故《系辞上传》说：“无有远近幽深，遂知来物。”

这样一来，我们也就获得了《周易》正义思想的总体结构：

仁（仁爱）→利（利欲）→知（良知）→义（正义）→智（理智）→礼（规范）

## 二、《周易》正义原则中的正当性原则

《周易》正义思想的核心是“义”亦即正义原则本身。如《说卦》说：“昔者圣人之作《易》也……和顺于道德而理于义，穷理尽性以至于命。昔者圣人之作《易》也，将以顺性命之理，是以立天之道曰阴与阳，立地之道曰柔与刚，立人之道曰仁与义。”这里“义”字两次出现，都是在说正义问题：“和顺于道德而理于义”是说正义乃是从形上（道）到形下（德）的枢纽；“立人之道曰仁与义”是说仁爱与正义是人道的根本。

《周易》实际所表达的第一条正义原则是正当性原则。首先，“义”意味着“正”“正当”。《系辞下传》指出：“理财正辞、禁民为非曰义。”这就是说，在为了解决利益冲突问题（理财）而确立的“义”原则中，“正”是礼法的最核心的尺度。故《坤文言传》说：“直，其正也；方，其义也。君子敬以直内，义以方外，敬义立而德不孤。‘直方大不习无不利’，则不疑其所行也。”

因此,《易传》才反复地强调“正”。例如,《大壮彖传》:“大壮利贞,大者正也。正大而天地之情可见矣!”《萃彖传》:“利见大人亨,聚以正也。”《颐彖传》:“颐贞吉,养正则吉也。”《杂卦传》:“颐,养正也。”这里涉及几层意思:(1)正的内在依据,是首先“正志”。《遁象传》“嘉遁贞吉,以正志也”,《明夷彖传》“内难而能正其志,箕子以之”,《临象传》“咸临贞吉,志行正也”,《屯象传》“虽磐桓,志行正也”。这种正志,其实就是儒家“内圣外王”之道的“内圣”功夫,如《蒙彖传》所说:“蒙以养正,圣功也。”这是“外王”的内在根据,如《师彖传》所说:“师,众也;贞,正也。能以众正,可以王矣。”(2)正志的目的,乃是“正邦”。如《离象传》所说:“王用出征,以正邦也。”(3)正邦的一条基本途径,是正礼法,也就是建立正义、正当的制度规范,如《蒙象传》所说:“利用刑人,以正法也。”

“正”的一个基本维度是“当”。所谓“当”有两个基本含义:一是正当,这属于此处所谈的正当性原则,与“正”的含义相通。例如,《困象传》“来徐徐,志在下也,虽不当也,有与也”“困于葛藟,未当也”。二是适当,这属于适宜性原则,亦可作“宜”。(详下)例如,《噬嗑象传》“贞厉无咎,得当也”,《师象传》“弟子舆尸,使不当也”,《归妹象传》“归妹以须,未当也”。而《革彖传》讲“革命”即改变制度时说:“革而当,其悔乃亡。”这是兼有以上两义的用法。《系辞下传》讲到,假如制度规范的建构不正当、不适当,就有凶险:“道有变动,故曰爻;爻有等,故曰物;物相杂,故曰文;文不当,故吉凶生焉。”

表面看来,《易传》所谓“当”在很大程度上乃是指的象数方面的“当位”;但事实上,象数所反映的实质是义理,是说的正当、适当。上文曾谈到《节彖传》“节以制度,不伤财,不害民”,这就是制度建构的正当性问题;该传还说:“节,亨,刚柔分而刚得中。……说以行险,当位以节,中正以通。”此外例如《否象传》“大人之吉,位正当也”,《豫象传》“盱豫有悔,位不当也”,《中孚象传》“有孚挛如,位正当也”。这些实质上都是在讲正当性问题。

在中国的制度伦理学中,“位”是一个非常重要的概念。《说卦传》讲乾坤“天地定位”,《系辞上传》也说“天尊地卑,乾坤定矣;卑高以陈,贵贱位矣”“天地设位,而《易》行乎其中矣”,《系辞下传》强调“天地之大德曰生,圣人之大宝曰位”。本文讨论的所谓“礼”即制度规范的设置,其实就是一系列"位"的设置。这种"位"表面看是"爻位"问题，例如《乾彖传》"大明终始，六位时成"，《说卦传》"《易》六位而成章"，《小畜彖传》"柔得位而上下应之，曰小畜"，《大有彖传》"柔得尊位，大中而上下应之，曰大有"，《涣象传》"王居无咎，正位也"。其实，"位"的实质是所谓"名分"，这正是"礼"的体现，例如《履彖传》"刚中正，履帝位而不疚，光明也"，《家人彖传》"女正位乎内，男正位乎外"。以上两种含义乃是相通的，故《系辞下传》说："天地设位，圣人成能；人谋鬼谋，百姓与能。"因此，《系辞上传》指出"列贵贱者存乎位"，《鼎象传》说"君子以正位凝命"，《艮象传》说"君子以思不出其位"，《乾文言传》"居上位而不骄，在下位而不忧，故乾乾因其时而惕，虽危无咎矣"。这也正如孔子所说："名不正，则言不顺；言不顺，则事不成；事不成，则礼乐不兴；礼乐不兴，则刑罚不中；刑罚不中，则民无所错手足。"(《论语·子路》)《乾文言传》也引孔子所说"贵而无位，高而无民，贤人在下位而无辅，是以动而有悔也"，《系辞下传》亦引子曰"德薄而位尊，知小而谋大，力小而任重，鲜不及矣"。因此，所谓"正"首先是"正位"。如《涣象传》"王居无咎，正位也"，《比象传》"显比之吉，位正中也"。正位的目的，乃是"正邦"，如《蹇彖传》所说："当位贞吉，以正邦也。"

总而言之，正如《坤文言传》所说："君子黄中通理，正位居体，美在其中，而畅于四支，发于事业，美之至也！"

因此，"正""当"成为《易传》的非常核心的概念。《系辞下传》指出，《周易》就是谈"当"与"正"的："夫易，彰往而察来，而微显阐幽，开而当名辨物，正言断辞则备矣。"《乾文言》谈到"知"时说："'亢'之为言也，知进而不知退，知存而不知亡，知得而不知丧。其唯圣人乎？知进退存亡而不失其正者，其唯圣人乎！"这就是说，制度规范建构中的良知与理智，都是离不开正当性原则的。

唯有在这种正当性原则的尺度下，所建构的制度规范才是正义的。例如《归妹彖传》谈到婚嫁制度乃是天经地义："归妹，天地之大义也。天地不交而万物不兴；归妹，人之终始也。"又如《家人彖传》认为，家族制度规范之"大义"就是"家道正"："家人，女正位乎内，男正位乎外，男女正，天地之大义也。家人有严君焉，父母之谓也。父父、子子、兄兄、弟弟、夫夫、妇妇，而家道正；正家而天下定矣！"而《恒象传》也说："夫子制义，从妇凶也。”这种“正家”的思想与《大学》“齐家”而“治国”“平天下平”的思想是一致的。反之，《小畜象传》：“夫妻反目，不能正室也。”

这里值得注意的两层意义：一是“女正位乎内，男正位乎外”，这是当时生活方式之下的一种特定的制度规范建构，所依据的是正义原则中的适宜性原则（详下）；二是“父父、子子、兄兄、弟弟、夫夫、妇妇”，这是具有更为一般普遍意义的制度规范原则，其所根据的即是正义原则中的正当性原则。这使我们想起孔子回答齐景公的话：“君君、臣臣、父父、子子。”（《论语·颜渊》）这里，孔子并未对君臣父子做出制度规范上的任何具体的规定，而只是说：君要像君的样子、臣要像臣的样子、父要像父的样子、子要像子的样子。唯其如此，这才是“古今之通义”的体现。

《易传》的正当性原则也与儒家一般的正当性原则一样，分为两个层次：

（一）公正性准则

这在《易传》中表达为“中正”。“正”的基本含义即“中正”。《同人彖传》：“文明以健，中正而应，君子正也。”《讼彖传》：“利见大人，尚中正也。”《观彖传》：“中正以观天下。”《离彖传》：“柔丽乎中正，故亨，是以畜牝牛吉也。”《益彖传》：“利有攸往，中正有庆。”《姤彖传》：“刚遇中正，天下大行也。”《巽彖传》：“重巽以申命，刚巽乎中正而志行。”《需象传》：“酒食贞吉，以中正也。”《讼象传》：“讼元吉，以中正也。”《豫象传》：“不终日贞吉，以中正也。”《晋象传》：“受兹介福，以中正也。”《乾文言传》：“大哉，乾乎！刚健中正，纯粹精也。”

中正的关键是“中”：“中”则“正”，不“中”则不“正”。此即《未济象传》所说的“中以行正”。例如《临彖传》“刚中而应，大亨以正，天之道也”，《师彖传》“刚中而应，行险而顺，以此毒天下，而民从之，吉又何咎矣”。因此，行事，包括建构制度规范必须“得中”。例如《蹇彖传》“蹇利西南，往得中也”，《解彖传》“其来复吉，乃得中也”，《鼎彖传》“得中而应乎刚，是以元亨”，《旅彖传》“柔得中乎外而顺乎刚，止而丽乎明，是以小亨，旅贞吉也”，《小过彖传》“柔得中，是以小事吉也”，《既济彖传》“初吉，柔得中也”，《未济彖传》“未济亨，柔得中也”，《巽象传》“纷若之吉，得中也”。所谓“中”即“中道”。例如《蛊象传》“干母之蛊，得中道也”，《象传》“黄离元吉，得中道也”，《解象传》“九二贞吉，得中道也”，《夬象传》“有戎勿恤，得中道也”，《既济象传》“七日得，以中道也”。得“中”

为“宜”，此乃为“义”。例如《临象传》：“大君之宜，行中之谓也。”所以，这些其实就是在谈正义原则中的公正性。

（二）公平性准则

关于公平性准则，《易传》谈得比较少，但也不是没有，如《乾文言传》说：“云行雨施，天下平也。”这是对《乾彖传》以下文义的解释：“云行雨施，品物流形……乾道变化，各正性命，保合大和，乃利贞，首出庶物，万国咸宁。”这种公平性，具体来说，如《谦象传》所说：“君子以裒多益寡，称物平施。”

## 三、《周易》正义原则中的适宜性原则

《周易》实际所表达的第二条正义原则是适宜性原则。一种正当的制度规范，未必就是适宜的。历史上的制度规范事实上总是变动着的，此即孔子所说的礼有“损益”（《论语·为政》）；假如先后两种制度，都出于仁爱中的一体之仁，从而都是正当的，这就表明：正当性不能保证适宜性。所以，还须有适宜性原则。因此，“义”同时意味着“宜”“适宜”。故《礼记·中庸》说：“义者，宜也。”所谓适宜，就是制度规范的建构应当适应于不同时间和不同地域的不同生活方式。

《象传》以下“义”字皆作“宜”讲：《同人象传》“乘其墉，义弗克也”，《贲象传》“舍车而徒，义弗乘也”，《复象传》“频复之厉，义无咎也”，《姤象传》“包有鱼，义不及宾也”，《鼎象传》“鼎耳革，失其义也”，《渐象传》“小子之厉，义无咎也”，《旅象传》“以旅与下，其义丧也”“以旅在上，其义焚也”，《既济》“曳其轮，义无咎也”，等等。

反之，在《周易》古经中，以下“宜”字亦皆可以作“义”：《临卦·六五》“知临，大君之宜，吉”，《丰卦》“丰：亨，王假之，勿忧，宜日中”，《小过卦》“小过：亨，利贞；……飞鸟遗之音，不宜上，宜下，大吉”。《易传》亦承此义。《丰彖传》“勿忧，宜日中，宜照天下也”，《泰象传》“天地交，泰；后以财成天地之道，辅相天地之宜，以左右民”，《系辞上传》“圣人有以见天下之赜，而拟诸其形容，象其物宜，是故谓之象”。

（一）时宜性准则

《周易》古经《归妹·九四》已涉及了“时”的观念：“归妹愆期，迟归有时。”后来《易传》更高度重视“时”的问题。例如《乾彖传》“大明终始，六

位时成，时乘六龙以御天”，《观彖传》“观天之神道，而四时不忒”，《贲彖传》“观乎天文，以察时变；观乎人文，以化成天下”，《恒彖传》“四时变化而能久成，圣人久于其道而天下化成”，《损彖传》“二簋应有时，损刚益柔有时”，《无妄象传》“先王以茂对时育万物”，《革象传》“君子以治历明时”，《节象传》“不出门庭凶，失时极也”，《既济象传》“东邻杀牛，不如西邻之时也”，《乾文言传》“君子进德修业，欲及时也，故无咎”，《杂卦传》“大畜，时也”，《系辞上传》“广大配天地，变通变四时”“法象莫大乎天地，变通莫大乎四时”，《系辞下传》“六爻相杂，唯其时物也”，等等。

时宜性准则在《易传》中表达为“时义”。《彖传》五次谈到“时义”：“圣人以顺动，则刑罚清而民服。豫之时义大矣哉！”（《周易·豫彖传》）“大亨贞无咎，而天下随时。随时之义大矣哉！”[①]“刚当位而应，与时行也。……遁之时义大矣哉！”（《周易·遁彖传》）“刚遇中正，天下大行也。姤之时义大矣哉！”（《周易·姤彖传》）“旅，小亨，柔得中乎外而顺乎刚……旅之时义大矣哉！”（《周易·旅彖传》）

这种“时义”，《彖传》也表达为“时用”，如《坎彖传》“险之时用大矣哉”，《睽彖传》“睽之时用大矣哉”，《蹇彖传》“蹇之时用大矣哉”。显然，“时用”就是在说“时义”。

按以上“某卦之时义大矣哉”的表述惯例，《彖传》下述“时”也应该是“时义”的意思：“天地养万物，圣人养贤以及万民。颐之时大矣哉！”（《周易·颐彖传》）“刚过而中，巽而说行，利有攸往，乃亨。大过之时大矣哉！”（《周易·大过彖传》）“天地解而雷雨作，雷雨作而百果草木皆甲坼。解之时大矣哉！”（《周易·解彖传》）“天地革而四时成，汤武革命顺乎天而应乎人。革之时大矣哉！”（《周易·革彖传》）

那么，何谓“时义”或者“时用”？如果说“义”是“宜”的意思，那么，所谓“时义”就是“时宜”。这种时宜性准则，体现在以下各个方面：

（1）观时。如《贲彖传》：“观乎天文，以察时变；观乎人文，以化成天下。”

（2）时行、与时偕行。如《大有彖传》“其德刚健而文明，应乎天而时行，是以元亨”，《遯彖传》“刚当位而应，与时行也”，《损彖传》“损益盈虚，与

① 见《周易·随彖传》。按照《彖传》这五次表述“时义”的一致性，“随时之义”当作“随之时义”。

时偕行"，《益象传》"凡益之道，与时偕行"，《小过象传》"过以利贞，与时行也"，《乾文言传》："终日乾乾，与时偕行"，《系辞下传》"刚柔者，立本者也；变通者，趣时者也"，《系辞下传》"君子藏器于身，待时而动，何不利之有？"这正如《蹇象传》所说："往蹇来誉，宜待也。"

（3）顺时、与时消息。如《豫彖传》"天地以顺动，故日月不过而四时不忒；圣人以顺动，则刑罚清而民服"，《升彖传》"柔以时升，巽而顺，刚中而应，是以大亨"，《革彖传》"天地革而四时成，汤武革命顺乎天而应乎人"，《艮彖传》"时止则止，时行则行，动静不失其时，其道光明"，《丰彖传》"日中则昃，月盈则食，天地盈虚，与时消息，而况于人乎"，《乾文言传》"夫大人者……与四时合其序……先天而天弗违，后天而奉天时；天且弗违，而况于人乎"，《坤象传》"含章可贞，以时发也"，《井象传》"旧井无禽，时舍也"，《乾文言传》"见龙在田，时舍也""乾乾因其时而惕，虽危无咎矣"，《坤文言传》"坤道其顺乎，承天而时行"。

（4）时中。如《蒙彖传》："蒙亨，以亨行，时中也。"《中庸》也讲"时中"："君子之中庸也，君子而时中。"显然，"时中"也就是讲的"中庸"问题，而且是讲的其中之"庸"即"用"的问题。《中庸》所说的"喜怒哀乐之未发，谓之中""中也者，天下之大本也""诚者不勉而中，不思而得"，这是讲的性之体；"发而皆中节，谓之和"，这是讲的情之用。因此，"时中"具有两层含义：一是"用中"，如"执其两端，用其中于民""从容中道"，是说的必须以心性本体为尺度、而施之于民用，也就是"极高明而道中庸"；二是"中和"，如"和也者，天下之达道也"，是说的其用合宜，亦即《中庸》指出的"时措之宜""溥博渊泉，而时出之"。"时"尽管不是"中"的充分条件，却是必要条件：不时，则不能中。

这种时宜性准则，是制度规范建构的指导准则。例如《节彖传》讲"制度"建构，与"时"相关："天地节而四时成；节以制度，不伤财，不害民。"又如《屯彖传》讲"建侯"的制度建构问题："屯，刚柔始交而难生，动乎险中，大亨贞，雷雨之动满盈，天造草昧，宜建侯而不宁。"

### （二）地宜性准则

关于地宜性，《周易》讲得似乎不多，却是具有根本意义的，如《系辞下传》说："古者包牺氏之王天下也，仰则观象于天，俯则观法于地，观鸟兽之文，与地之宜，近取诸身，远取诸物，于是始作八卦，以通神明之德，以类万物之情。”这里的“地之宜”正是我们这里所谈的地宜性准则。其他地方也有讲到地宜问题的，例如《小过彖传》“不宜上，宜下，大吉，上逆而下顺也”，《临彖传》“至临无咎，位当也；大君之宜，行中之谓也”，等等。

综上所述，事实上《周易》，尤其是《易传》已提出了一整套关于社会正义的思想：不仅阐述了核心的正义原则（正当性原则、适宜性原则），而且给出了一个很完整的制度伦理学的总体观念架构：仁→利→知→义→智→礼。

# “角色”意识：《易传》之“定位”观念与正义问题*

## ——角色伦理学与生活儒学比较

作为对儒家哲学的一种新的诠释，安乐哲（Roger Ames）等人建构了儒家的“角色伦理学”①。这与我对儒家哲学的诠释“生活儒学”②及其在伦理层级上的“中国正义论”③建构颇有相通之处，但也存在着重大差异。一个人的“角色”是由其在社会上所居之“位”规定的，因此，对这两个思想系统加以比较，我们可以从《易传》的“位”观念入手，即分析社会“角色”与“定位”问题之间的关系。

### 一、定位：正位、得位、设位——《易传》的“位”观念

所谓“角色”（role），或曰“社会角色”，是由社会的角色分配结构决定的，这种社会结构，在儒学话语中叫作“名分”或“位”（positions）。一个社会共同体就表现为一个“位”的系统，每一个人都在其中占有某种“位置”、扮演某种“角色”。这种社会结构实质上是一个人际关系结构，这种结构是由社会规范及其制度决定的；在儒学话语中，这套社会规范及其制度表现为“礼”（rite）。礼决定了位，而位决定了角色，亦即：礼→位→角色。

---

* 原载：《齐鲁学刊》2014年第2期。

① Roger T. Ames: *Confucian Role Ethics: A Vocabulary*. Hong Kong: Chinese University Press, Chinese University of Hong Kong, 2011.

② 黄玉顺：《爱与思——生活儒学的观念》，四川大学出版社2006年版；《面向生活本身的儒学——黄玉顺“生活儒学”自选集》，四川大学出版社2006年版；《儒家思想与当代生活——“生活儒学”论集》，光明日报出版社2009年版；《儒学与生活——“生活儒学”论稿》，四川大学出版社2009年版；《生活儒学讲录》，安徽人民出版社2012年版。

③ 黄玉顺：《中国正义论的重建——儒家制度伦理学的当代阐释》，安徽人民出版社2013年版。

在儒家文献中,《易传》系统地提出了“位”的观念。《易传》的“位”本来是指的筮法中的“爻位”。如《系辞下传》说:“二与四同功而异位,其善不同:二多誉,四多惧,近也。……三与五同功而异位:三多凶,五多功,贵贱之等也。”《说卦传》说:“《易》六位而成章。”又如《彖传》里讲的“六位时成”(乾)、“位乎天位”(需)、“柔得位而上下应之”(小畜)、“履帝位而不疚”(履)、“柔得位得中”(同人)、“柔得尊位”(大有)、“虽不当位,利用狱也”(噬嗑)、“刚当位而应”(遯)、“女正位乎内,男正位乎外”(家人)、“当位贞吉”(蹇)、“进得位”、“其位刚得中也”(渐)、“征凶,位不当也”(归妹)、“柔得位乎外而上同”(涣)、“当位以节”(节)、“刚失位而不中”(小过)、“刚柔正而位当也”(既济)、“虽不当位,刚柔应也”(未济)等,本义皆指爻位。

但当孔子“不占”(《论语·子路》),进而儒家《易传》建构义理系统的时候,“位”进一步获得了伦理学及政治哲学的意义,甚至形而上学的意义:

伦理政治层级上的“位”观念:“刚中正,履帝位而不疚,光明也。”(《周易·履彖传》)“刚当位而应,与时行也。”(《周易·遁彖传》)“家人,女正位乎内,男正位乎外,男女正,天地之大义也。”(《周易·家人彖传》)“君子以正位凝命。”(《周易·鼎象传》)“君子以思不出其位。”(《周易·艮象传》)“居上位而不骄,在下位而不忧。”(《周易·乾文言》)“子曰:‘贵而无位,高而无民,贤人在下位而无辅,是以动而有悔也。’”(《周易·乾文言》)“君子黄中通理,正位居体,美在其中而畅于四支,发于事业,美之至也!”(《周易·坤文言》)“列贵贱者存乎位。”(《周易·系辞上传》)“德言盛,礼言恭;谦也者,致恭以存其位者也。”(《周易·系辞上传》)“圣人之大宝曰位。何以守位?曰仁。”(《周易·系辞下传》)

形而上学层级上的“位”观念:“飞龙在天,乃位乎天德。”(《周易·乾文言》)“天尊地卑,乾坤定矣;卑高以陈,贵贱位矣”;“天下之理得,而成位乎其中矣”。(《周易·系辞上传》)

更进一步,《易传》提出了“定位”的观念。在流俗语言的用法中,“定位”(positioning)是一个消极的概念,是说的在一个既有的角色结构系统中确定自己的位置;但实际上它本来是一个积极的观念,不仅包含上述含义,还包含着去寻找并获得一个新的位置的意思,甚至还包含着对这个既有的角色位置结构系统加以变革、创建新的角色位置结构系统的意谓。

例如，《说卦传》说：

天地定位，山泽通气，雷风相薄，水火不相射，八卦相错。

《周易正义》说“此一节就卦象明重卦之意”，即讲的八经卦如何重出六十四别卦，因而这里的“天地”是指的乾坤两个经卦，“定位”并不是说的乾坤自己如何在六十四卦中确定自己的位置，而是说的乾坤如何为六十四卦定位。进一步说，乾坤就是阴阳，而在《周易》，一切皆由阴阳生成，也可以说一切结构系统皆由阴阳“定位”。由此可见，《易传》的“定位”不仅仅指“得位”（在一个既定的位置系统中获得一个角色）、“正位”并且“当位”（恪守“礼”的规定对这个角色的要求），还指“设位”（设置或者重新设置这个角色位置系统本身）。

所以，“定位”（positioning）包含三层意义：1.“正位”（putting oneself in a correct position）并且“当位”（being in a proper position），指恪守社会角色，这是行为正义问题，角色伦理学与生活儒学对此都有基本的确认；2.“得位”[getting a（new）position]，指获得一种新的位，即对原有之位的超越，角色伦理学与生活儒学对此的理解有所不同；3.“设位”[setting（system of）positions]，指对社会角色秩序本身的设置，这是制度正义问题，即真正的社会正义论问题，角色伦理学未触及这个问题，而生活儒学则通过中国正义论的重建来探索这个问题。

## 二、正位并且当位：社会角色的恪守——行为正义问题

任何一个社会共同体都表现为一个“位”的系统，每一个人都必须在其中找准自己的“位置”、扮演好自己的“角色”。这就是《易传》所说的“正位”与“当位”的问题。

### （一）正位：摆正自己的位置

所谓“正位”，就是找到自己的正确的位置。例如：

家人，女正位乎内，男正位乎外，男女正，天地之大义也。家人有严君焉，父母之谓也。父父、子子、兄兄、弟弟、夫夫、妇妇而家道正，正家而天下定矣。（《周易·家人彖传》）

这是一个“父子、兄弟、夫妇”的角色秩序系统，所谓“正位”就是每一个人都要在这个系统中摆正自己的位置并扮演好自己的角色。《周易正义》指出：“家人之道，必须女主于内，男主于外，然后家道乃立”；“父母一家之主，家人尊事，同于国有严君”；“父不失父道，乃至妇不失妇道，尊卑有序，上下不失，而后为家道之正；各正其家，无家不正，即天下之治定矣”。显而易见，这是宗法社会的伦理政治观念，与《大学》所讲的一致：“身修而后家齐，家齐而后国治，国治而后天下平。”

当然，不同社会形态的位置系统并不相同，角色定位也不相同。例如在现代社会中，树立封建君主“严君”、以男性为“家长”、“男主外、女主内”这样的伦理未必能够成立。但是无论如何，任何一个社会形态总有其位置系统与角色定位。正是在这个意义上，儒家主张：

> 君子以正位凝命。（《周易·鼎象传》）

《正义》指出：“‘正位’者，明尊卑之序也；‘凝命’者，以成教命之严也”；“制法之美，莫若上下有序，正尊卑之位”。也就是说，这里所说的“正位”就是“正尊卑之位”“明尊卑之序”。所谓“尊卑”，就是社会地位高低的区分，例如现代所谓“科层”。这样的社会地位区分系统，也就是“礼”，它规定了每个人在这个系统中的角色，因此，每个人都要在其中确定自己的位置、角色。其实，这也就是孔子所说的“克己复礼为仁”（《论语·颜渊》）的意思。《易传》还说：

> 君子黄中通理，正位居体，美在其中而畅于四支，发于事业，美之至也！（《周易·坤文言》）

《正义》认为：“此一节明六五爻辞也。‘黄中通理’者，以黄居中，兼四方之色，奉承臣职，是通晓物理也。‘正位居体’者，居中得正，是正位也；处上体之中，是居体也。”这是从爻位而讲到职位，而且不仅涉及“正位”问题，实际上还涉及了“当位”问题：由具有“黄中通理”之德的君子来“正位居体”，即是恰当之人居于恰当之位。

（二）当位：充任恰当的角色

所谓“当位”，是说一个人的“德行”与其所居的“位置”要相当、相称。唯有如此，才能扮演好其“角色”。

例如《蹇象传·六四》说：“‘往蹇来连’，当位实也。”《正义》解释：“‘当位实’者，明六四当位履正，当其本实。而往来遇难者，乃数之所招，非邪妄之所致也，故曰‘当位实’也。”王弼《注》释蹇卦卦辞“利见大人，贞吉”：“爻皆当位，各履其正，居难履正，正邦之道也。”这对应于《象传》“当位贞吉，以正邦也”，《正义》认为：“‘当位贞吉，以正邦也’者，二、三、四、五爻皆当位，所以得正而吉，故曰‘当位贞吉’也。‘以正邦也’者，居难守正，正邦之道，故曰‘以正邦’也。”这里的“履正”“守正”，就是其德。

以下就是两个不能“当位”的例子：

> 子曰：“贵而无位，高而无民，贤人在下位而无辅，是以动而有悔也。”（《周易·乾文言》）

这是解释乾卦的上九爻辞“亢龙有悔”。注云：“处上卦之极而不当位，故尽陈其阙也。”《正义》认为：“此明上九爻辞也。‘子曰贵而无位’者，以上九非位而上九居之，是无位也。”这里其实是说：尽管具有君主之德，但却处在一个尴尬位置，“高而无民，贤人在下位而无辅”，实为“孤家寡人”，所以“动而有悔”。这是有德而无位，亦即“处无位之地，不当位者也”（《周易·象传·需上六》注）。另一种情况则是有位而无德：

> 子曰：“德薄而位尊，知小而谋大，力小而任重……不胜其任也。”（《周易·系辞下传》）

“位”的复杂性在于：我们每一个人实际上都具有多重角色，其中有些角色甚至可能尚未被我们自己意识到。例如今天，假如我们曲解“君子以思不出其位”（《周易·艮象传》），那么我们可能会误以为：一个老百姓是不配议论国家大事的。但事实上，议论国家大事却正是这个人的“位”所决定的：作为一个公民，他的公民之“位”决定了他对于国家大事的政治责任。顾炎武说

“天下兴亡，匹夫有责”，就是这个意思。

（三）位的存在论意义：作为存在的生活

角色伦理学的积极意义之一，在于赋予了“角色伦理”以某种存在论的意义，甚至以其独特的方式触及了生活本源的思想视域。安乐哲于《儒家的角色伦理学》（英文版，序言）引述罗思文的观点、同时也是他自己的观点：

> 我的长期合作者和最好的朋友罗思文（Henry Rosemont Jr.）开始郑重其事地开发本书的主题——儒家角色伦理学的观念。像任何优秀的儒家哲学家一样，他是以对下述问题做出观察开始的：作为人类，我们事实上是怎样作为完全语境化（contextualized）、境位化（situated）和关系组成化（relationally-constituted）的人来生活的？他说：“我们都出生并养育于一个特定的文化共同体之中，每个共同体都有它关于人之为人的事实真相（what it is to be a human being）的语言、价值观、宗教信仰、风俗习惯、传统及伴生观念。简言之，文化上无偏见的人类是不存在的。我们每一个人都有特定的希望、恐惧、欢乐、悲伤、价值观和见解，它们与我们关于‘我们是谁’和‘我们是什么’的解释之间存在着不可分割的联系，这些解释已经受到文化共同体的无法抗拒的影响，我们是这个共同体的一部分。”儒家哲学需要对日常经验的观念（notion of ordinary experience）有这样一种忠诚，在它的伦理生活的表达中既作为其最初出发点，也作为其裁定（adjudication）的终极源泉。

这里的关键是：人“事实上是怎样……生活的”，这被视为“出发点”和“终极源泉”。这一点是可以与生活儒学的观念相通的；但更确切地说，这是与海德格尔那种作为基础存在论的生存论相通的：“我们都出生并养育于一个特定的文化共同体之中。”用海德格尔的话来说，我们一开始就“被抛”于特定的“语境”“境位”和“关系”之中，我们的“去存在”和自我完善都只能在这种给定的角色位置秩序之中。

须注意的是，角色伦理学在方法论层级上的真正关键概念，其实是相互对立的“个体”（individual或person）和“关系”（relation或correlation）。角色伦理学把西方哲学归结为个体主义，而把儒家哲学归结为关系主义，并将二者对立起来，批判前者，试图用后者来解决前者带来的问题，甚至批判现代的

“权利”观念。说实话，我对此是深表怀疑的。且不说能不能这样简单地归结，也不谈现代性生存与个体性的内在必然联系，我所深感忧虑的是：对于今天的中国来说，个体权利不是太多了，而是太少了，那么，这种关系至上的伦理如何能够保障个体权利？我的看法是：对于今天的中国来说，亟须批判的正是这种关系至上的传统伦理。

我的判断是：角色伦理学是将那种前现代的中国的生活方式——那个前现代的“文化共同体”的“语境”“境位”和“关系”——认定为了现代性的中国乃至人类应有的生活方式，以此为“出发点”和“终极源泉”。于是，人们只能在这种前现代的伦理关系或角色体系中去存在、去生活。

## 三、得位：社会角色的超越——进取问题

这样一来，“超越”问题就凸显出来了：人能不能超越既有的“语境”“境位”和“关系”？能不能超越给定的“位”与“角色”？这就涉及《易传》的“得位”与“设位”问题了。

首先是“得位”问题。众所周知，儒家具有强烈的进取精神，即孔子所说的“狂简进取”，否则便有“乡原”之嫌。这种进取精神意味着我们不仅仅是消极地恪守自己既有的社会角色，同时还应积极地超越给定的角色。“得位”这个观念意味着：一个人原来并不具有某种“位置”，即并不扮演某种“角色”；他通过进取而“得”此“位”、扮演此“角色”。

例如坤卦六二爻，注：“居中得正，极于地质。”（坤象征地）《正义》解释：“二得其位，极地之质，故亦同地也。……以此爻居中得位，极于地体故，尽极地之义。此因自然之性，以明人事，居在此位，亦当如地之所为。”这是从爻位而说到人事：“居在此位”即“得位”，“亦当如地之所为”即扮演这种“角色”。

又如观卦六四爻“观国之光，利用宾于王”，是说的担任为王礼宾的职位。注云：“居近得位，明习国仪者也。”《正义》解释：“‘利用宾于王’者，居在亲近而得其位，明习国之礼仪，故曰利用宾于王庭也。”这也是说的“得位”而扮演其“角色”。

角色伦理学最深刻的思想之一，是对“人类”或“人”的重新理解，即从“存在着的人”（human beings人的存在）观念转向“形成着的人”（human becomings人的形成）观念。[1] 如果说，传统哲学的出发点是某种给定的（the given）主体性，如海德格尔所说，“哲学的事情就是主体性的事情”[2]，那么，角色伦理学就超越了这个观念，认为人并不是一开始就已经给定了的、已经“存在着”或曰“是”（being）的，而是“在形成中”的或曰“形成着”（becoming）的。由于对人的理解的这种转变，角色伦理学所理解的儒学已经超越了孔孟以后的传统儒学，在某种意义上回归了孔孟儒学[3]，因为它不再承认诸如“性善”“性恶”那样的任何一种先天的或者先验的人性。这种观念是与生活儒学对人的理解一致的。生活儒学同样认为，人，或者说主体性，并不是我们思想的已被给定的出发点，相反，人或主体性是“被给予的”（given）东西。

既然如此，那么，我们应当追问的是：它是被什么给出的？或者说，它是怎样被给出的？同样，角色伦理学接下来的问题也是：人是怎样形成的？或者说，人是在怎样的条件下形成的？角色伦理学所强调的，是一个人所在的“境位”（situation处境位置），这种境位是由社会关系，尤其是伦理关系，又特别是家庭伦理关系所决定的。按照角色伦理学，人的形成，或者说成为一个人，就是在社会关系中获得一个角色（role）并且在这个角色中完善自己。

当然，人一开始就处在一种特定的境位中，此时他已经被给予了一个角色，这类似于海德格尔所谓“被抛的此在”；但他并不限于这个既定的角色，他还可以谋求一种新的角色，这类似于孔子所说的“君子不器”（《论语·为政》）。这就是“形成着的人”或“人的形成”这个概念的真正意义。

孔子所说的“君子不器”，就是不拘限于角色的意思。邢昺解释：“器者，物象之名。形器既成，各周其用，若舟楫以济川，车舆以行陆，反之则不能。君子之德，则不如器物各守一用，言见几而作，无所不施也。”例如：

> 子贡问曰：“赐也何如？”子曰：“女器也。”曰：“何器也？”曰：“瑚琏也。”（《论语·公冶长》）

---

① 参见安乐哲：《儒家的角色伦理学》第3章第1节“‘人类’（Human Beings人的存在）还是‘成人’（Human Becomings人的形成）”。

② 海德格尔：《哲学的终结和思的任务》，见《面向思的事情》，陈小文、孙周兴译，商务印书馆1999年版，第76页。

③ 关于孟子的思想的性质，乃是一个有待澄清的问题。角色伦理学并不认为孟子的人性论是先天论的或先验论的，参看安乐哲：《儒家的角色伦理学》第3章第11节“《孟子》与人之形成”。

何晏注引包氏：“瑚琏，黍稷之器，夏曰瑚，殷曰琏，周曰簠簋，宗庙之器贵者。”孔子既是在鼓励子贡为“贵器”，更是在批评子贡毕竟“器”了而没有达到“不器”的境界。朱熹的理解是很准确的：“子贡虽未至于不器，其亦器之贵者与。”（《论语集注·公冶长》）

孔子曾说：“管仲之器小哉！”因为他“不知礼”（《论语·八佾》）。这是区分“小器”和“大器”，所谓“瑚琏”即是一种大器。但即使是大器，也还不是君子的最高境界。最高境界乃是“不器”。

孔子还说：“君子……及其使人也，器之。小人……及其使人也，求备焉。”（《论语·子路》）邢昺解释：“言君子有正德，……度人才器而官之，不责备，故易事。……小人……及其使人也，责备于一人焉，故难事也。”君子对于别人并不求全责备，而是因才任事。但是无论如何，君子对于自己却是“求全责备”的，就是要求自己“不器”。

孔子“君子不器”的思想与《易传》“得位”的思想是一致的，是说一个人不必固守既有的“位置”而死守固有的“角色”，他可以更加积极地“去生活”——“得”一个新的“位”。这让人先起陈胜的名言：“王侯将相宁有种乎？”（《史记·陈涉世家》）

这种“得位”观念比起上文所谈的“正位”以及“当位”来说是更积极的，但是比起下文将要讨论的“设位”观念来说则仍然有消极的意味。例如无妄卦六二爻，《正义》解释：“六二处中得位，尽于臣道，不敢创首，唯守其终，犹若田农不敢发首而耕，唯在后获刈而已。不敢菑发新田，唯治其菑熟之地，皆是不为其始而成其末，犹若为臣之道，不为事始而代君有终也。”具体到角色伦理问题，即是说，尽管我们可以通过努力而“得”新“位”，但最终仍然不过是“守位”而已，对这个“位”的秩序系统本身并无触动。

## 四、设位：社会角色秩序系统的设定——制度正义问题

其实，按照儒家的思想，我们不仅可以超越自己既有的社会角色、可以“越位”，这在《易传》即“得位”的观念；我们甚至可以改造既有的、规定社会角色的位置系统本身，亦即改造社会规范及其制度本身，这在《易传》即“设位”的观念。从正义论的角度来看，角色伦理学仅仅涉及了行为正义（justice of behavior）领域，而未触及制度正义（justice of institution）问题。下面我们就来探讨这些问题。

《易传》两次谈到“设位”：

> 子曰：“易其至矣乎？夫易，圣人所以崇德而广业也。知（读为“智”）崇、礼卑。崇效天，卑法地。天地设位，而易行乎其中矣！成性存存，道义之门。”（《周易·系辞上传》）

注云：“天地者，易之门户；而易之为义，兼周万物，故曰‘行乎其中矣’。”疏云：“天地陈设于位，谓知之与礼而效法天地也。‘而易行乎其中矣’者，变易之道，行乎知礼之中，言知礼与易而并行也。若以实象言之，天在上，地在下，是天地设位；天地之间，万物变化，是易行乎天地之中也。”所谓“天地设位”，是说的设置“天—地”这样的形而上的“易之门”；人道效仿天道，即“知之与礼而效法天地”，就是设置“智—礼”这样的形而下的“道义之门”。我们知道，“礼”的设置就是“制礼”的问题。这是中国正义论的基本课题。通过“义”（道义）来制“礼”，这正是中国正义论的最核心的结构：义（正义原则）→礼（制度规范）的结构。[1]

不仅形而下的“智—礼”设置是人的事情，即使是形而上的“天—地”设置其实也是人的事情：

> 天地设位，圣人成能；人谋鬼谋，百姓与能。（《周易·系辞上传》）

疏云：“‘天地设位’者，言圣人乘天地之正，设贵贱之位也。‘圣人成能’者，圣人因天地所生之性，各成其能，令皆得所也。”所谓“设贵贱之位”，也就是“制礼”，亦即设置一套“位置”系统，以规定人们在其中的各种“角色”。例如《蹇彖传》说：“当位贞吉，以正邦也。”这是说国君“当位”以后，他的一个基本职责就是“正邦”。所谓“正邦”，自然包含着正定国家的制度，亦即“设位”。这就是中国正义论要解决的制度正义问题。如果既有的社会规范及其制度本身就是不正义的——不正当或者不适宜的，那么，它所设置的“位置”及其规定的“角色”就是不值得我们去争取的。这时候，

---

① 黄玉顺：《中国正义论纲要》，《四川大学学报》2009年第5期；人大复印资料《伦理学》2010年第1期全文转载。

人充当了一种更为伟大的角色——重新设置角色系统的角色（the role who resets the system of roles）。

这里还涉及一个更深刻的问题。我曾谈到，当下的生活际遇、角色所处的当下"位置"系统、"角色"秩序，具有双重性质，看起来似乎是一种循环：

> 生活本身的本源结构决定了，我们总是要去生活，即总是要超越现实的生活，这是一种"改变现实"的态度。我们首先必须承认现实，然后才有可能改变现实；否则，改变现实的愿望只是一种空中楼阁。过去人们不理解孔子对"礼"的态度，就是因为不懂得这个道理：孔子一方面主张"学礼""克己复礼""非礼勿视，非礼勿听，非礼勿言，非礼勿动"，另一方面却主张"礼有损益"，人们感到这似乎是自相矛盾的。其实，"礼"作为规范构造是具有不同的意义的：它固然是此前的规则建构，即是"损益"的结果；但它却是当下的生活际遇，所以首先必须"学礼"。……我把生活儒学的意义概括为这样两句话：凡是现存的，都是本源的；凡是现存的，都是应当超越的。第一句话的意思是：凡是现存的，都曾经是此前的某种形而下学的构造，但是，无论如何，对于当下的我们来说，它们都是我们的在生活之际遇，我们只有由此出发，才能去生活而超越。第二句话的意思是：凡是现存的，纵然都是我们的在生活之际遇，但是，我们必定去生活而超越它们，而这种去生活而超越，同样归属于我们的在生活之际遇。——这种看法既无所谓"保守"，也无所谓"革命"；生活儒学只是告诉我们：我们向来在生活，并且总是去生活。[①]

这就是说，正如角色伦理学所言，既有的角色位置系统是我们的"出发点""源泉"；但生活儒学及其正义论坚持，既有的角色位置系统同时也可能正是我们应当加以改造、超越的对象。例如，在宗法王权时代，王族的嫡长子生来就被预定了王的位置和角色；但其前提是嫡长子继承制，而这个制度安排本身在今天却已经是不正义的了。

即便就角色伦理学所注重的家庭伦理来看，事情也是如此。表面来看，

① 黄玉顺：《面向生活本身的儒学——"生活儒学"问答》，载《面向生活本身的儒学——黄玉顺"生活儒学"自选集》，四川大学出版社2006年版，第89—91页。

家庭角色是不可超越的。例如，在父亲面前，儿子永远是儿子的角色。但事实上事情并非这么简单。例如在现代社会中，当儿子还是一个未成年人时，他的角色是被监护人；然而当他成人以后，他就摆脱了被监护人的角色。

近年来，有不少儒者特别强调家庭，甚至认为家庭伦理才是儒学的特色、中国文化的特征。其实未必如此。家庭本身就是一个历史地变动的概念：我们曾经有上古王权时代的宗族家庭，曾经有中古皇权时代的家族家庭，还有现代的核心家庭，以及诸如合法的单亲家庭乃至合法的同性恋家庭等复杂的家庭形式。这些不同时代的家庭形式具有不同的家庭伦理，不同的“礼”的制度、不同的“位”的安排、不同的“角色”定位。就此而论，“角色”问题并非儒学的根本所在；角色是由“礼”“位”规定的，而“礼”“位”又是由“仁”“义”导出的。这是我们今天所应具有的一种“角色”意识。

# 易学对于中国哲学当代重建的意义*

## ——现代新儒家哲学与易学的深度关涉

产生于殷周之际的《周易》古经原是筮书，自孔子“不占”(《论语·子路》)而将其义理化以来，经由《易传》，至汉代一跃而为“群经之首”，整个中国哲学的发展就再也离不开易学了，古代如此，现代如此，未来仍将如此。就现代的情况看，已有学者指出：“现代新儒家代表人物特重《易传》，他们借助于诠释《易传》来阐发自己的哲学思想。熊十力的易学是以‘乾元’为中心的本体—宇宙论；马一浮的易学是以‘性理’为中心的本体—工夫论；方东美的易学是以‘生生’为中心的形上学；牟宗三的易学是以‘穷神知化’为中心的道德形上学；唐君毅的易学是以‘神明之知’为中心的天人内外相生相涵的圆教。他们以现代哲学的观念与问题意识重点阐发了周易哲学的宇宙论、本体论、生命论、人性论、境界论、价值论及其间的联系，肯定了中国哲学之不同于西方哲学的特性是生机的自然观，整体和谐观，自然宇宙和事实世界涵有价值的观念，至美至善的追求，生命的学问和内在性的体验。他们重建了本体论和宇宙论，证成了超越性与内在性的贯通及天与人合德的意义。”① 本文意在评述20世纪现代新儒家哲学与易学的深度关涉，进而论述中国哲学的当代重建与易学之间的关系。

### 一、现代新儒家哲学与易学的显性关涉

现代新儒学的一个非常突出的特征，是整个地将儒学加以哲学化；而这种哲学化的特点之一，是其哲学与易学之间的深度关涉。这种关涉有时是显性

* 原载《社会科学研究》2014年第3期。

① 郭齐勇：《现代新儒家的易学思想论纲》，《周易研究》2004年第4期。

的、一目了然的，而有时则是隐性的、然而更加深刻的。

现代新儒家哲学与易学之间的显性的深度关涉，最为典型的是熊十力的新唯识论，如他自己所说："余平生之学，频涉诸宗，卒归本《大易》"；"'新论'谈本体，以体用不二为宗极，毕竟归本《大易》"。[①] 笔者曾撰文，将熊十力的思想概括为"三个'不二'"，都与易学密切相关。[②]

一是"天人不二"。新唯识论所关注的核心，是本体问题。熊十力自己说："吾学贵在见体。"[③] 这是典型的形而上学问题。他说："心者本体，在《易》则谓之乾。"[④] 这当然是熊十力所秉承的儒家心学的基本观念。在他看来，人的生命与宇宙大生命原是一个东西，"吾人识得自家生命即是宇宙本体，故不得内吾身而外宇宙。吾与宇宙，同一大生命故"。但《周易》本身是不是这种心学观念，则是一个问题。然而熊十力是这样理解的：《周易》的乾坤就是本体，也是本心。他说："《易》以乾元为万物之本体，坤元仍是乾元，非坤别有元也"；"《易》曰：'乾知大始。'乾谓本心，亦即本体"。[⑤] 人的心体即是宇宙的本体，这就是"天人不二"。

二是"体用不二"。在熊十力看来，一方面，乾坤二者亦可分别：乾是心、坤是物；乾是体、实体和本体，坤是用、功能和现象；而另一方面，乾坤又是一体，即上文所引"坤元仍是乾元，非坤别有元也"之意。此即所谓"体用不二"。乾、坤只是这个不二的体用或者本体的两个方面，即"辟"与"翕"。他说："我的意思，是拿乾卦来表示辟，拿坤卦来表示翕"；"翕辟元是本体之流形，故现作此两种动势，并不是对立的两种东西"。这就是说，乾、坤只是一体两用（这与乾是心、坤是物的观念不无矛盾）。但有意思的是，熊十力有时又自己否定了其哲学与易学的关系，例如他说："《新论》言翕辟，实与《系传》言坤静翕动辟之文无关。《新论》辟字之义甚渊深广远，与《系传》言坤'其动也辟'自不相同。《新论》说一翕字，与《系传》言坤

---

① 熊十力：《体用论》，中华书局1994年版，第4、6页。

② 黄玉顺：《天人体用　贞一不二——新唯识论与周易哲学之比较》，《人文杂志》1999年第5期。

③ 郭齐勇：《熊十力哲学研究》，人民出版社2011年版，第23页。

④ 熊十力：《熊十力全集·新唯识论（文言文本）》第二卷，萧萐父主编，湖北教育出版社2001年版，第86页。

⑤ 熊十力：《熊十力全集·新唯识论（语体文本）》第三卷，萧萐父主编，湖北教育出版社2001年版，第358、398、19页。

‘其静也翕’义亦自别。”[①] 其实熊十力心里很明白，对于周易哲学来说，他并不是在“照着讲”，而是在“接着讲”。

三是“性修不二”。所谓“性修不二”，是说“率性”与“修道”是一回事。熊十力说：“天人合德，性修不二故，学之所以成也。《易》曰：‘继之者善，成之者性。’全性起修名继，全修在性名成。本来性净为天，后起净习为人。”[②] 用宋明理学的话语讲，这是“本体”与“功夫”的关系。在熊十力看来，率性本来包含了践行的意思，就是一种修道；修道的根据还是心性本体，也是一种率性。故曰“性修不二”。

总起来看，新唯识论所说的“本体”并非西方哲学那种不动的实体，熊十力说：“遂为本体安立一个名字叫做恒转。恒字是非断的意思，转字是非常的意思。非常非断，故名恒转。”[③] 但无论如何，这种在“体用”范畴下建构的哲学，毕竟仍然是一种形而上学的本体论的思维模式。

除熊十力以外，就现代新儒家哲学与易学的显性关涉来看，牟宗三那里有一个很有趣的现象：《牟宗三先生全集》33卷，一头一尾两部著作都是关于《周易》的：开头的一部是原名《从周易方面研究中国之玄学及道德哲学》，后来改为更确切的书名的《周易的自然哲学与道德函义》；最后的一部是《周易哲学演讲录》。[④] 尽管两者都是形而上学的，然而前者是宇宙论的思维模式，不能算是他的成熟的哲学思想，所以他后来颇有“悔其少作”的意思[⑤]；后者才是本体论的思维模式，“只照儒家的道德形上学讲”[⑥]，也就是他的“道德形上学”（Moral Metaphysics）的模式。不仅如此，此书与其说是他的道德形上学在易学上的演绎应用，毋宁说是他的道德形上学的易学表达。须注意的是，在牟宗三那里，本体并不是“道”，不是“一阴一阳之谓道”。在他那里，“道”是兼括体用的：其体是“万物资始”的“乾元”，即所谓“创生原则”；其用是“万物资生”的“坤元”，即所谓“终成原则”。这个结构，显

① 熊十力：《熊十力全集·新唯识论（语体文本）》第三卷，萧萐父主编，湖北教育出版社2001年版，第331、494页。

② 熊十力：《熊十力全集·新唯识论（语体文本）》第三卷，萧萐父主编，湖北教育出版社2001年版，第464—465页。

③ 熊十力：《熊十力全集·新唯识论（语体文本）》第三卷，萧萐父主编，湖北教育出版社2001年版，第95页。

④ 牟宗三：《牟宗三先生全集》，（台北）联经出版事业有限公司2003年版。

⑤ 牟宗三：《周易哲学演讲录》，华东师范大学出版社2004年版，第10页。

⑥ 牟宗三：《周易哲学演讲录》，华东师范大学出版社2004年版，第11页。

然与其师熊十力的观念之间具有渊源关系。但牟宗三还进一步通过对“乾以易知，坤以简能”(《周易·系辞上传》)的阐释，归结到道德意义上的那个能够“自我坎陷”的“良知”乃至类比于康德的自由意志的自律道德。笔者曾指出：“这样的伦理性而非本体性的道德意识，如何可能同时又是本体？”①

至于现代新儒家的其他哲学家，例如徐复观，众所周知，他所提出的颇为独特的“形而中学”，就是继《周易》“形而上者谓之道，形而下者谓之器”而言的，认为中国哲学作为“心的文化，心的哲学，只能称为‘形而中学’，而不应讲成形而上学”②，其与易学的显性关涉乃是显而易见的。此外，马一浮哲学的“六艺互摄”，并且“《诗》《书》《礼》《乐》《春秋》之教皆统于《易》”③，那就更不消说了。还有方东美的普遍生命本体论，也是以《易传》为经典依据的，兹不赘述。总之，现代新儒家当中的多数哲学家，其哲学思想与易学之间都存在着显性的关涉。

## 二、现代新儒家哲学与易学的隐性关涉

如果说现代新儒家哲学与易学之间的显性关涉以熊十力的哲学最为典型，那么，其与易学的隐性关涉则以冯友兰的哲学最为典型。关于这个问题，最值得参考的是王堃的论文《新理学哲学体系与易道之关系》(以下简称王文)。④这里转述该文的一些基本观点，并加以适当的分析论说。

王文是从这样的问题意识切入的：冯友兰的新理学，表面看来似乎与易学之间并没有什么直接的关系，但逻辑地看，新理学是在“接着讲”程朱理学，而对于程朱理学来说，易学是最重要的思想来源之一，其理气、动静、阴阳等基本范畴都离不开易学的观念架构，那么，冯友兰的新理学难道能够离开这样的架构吗？或者说，易学这种观念架构能否成为新理学的观念架构？

王文的答案是肯定的，认为冯友兰的哲学体系可按程朱《易传》的观念体系来解读，根本上就是一个易学的诠释架构。就冯友兰新理学的三个组成部

---

① 黄玉顺：《“伦理学的本体论”如何可能？——牟宗三“道德的形上学”批判》，《西南民族大学学报》(人文社科版)2003年第7期。

② 徐复观：《心的文化》，载《中国思想史论集》，上海书店出版社2004年版，第212页。

③ 马一浮：《复性书院讲录》卷六《观象卮言》，《马一浮集》第一册，浙江古籍出版社、浙江教育出版社1996年版，第460页。

④ 王堃：《新理学哲学体系与易道之关系——冯友兰易学思想解析》，《中州学刊》2013年第4期。

分——人生论、知识论和宇宙论来看，他从人生论中的文化与境界之关系问题开始，而进入"阴阳""四象""太极"与"无极"等范畴的讨论，由此展开了知识论和宇宙论的架构；人生之理智与情感，犹如围绕太极而运行的一动一静的两仪，这就给出了知识论架构；这种始于人生问题的知识论，最终由人生的境界"觉解"而归于宇宙论；而宇宙论又通过"天人合一"的理念，最终也落实到人生论之中。由此看来，在冯友兰的新理学中，宇宙论对应于易学的"无极而太极"，知识论对应于"阴阳"两仪，而人生论则贯彻于整个宇宙论和知识论之中，这就充分体现了易学的核心观念"生生之谓易"。

应该说，王文对冯友兰新理学的解读是极具原创性的，可谓冯友兰新理学研究的一个重大突破，充分揭示了冯友兰新理学与易学之间的隐性的深度关涉，从而通过这种个案分析而揭示了易学对于重建中国哲学的重大意义。

当然，在王文的具体分析中，还存在着一些可商榷之处。这里择要讨论几点。

首先，主要表现在《易传》中的哲学，基本上是一种宇宙论的模式；而冯友兰新理学是程朱理学的易学观念的一种现代诠释，它实质上并不是宇宙论的形而上学，而是本体论的形而上学。冯友兰本人似乎并不严格区分"宇宙论"和"本体论"，但我们应该明确这种区分。宇宙论是一种在时间中展开的宇宙生成模型，而本体论则不是这样的，它把宇宙生成这样的问题留给了科学，例如自然科学中的宇宙学。例如冯友兰所讲的"真际"与"实际"之间、"共相"与"殊相"之间的关系，就决不是在时间先后的框架下存在的关系，毋宁说是一种逻辑的关系。所以，冯友兰说：哲学关心的不是实际，而是真际，"哲学只对于真际有所肯定，而不特别对于实际有所肯定。真际与实际不同，真际是指凡可称为有者，亦可名为本然；实际是指有事实底存在者，亦可名为自然"[①]。又说："诸类之比较地共别，则可依逻辑知之。共与别系《荀子·正名》篇中所有之名词。……共类所有之分子，即是其所属之别类所有之分子。别类之实际底分子，亦可为共类之实际底分子。所以一共类所有之实际底分子，必不少于其所属之别类之实际底分子，此亦可依逻辑知之。"[②] 这是新实在论的那种逻辑实在论式的思维方式，渊源于柏拉图主义，故可与中国的程朱

① 冯友兰：《冯友兰集》，群言出版社1993年版，第140页。
② 冯友兰：《冯友兰集》，群言出版社1993年版，第153页。

“‘理’学”相对应。

其次，王文将冯友兰所讲的人生四境界与他那种将《周易》“元、亨、利、贞”视为“一物存在之四阶段”[①]的思想相联系和对应起来，这也不失为一个独到的创获；但将后者称作“四象”则是不对的，“元亨利贞”传统的称谓是“四德”(《周易·乾文言》)。

与此相关的还有一个重要问题。关于冯友兰的境界说，王文认为是从“理智”的了解而达至道德境界，再从“同情”的了解而达至天地境界，并引证道：“以心静观真际，可使我们对于真际，有一番理智底，同情底了解。对于真际之理智底了解，可以作为讲‘人道’之根据。对于真际之同情底了解，可以作为入‘圣域’之门路。”[②]这是可以商榷的。事实上，冯友兰的重心始终是在“理智”的“觉解”“了解”上，他说：

> 在道德境界中底人，对于人生中底规律，尤其是道德底规律，有较深底了解。他了解这些规律，并不是人生的工具，为人所随意规定者，而是都在人的“性分”以内底。遵守这些规律，即所以“尽性”。在天地境界中底人有更进一步底了解，他又了解这些规律，不仅是在人的“性分”以内，而且是在“天理”之中。遵守这些规律，不仅是人道而且亦是天道。[③]

当然，这里是有“同情”的，但应注意的是，这种同情是伴随着并服务于“了解”的；对于境界的跃迁来说，这种同情并不具有决定的意义。

说到“同情”，倒是陈寅恪对冯友兰《中国哲学史》的审查报告中的一番话值得注意：

> 盖古人著书立说，皆有所为而发。故其所处之环境，所受之背景，非完全明了，则其学说不易评论，而古代哲学家去今数千年，其时代之真相，极难推知。吾人今日可依据之材料，仅为当时所遗存最小之一部，欲藉此残余断片，以窥测其全部结构，必须备艺术家欣赏古代绘画雕刻

① 冯友兰:《冯友兰集》，群言出版社1993年版，第190页。
② 冯友兰:《冯友兰集》，群言出版社1993年版，第144页。
③ 冯友兰:《冯友兰集》，群言出版社1993年版，第319页。

之眼光及精神，然后古人立说之用意与对象，始可以真了解。所谓真了解者，必神游冥想，与立说之古人，处于同一境界，而对于其持论所以不得不如是之苦心孤诣，表一种之同情，始能批评其学说之是非得失，而无隔阂肤廓之论。否则数千年前之陈言旧说，与今日之情势迥殊，何一不可以可笑可怪目之乎？①

但这里所讨论的并不是对于“人生中底规律”的“同情地了解”，即不是境界论问题；而是对于古人的“同情”，即是哲学史问题。这是两个截然不同的问题。陈寅恪这番话涉及的是一个更具本源性的问题，亦即孟子所说的“尚友古人”“知人论世”(《孟子·万章下》)的问题，笔者曾专文讨论过。②简言之，我们之所以能穿越历史时空而“颂其诗，读其书”，是因为我们能够“论其世”而“知其人”，而最终是因为我们与古人原本就渊源于并始终归属于“无分别”的存在本身或生活本身。这已经超出了冯友兰的形而上学思维模式，也不是陈寅恪那种主体性的“同情”问题，本文第三节将涉及这个问题。

最后，王文在对冯友兰的新理学进行总体评论的时候，运用了笔者“生活儒学”的思想视域，并努力将其与冯友兰的思想对应起来：

从知识论角度讲，本源的情感也就对应着同情，或负的方法。从人生论上讲，本源层级对应着最高的觉解和天地境界。从整个易学的角度讲，本源层级就是“生生之谓易”的“生”，就是“无极而太极”的“而”，就是大化流行的道体。实际世界之所以是动态的，在于本源情感的流动。在情感的流动中，才有了物我的对待、对象化的打量，进入了形上的预设、经验的认知、功利的计算、道德的反思、观念的建构。而最终，依然是情感消泯和融合了所有的对象、概念以及“一切的有”，回到了无的本源层级。无极而太极的整个过程都可由此三个层级的关系得到解释。③

① 陈寅恪:《审查报告一》，转引自刘梦溪:《“了解之同情”——陈寅恪〈冯友兰中国哲学史上册审查报告〉简释》,《江西社会科学》2004年第4期。

② 黄玉顺:《注生我经：论文本的理解与解释的生活渊源——孟子“论世知人”思想阐释》,《中国社科院研究生院学报》2008年第3期。

③ 王堃:《新理学哲学体系与易道之关系——冯友兰易学思想解析》,《中州学刊》2013年第4期。

这里对于“生活儒学”的理解，特别是归结到“在情感的流动中”阐明一切，这是没有问题的。不过，生活儒学所讲的情感流动，既不是知识论层级上的，也不是人生论领域的，更不是对于“无极而太极”的阐释，而是生活本身的本源结构：在生活→去生活。

除了冯友兰以外，还有一些现代新儒家学者可以在这里讨论，例如唐君毅。他并没有研究《周易》的专书，只是在一些属于哲学史性质的文本中，例如在《中国哲学原论》中的《原道篇》与《原性篇》里，涉及对《周易》的解读。唐君毅是严格区分《易经》与《易传》的，认为《易经》“初不过人之行路、履霜、入林、涉川、从禽、乘马、求婚媾、从王事、遇寇、帅师之一般生活中之事……初无大深旨奥义”[①]，其中并无什么哲学。所以，与牟宗三后期一样，他对周易哲学的解读集中在《易传》上。在他看来，《易传》哲学乃是“即易道以观天之神道”[②]，即是“生生之天道论”[③]，这一点迥异于他本人哲学的那种“心通九境”的“心之本体”[④]。因此，唐君毅本人的哲学思想体系与易学之间的关系，还是一个有待研究的问题。例如，唐君毅下面这一段关于卜筮的论述，似乎暗示着他本人的哲学与易学之间的某种内在关涉：

> 人之卜筮，在决定人未来之行为，故卜筮之目标，在知已成之过往之故之物，更求知来。知已成之过往之故，曰藏往之知；知来之知，则曰神。故曰：“神以知来，知以藏往。”本藏往之知，以有知来之神，而更本此知与神，以观天地万物，即必言其生生之不息，亦必言人之利用器物之事，亦有其不测之神矣。……人能兼本此藏往之知、知来之神，以观天地万物之变，即同时知天地万物中之远者与近者、往者与来者之相感应，以见“天下何思何虑，同归而殊途，一致而百虑”，“天下之动，贞乎一者也”，亦见神之无定方，其由感应而有变化之无定体，而人可有其神明之知。此即可以使人随处学《易》、玩《易》，而由一卦一爻之象之辞之指其所之，善学者即皆可以由之以知进退之道，以进德修业，成

---

① 唐君毅：《中国哲学原论·原道篇》上册，中国社会科学出版社2006年版，第402页。
② 唐君毅：《中国哲学原论·原道篇》上册，中国社会科学出版社2006年版，第401页。
③ 唐君毅：《哲学概论》，中国社会科学出版社2005年版，第482页。
④ 李明：《我感故我在：唐君毅人生之路的心本体论证悟》，《求索》2008年第9期。

君子矣。①

又如，他关于“继善成性”的论述，也存在着这样的深度关涉暗示。② 这些问题都有待于更进一步的研究。

## 三、易学对于中国哲学当代重建的启示

不论上述显性的还是隐性的关涉，其共同点就是形而上学的思维方式，而表现为对《周易》的形而上学化的诠释。这与20世纪西方思想的去形而上学化趋向形成了鲜明反差。当然，这并不意味着去形而上学化就是不可商榷的、而现代新儒家哲学使得中国哲学再次落伍了。但是无论如何，一方面，旧形而上学确实是“无本”（无源）的，其对《周易》的单纯哲学化、形而上学化诠释确实是颇成问题的；另一方面，去形而上学化尽管同样偏颇，然而确实敞开了重新发现本源，从而重新诠释《周易》，进而重建中国哲学的可能。

众所周知，传世《周易》分为古经（本文下文通称《易经》）、大传（《易传》）两个部分；但是，人们对这两大部分的性质、特别是对两者之间关系的认识却很不同。

首要的问题就是：《易经》里有哲学吗？

其实，我们知道，《易经》乃是筮书，以至秦始皇焚书以禁百家之言也不包括它。如朱熹说：“《易》只是为卜筮而作。”③ 所以唐君毅说：“就此《易经》之为书，初只为卜筮之书，所言皆一般生活上田猎、涉川、入林等事，而初为人之自问其在此一般生活上吉凶悔吝如何，进退行止当如何而言，此实初为一最无哲学价值之书。”④ 当然，《易经》不只有文字系统，还有符号系统，但是，我们也不能说“--”“—”这样的符号系统所表达的是一套哲学理论。再者，尽管《易经》确实具有某种“形而上学”的性质，因为它设置了一个至上神、等待人们去“卜问”之，这显然是一个“形而上者”（《周易·系辞上传》），但这并非哲学意义的形而上者，正如古希腊哲学之前的诸神也不

① 唐君毅：《中国哲学原论·原道篇》上册，中国社会科学出版社2006年版，第408页。
② 唐君毅：《中国哲学原论·原性篇》，中国社会科学出版社2005年版，第47—48页。
③ 《朱子语类》：黎靖德编，卷第一百五，中华书局1986年版，第2625页。
④ 唐君毅：《中国哲学原论·原道篇》上册，中国社会科学出版社2006年版，第404页。

是哲学意义的形而上者。哲学乃是“轴心期”[①]（我称之为“原创时代”[②]）的产物，这在古希腊是在荷马时代之后，而在中国是在春秋战国时代的事情。而《易经》产生于此前的殷周之际。《易经》文本的内容，就是作为“神示”的吉凶判断。更确切地说，根据笔者的研究成果，《易经》文本是有两种文献构成的：一是殷周之际整理汇编的吉凶占断（唐君毅对此的解释是可信的）[③]；二是引用的同时代，甚至比这个时代更早的歌谣，即笔者称之为“古歌”的文献。[④]显然，不论这些诗、还是这些吉凶判断，绝非什么“哲学”。

这并不是说《易经》是没有“哲学意义”的。但这里必须严格区分“哲学”与“哲学意义”。《易经》本身不是哲学，但它对于后来的中国哲学、儒家哲学具有重大的意义，否则我们无法理解，为什么孔子及其后学通过对《易经》的诠释而能够发挥出《易传》哲学。关键的问题在于：这是怎样一种关系？回答这个问题，需要一种崭新的思想视域。

这种思想视域，简单来说就是：哲学形而上学是由宗教形而上学转换而来的，这在中西都是一样的，就是用一种理性的形而上者去取代原来那种神性的形而上者（这在西方有两次突出表现，一次是古希腊哲学的产生，另一次是近代哲学的兴起）；而且无论如何，这种由表象思维[⑤]所把握的形而上者，皆渊源于那种前理性、前哲学的生活感悟——生活情感、生活领悟。这种本真的生活情感，在人类早期社会中，通常是由“诗”来表达的。所以，孔子说“兴于诗，立于礼，成于乐”（《论语·泰伯》）：一切皆源于诗、亦即源于本真的生活情感。于是，我们可以看到这样的对应关系：

| | | | |
|---|---|---|---|
| 古希腊： | 荷马史诗 | → | 希腊哲学 |
| 中国： | 《诗经》 | → | 诸子哲学 |
| 《周易》： | 《易经》古歌 | → | 《易传》哲学 |

---

① 雅斯贝斯：《历史的起源与目标》，华夏出版社1989年版，第14页。

② 黄玉顺：《生活儒学导论》，见《面向生活本身的儒学——黄玉顺“生活儒学”自选集》，四川大学出版社2006年版，第40页。

③ 唐君毅：《中国哲学原论·原道篇》下册，第504—531页。

④ 黄玉顺：《易经古歌考释》，巴蜀书社1995年版，绪论。

⑤ 海德格尔：《哲学的终结和思的任务》，载《面向思的事情》，陈小文、孙周兴译，商务印书馆1999年版，第68页。

落实到《周易》上的这种关系，我们还可以有一种更为精确的揭示：

| 殷周之际 | 西周 | 春秋 | 战国 |
| --- | --- | --- | --- |
| 《易经》古歌 | 《易经》占辞 | 《左传》《国语》筮说 | 《易传》 |
| 生活情感 | 生活领悟 | 哲学的酝酿 | 哲学的形成 |

那么，这样一种揭示，对于中国哲学的当代重建来说，具有怎样的意义呢？这就涉及一种历史的，或者说是历史哲学的视域。中国社会的历史，可以分为三大阶段或者三种形态，中经两次社会转型时期，于是可以分为五大阶段：

| 上古 | 春秋战国 | 中古 | 近现当代 | 未来 |
| --- | --- | --- | --- | --- |
| 王权列国时代 | 第一次大转型 | 皇权帝国时代 | 第二次大转型 | 民权时代 |
| 《诗》《书》 | 诸子之学 | 广义经学 | “新学”① | “国学”② |
| 《易经》 | 《易传》 | 古代易学 | 现代易学 | 未来易学 |
| 无哲学 | 中国哲学形成 | 古代中国哲学 | 现代中国哲学 | 未来中国哲学 |

以上这个图表，最重要的是两个环节，即中国社会的两次大转型及其所伴随的观念大转型：在第一次大转型中，中国哲学诞生了；而在我们今天身处其中的第二次大转型中，中国哲学将可能通过重建而再次辉煌，这取决于我们是否能够找到正确的路径。

那么，就中国哲学的当代重建这个时代课题来说，两次转型的共同点是什么？或者说，第一次大转型对于今天的第二次大转型来说具有怎样的启示？这里，《周易》从《易经》古歌、占辞到《易传》哲学的转换跃迁之路就是典范的路径，这条路径就是：从生活本身、生活情感、生活领悟出发，去重建哲学——重建形而上学、形而下学（伦理学、知识论）。此即易学对于中国哲学当代重建的最大启示。

---

① 近代称将不同于古代学术的新兴学术通称为“新学”。

② 参见黄玉顺：《中国学术从“经学”到“国学”的时代转型》，《中国哲学史》2012年第1期；人大复印资料《中国哲学》2012年第6期全文转载。

# 《易经古歌考释》修订再版后记*

我想利用这次《易经古歌考释》修订再版的机会，谈谈此书出版以后将近二十年来自己继续研读思考《周易》的一点心得体会。

此书出版之际，中国新闻社记者报道《四川学者新近发现〈易经〉隐含一部"诗集"》，称"编成于春秋中叶的《诗经》，作为中国诗歌源头的地位已经动摇，成书于西周初期的《易经》中，早已隐含了一部更古老的'诗集'"云云。中国新闻社将这篇报道作为该社的通稿，遍发于海内外，许多报纸纷纷刊载，一时颇具"轰动效应"；随后又陆续有人发表评介、书评等；再随后，直到今天，不少学者引用此书。

但我自己那时反倒日渐与这一切疏远起来。那是因为：此书原来的性质，本是易学的成果，同时也是文学、诗学和文献学的成果，所以，张岱年先生在《序》中说，此书"为易学研究开辟了一条新途径，同时亦为古代诗学研究开辟了一个新区宇"。但不论"易学"，还是"诗学"，都与我后来从事的研究工作大异其趣：此书出版之后不久，我自己的学术兴趣就转向了哲学。先是跟随冯友兰先生的传人蒙培元先生攻读中国哲学、儒家哲学的博士学位，同时系统地研读西方哲学；随后，逐渐形成了自己的"生活儒学"思想。①

然而近年来，我逐渐意识到：事实上，"生活儒学"与"易经古歌"之间还是有关系的，甚至存在着一种深层的内在关联。这就是我想在这里谈一谈的想法。

---

* 原载黄玉顺《易经古歌考释》（修订版），上海古籍出版社2014年版。

① 参见拙著：《面向生活本身的儒学——黄玉顺"生活儒学"自选集》，四川大学出版社2006年版；《爱与思——生活儒学的观念》，四川大学出版社2006年版；《儒家思想与当代生活——"生活儒学"论集》，光明日报出版社2009年版；《儒学与生活——"生活儒学"论稿》，四川大学出版社2009年版；《生活儒学讲录》，安徽人民出版社2012年版。此外，关于生活儒学的评论，可以参见崔发展、杜霞主编的《生活·仁爱·境界——评生活儒学》，安徽人民出版社2012年版，此书收录了人们对"生活儒学"的评论文字32篇。

生活儒学将存在以及所有一切存在者之存在划分为三个显现层级，这与《老子》所说的“天下万物生于有，有生于无”（第四十章）以及海德格尔（Martin Heiddeger）的思想之间，存在着一种对应关系（当然也有思想实质的区别）：

生活 → 形而上者 ——→ 形而下者
无 ——→ 有 ————→ 万物
存在 → 形而上存在者 → 形而下存在者

与之相应，不论整个人类、还是任何个体，其全部观念的可能形式不外乎这样三个显现层级：

生活感悟 → 形而上学 → 形而下学

我所谓“生活感悟”，包含本真的生活情感和原初的生活领悟，这些都是先于理性、先于科学、先于伦理、先于哲学的事情。这种本真的生活感悟，尤其情感，往往都是由诗歌来传达的，即陆机《文赋》所说的“诗缘情”。

这些年来，人们都喜欢谈论海德格尔的一个话题“诗与思”。按照海德格尔的想法，人作为“此在”（Dasein）这种特殊的存在者，源始地存在着、生存着；这种源始的生存，伴随着源始的、存在论意义上的存在之领会与诠释，他前期称之为“生存领会”，后期称之为“思”；这种存在之领会与诠释是与本真的言说同在的，所以他说“语言是存在之家园”；这种本真的言说就是诗歌。“诗与思”的关系，就是诗歌与生存领会的关系。

我自己的类似思想，也在拙著《爱与思——生活儒学的观念》及一些文章里谈过。我经常想起孔子的话：

兴于诗，立于礼，成于乐。（《论语·泰伯》）

“兴于诗”这句话，尤其值得我们仔细玩味一番。

就个人来说，人们年轻时往往怀有所谓“文学梦”，而且特别爱诗，乃至于觉得自己就是一个诗人。往往就是在这种“文学梦”“诗人梦”中，一个人的精神境界、道德情操得以培育。这就是“兴于诗”。所以儒家首重“诗教”。

就整个人类来说，精神文明的第一种形态往往就是诗。比如西方文明，希腊哲学之前就是《荷马史诗》的时代，然后才有了西方文明。而在中国，诸子百家之前就是《诗经》的时代，那时的人们并不首称《易经》什么的，而是动称“诗书”，然后才有了中华文明。这也是“兴于诗”。这确实是一个值得专题研究的课题。

我们的哲学的、宗教神学的形而上学何以可能？它们都渊源于我们的生活感悟。同理，作为哲学形而上学的《周易》大传何以可能？它渊源于作为神学形而上学的《周易》古经；而《周易》古经的宗教形而上学何以可能？它渊源于作为本真生活感悟的诗歌“易经古歌”。所以，这里存在着这样一种关联：

| | 殷周 | | 西周 | | 战国 |
|---|---|---|---|---|---|
| 文本： | 《易经》古歌 | ⟶ | 《周易》古经 | ⟶ | 《周易》大传 |
| | ↑ | | ↑ | | ↑ |
| 言说： | 诗歌 | ⟶ | 蓍筮 | ⟶ | 哲学 |
| | ↑ | | ↑ | | ↑ |
| 存在： | 生活感悟 | ⟶ | 神性形而上者 | ⟶ | 理性形而上者 |

所以，近几年来，我一直想再写一本研究《周易》的专书。我深感有必要整个地重新诠释这些歌谣，这种重新诠释不是文献方面的，而是思想观念方面的，具体说来，就是对“诗与思”之关系的理解和阐释，由此追溯中国哲学的起源，并以此为中国哲学的当代重建提供一种借鉴。这种诠释的要义，在于揭示“古歌→古经→大传”，亦即“生活感悟→神学→哲学”这样一种“奠基关系”。

但这远不是一次简单的修订就能够解决的问题，唯有待于将来；不过这也表明，对这本《易经古歌考释》加以修订再版是值得的。

黄玉顺

2013年1月于济南寓所

# 形而上学的黎明*

## ——生活儒学视域下的“变易本体论”建构

本文的主旨是既反对原教旨主义墨守传统形而上学的态度，也反对后现代主义拒绝任何形而上学的态度，尝试在生活儒学的视域中，即在生活或存在的本源上重建形而上学，尤其是重建作为形而上学之核心的本体论。“黎明”比喻形而上学的现状：一方面，“昨天”的即传统的形而上学已经被解构，消解于暗淡之中，尽管仍然有人满足于与其幻影相拥而眠；而另一方面，“今天”的即某种新型的形而上学曙光初露，尽管有人还在酣梦之中，而未见其喷薄欲出的光芒。为此，我们将通过《易传》的解读，尝试建构“变易本体论”。

### 一、什么是形而上学

既然是讨论形而上学问题，那么，首要的问题就是：什么是形而上学？

众所周知，西语“形而上学”(metaphysics)字面意思是“物理学之后”，原是亚里士多德的一部汇编著作的名称：亚氏去世二百多年之后，古希腊罗德岛的安德罗尼柯(Andronicus)在编排亚氏著作时，将讨论超越经验以外的对象的若干著作安排在《物理学》一书之后，意谓《物理学之后诸卷》，其汉译为《形而上学》[①]。这里须注意的是：(1)所谓“物理学”(physica)并非今天的“物理学”概念，亦可译为“自然学”，意指自然科学中最基本的部分。(2)英语“metaphysics”出自拉丁文metaphysica，由metá(希腊文μετά意谓“之后”或“之上”)和physiká(希腊文φυσικά意谓“自然”或“自然的产物”)合成。(3)“meta”这个前缀有“之后”“超越”“基础”等含义，这正好与亚氏第

---

* 原载《湖北大学学报》2015年第4期。

① 参见汉译亚里士多德：《形而上学》，吴寿彭译，商务印书馆1959年版。

一哲学的“being as being”之意相符。但必须指出的是：按照海德格尔的“存在论区分”（der ontologische Unterschied），这里的“being”其实并非“存在”（Sein）观念，而是“存在者”（Seiende）观念，故“being as being”不应译为“存在之为存在”，而应译为“存在者之为存在者”，意指作为众多相对存在者背后的终极根据的那个绝对存在者，亦即所谓“本体”（noumenon）（希腊语onta）——“形而上者”。

与之相应，汉语“形而上学”不仅仅是西语“metaphysics”的翻译，而自有其中国本土文献的渊源，那就是《易传》所说的“形而上者”。众所周知，此语出自《周易·系辞上传》：“形而上者谓之道，形而下者谓之器。”所谓“形而上学”，顾名思义，就是对“形而上者”的思考与言说。日本近代哲学家井上哲次郎（1855—1944）用汉字“形而上学”去翻译“metaphysics”[①]，而得到广泛认可，这意味着汉语“形而上学”与西语“metaphysics”之间确实存在着对应关系，尽管两者并不完全等同。[②]

曾有学者与我争论，他说：中国古代既无“形而上学”之名，亦无形而上学之实。[③]我反驳道：“这是一种极为常见、却极成问题的逻辑：因为中国过去没有用过某个‘概念’，所以中国过去没有由这个概念所指称的事实。按照这种逻辑，我们会说：因为中国古代没有用过‘消化系统’这个概念，所以中国古代没有消化系统；……如此等等。这难道不荒谬吗？……‘形而上学’这个译名出自‘形而上者谓之道，形而下者谓之器’。那么，假如我们已然思考了‘形而上者’却还没有将这种思考命名为‘形而上学’，这难道就可以证明这种思考不是形而上学吗？”[④]

那么，何谓“形而上者”？孔颖达解释说：

> “是故形而上者谓之道，形而下者谓之器”者，道是无体之名，形是

---

① 井上哲次郎：《哲学字汇》，早稻田大学图书馆1881年版。严复就曾经反对将“metaphysics”译为“形而上学”，而主张译为“玄学”，但并不被人们接受，这说明将“metaphysics”译为“形而上学”是颇有道理的。

② 参见我提出的“可对应性”和“非等同性”概念，见拙著：《爱与思——生活儒学的观念》，四川大学出版社2006年版，第一讲，“一、等同与对应：定名与虚位”，第4—8页。

③ 张志伟：《关于海德格尔与中国哲学之间关系的几点思考——对黄玉顺〈生活儒学导论〉的批评》，《四川大学学报》2005年第3期。

④ 黄玉顺：《论生活儒学与海德格尔思想——答张志伟教授》，《四川大学学报》2005年第4期。

有质之称。凡有从无而生，形由道而立，是先道而后形，是道在形之上，形在道之下。故自形外已上者谓之“道”也，自形内而下者谓之“器”也。形虽处道、器两畔之际，形在器，不在道也。既有形质，可为器用，故云“形而下者谓之器”也。（《周易正义·系辞上传》）

这就是将一切存在者区分为有形的“器”和无形的“道”，即“形而下者”和“形而上者”。须注意的是，孔颖达在这段话里所说的“道是无体之名”，所谓“体”是指的形体或形质，所以《易传》说“神无方而易无体”，即是说，作为形而上者的易道是无形体或形质的；但这并非汉语哲学中“体”的唯一用法。汉语哲学所谓“体”，其实有两种用法：有时是指的形而下的形体或形质，即“器”；而有时则是指的形而上的实体或本体，即“道”。后者尽管并没有形体或形质，但仍然是一种“体”，即“实体”“本体”，亦即仍然是作为“形而上者”的某种“东西”。这就是说，在汉语哲学中，“体”并不一定是指的具有形体或形质的东西。

“实体”概念便是如此。例如朱熹《中庸章句》第一章题解：“道之本原出于天而不可易，其实体备于己而不可离。”按照朱熹的哲学，这里的“实体”不论是指的天理（出于天）抑或人性（备于己），都不是说的具有形体或形质的“形而下者”，而是说的无形的“形而上者”。朱熹哲学，乃至整个宋明理学的一个主题，就是讨论这个“实体”，即“本体”与“工夫”的关系。

“本体”概念亦然。如朱熹说：“虚灵自是心之本体，非我所能虚也。耳目之视听，所以视听者即其心也，岂有形象？然有耳目以视听之，则犹有形象也。若心之虚灵，何尝有物！”[①] 所以，形而上者尽管没有形体或形质，但这并不妨碍它作为形而上者、本体、实体。在这个意义上，形而上者毕竟是一种存在者，而非存在。其实，西方形而上学也是一样的，无论宗教形而上学还是哲学形而上学，形而上者作为“实体”“本体”，往往都是无形体或形质的。例如柏拉图的“理念”（idea），尽管是一切有形之物的原型，但它本身却是无形体或形质的。

“物”的概念亦如此。上引朱熹所说形而上者“何尝有物”，那只是“物”的一种用法，即指形而下者。但“物”也可以指形而上者。例如，《老

---

① 黎靖德编：《朱子语类》卷五，中华书局1986年版，第87页。

子》就说“道之为物”（第二十一章）。道家所谓“道”有三种用法：有时是说的本源之道，即是“无”或“无物”存在，因此，复归于道即“复归于无物”（第十四章）；有时是说的形下之道，即是“万物”的存在，这种用法《庄子》里特别多，例如养生之道、有区分的“天道”与“人道”“帝道”“圣道”（见《庄子》之《人间世》《在宥》《天道》）、特定的“夫子之道”（《庄子·应帝王》）、“多骈旁枝之道”（《庄子·骈拇》）、“从水（游泳）之道”（《庄子·达生》）乃至“盗亦有道”（《庄子·胠箧》）等，真可谓“闻道百”（《庄子·秋水》）；而有时则是说的这里所谈的形上之道，即是形而上存在者的存在，如《老子》明确讲：“道之为物，惟恍惟惚。……恍兮惚兮，其中有物。”（第二十一章）又说：“有物混成……吾不知其名，强字之曰‘道’。”（第二十五章）这也说明，《老子》所谓“道”有时是说的非存在者化的纯粹存在，谓之“无”；有时则是说的作为存在者的形而上者，谓之“有”。故《老子》说：“反者道之动……天下万物生于有，有生于无。”（第四十章）这里的“有”即形上之道、形而上存在者、绝对之“物”；“无”即本源之道、存在、“无物”。这些用法不仅存在于道家文本之中，而且同样存在于儒家文本之中。

要之，形而上学就是对“道之为物”这种存在者化的形而上者或终极实体或本体的思考与言说，意在据此阐明所有形而下者、“万物”何以可能。

这样的形而上者、绝对实体就是本体。因此，形而上学的核心即本体论。

## 二、什么是本体论

现代汉语哲学中的“本体论”这个词语，有两种来源：一种是对西语“ontology”的翻译，另一种则是对中国古代哲学固有的“本体”一词的沿用。而这两者又是相通的，即存在着我们所说的“非等同性”和“可对应性”的关系，所以两者之间可以互译。

汉语“本体”一词来源甚早。阮籍《乐论》：“八音有本体，五音有自然。”[①]《后汉书·应劭传》：“又集驳议三十篇，以类相从，凡八十二事，其见《汉书》二十五，《汉记》四，皆删叙润色，以全本体。”《北史·魏彭城王勰传》：“帝曰：‘虽琱琢一字，犹是玉之本体。’”郦道元《水经注·河水四》：“余按周处此志……更为失志记之本体，差实录之常经矣。”刘勰《文心

---

① 阮籍：《阮籍集》，上海古籍出版社1978年版，第41页。

雕龙·诸子》：“然繁辞虽积，而本体易总，述道言治，枝条《五经》。”[①]

当然，这些都还不是作为形而上者的本体，而是形而下者的实体或其本质。但经汉译佛教袭用此词，称诸法的根本自体或与应身相对的法身为“本体”，便有了形而上者的意味。如《大日经》卷七：“一身与二身，乃至无量身，同入本体。”[②] 到了宋明理学，众所周知，其主要话题就是“本体”与“工夫”的关系问题，而分别为“本体论”与“工夫论”。如朱熹说：“未发之际，便是中，便是‘敬以直内’，便是心之本体。”[③] 这样的“本体”便已经是上文谈过的作为“形而上者”的终极“实体”了，因为这里的“心之本体”其实是说的“天理”，这正是上引朱熹所讲的“道之本原出于天而不可易（天理），其实体备于己而不可离（心之本体）”。

汉语哲学的“本体论”和西方哲学的“ontology”之间的对应性和一致性，在于两者所思考和言说的对象——本体，都是作为形而上者的终极实体。

这里还有一点需要说明。近些年来，汉语哲学界一些人主张将“ontology”译为“存在论”。[④] 但这种主张很容易导致概念混乱，因为汉语“存在论”在字面上可以有两种截然相反的理解：一种是关于存在而不是存在者的理论，英译应为“theory of Being”[⑤]，然而这并不是西语“ontology”的意思，因为传统ontology恰恰“遗忘了存在”（海德格尔之语）[⑥]；另一种理解则并不是关于存在而是关于终极存在者的理论，而这正是ontology的特征。西方ontology就是思考本体的，即思考形而上者、唯一绝对的存在者，而这正符合汉语“本体论”的语义，即讨论“本—末”关系（宇宙论模式）、“体—用”关系（本体论模式）。

不论中西，本体论所讨论的问题，可以分为两个方向：首先是透过现象追寻本体，即由众多相对的形而下者出发，寻求它们背后的唯一绝对的形而上者，这也就是古希腊哲学“拯救现象”的意图；然后以这个本体来阐明现象，即以形而上者为终极根据，由此阐明诸多形而下者何以可能，这也就是西方哲

① 刘勰：《文心雕龙》，周振甫：《文心雕龙注释》，人民文学出版社1981年版，第101页。

② 《大日经》：《大毗卢遮那成佛神变加持经》，善无畏、一行等译，见《大正藏》第十八册，（台北）财团法人佛陀教育基金会出版部1990年版，第48页。

③ 黎靖德编：《朱子语类》卷八十七，中华书局1986年版，第2262页。

④ 此外还有“是论”“有论”等主张，兹不赘述。

⑤ 这里的“Being”表示存在、而不是存在者，亦即不是“the Being”的意思。

⑥ 海德格尔所谓“基础存在论”（foundational ontology）之名，其实也是很成问题的。

学所谓“奠基”（foundation-laying）[1]，中国哲学谓之“立极”。

西方哲学的“奠基”概念虽是康德最早明确提出的，但“奠基”观念其实始于古希腊的“拯救现象运动”。“拯救现象”并不仅仅具有天体物理学、自然哲学上的意义，更具有一般哲学上的意义，就是人们出于对于变动不居的诸多现象的忧虑，试图在现象背后去找出某种唯一的永恒不变的本质或本体，由此而形成了“本质与现象”“形上—形下”等一般哲学的形而上学思维模式。因此，西方哲学的本体论所思考的往往都是某种永恒不变的实体。直到黑格尔的辩证法，尽管强调“变”，但其终极根据恰恰是那个永恒不变的“绝对观念”，即《逻辑学》的第一范畴“纯有”[2]，犹如《老子》讲的“天下万物生于有”[3]。

这与中国哲学并不完全等同，甚至相反。例如“周易哲学”——《易传》的哲学，尽管也是寻找诸多现象背后的唯一本体，但与西方本体论正相反，其本体并非永恒不变的实体，倒是“变”本身，这正是“易”的基本含义。

这样的“奠基”——用唯一的形而上者来阐明众多的形而下者何以可能，中国哲学叫作“立极”，犹如孟子所说的“先立乎其大者”（《孟子·告子上》）。西方哲学的“奠基”概念与中国哲学的“立极”概念，都是用建筑术语来比喻形而上者对形而下者的根本意义，但亦有所不同。《易传》所谓“太极”，字面意思就是“大栋”。《说文解字·木部》：“极：栋也。”段玉裁注：“极者，谓屋至高之处。”这就是说，“极”本义指房屋最高处的大栋梁，它对整座建筑居于摄覆地位，故以比喻唯一形而上者对于众多形而下者的摄覆作用。故《系辞上传》说：“易有太极，是生两仪，两仪生四象，四象生八

---

① 黄玉顺：《形而上学的奠基问题：儒学视域中的海德格尔及其所解释的康德哲学》，《四川大学学报》2004年第2期（人大复印资料《外国哲学》2004年第5期全文转载）；《为科学奠基——中国古代科学的现象学考察》，见《面向生活本身的儒学——黄玉顺“生活儒学”自选集》，四川大学出版社2006年版。

② 黑格尔：《逻辑学》，上卷，杨一之译，商务印书馆1976年版，第69页。

③ 黑格尔讲的“纯有即无”和《老子》讲的“有生于无”不是一回事：黑格尔所谓“无”是绝对观念“有”的本质规定——“无规定性”（参见黑格尔：《逻辑学》上卷，杨一之译，商务印书馆1976年版，第69—70页），即海德格尔在《存在与时间》导言中所拒绝的传统形而上学那种本体概念，即“最普遍的”“不可定义”的绝对存在者概念（参见海德格尔：《存在与时间》修订译本，导论，陈嘉映、王庆节译，三联书店（北京）2006年版，第4—5页）；而《老子》的“无”不是说的绝对存在者，而是说的先于任何存在者的存在，所以海德格尔引老子为同道。

卦，八卦定吉凶，吉凶生大业。”这里的“太极”其实也就是“易”，所以不说“易生太极”而说“易有太极”，而以下则说“生”，才是生成、奠基的观念：太极或易是统摄一切存在者的本体。上文谈过，“易”即变易；这里以之为“太极”，也就是以变易本身为本体。这就是《易传》的“变易本体论”。

## 三、为什么要解构传统形而上学

哲学——形而上学、本体论等，绝非经院中、书斋里的概念游戏；哲学是一种生活，或者说是生活的可能性的一种敞开——通过建构一个可能世界，从而获得一种可能生活；哲学就是由“在生活”而积极地“去生活”。[①] 更通俗地说，哲学的宗旨就是从根本观念上解决生活问题。

然而，传统的形而上学及其本体论已不能解决我们当下的生活问题，这就需要解构旧的形而上学，以建构起新的形而上学。结果我们看到：人类不断地重建形而上学。这取决于哲学解决生活问题的特定方式：形而上学并非直接地处理当下生活问题，而是间接地通过形而下学，即通过直接面对自然界的知识论建构和直接面对社会界的伦理学建构，去处理和解决生活问题。这种“形上—形下”的关系，西方哲学谓之“奠基”，中国哲学谓之“立极”；总之，就是由一个绝对的形而上者来给出众多相对的形而下者，从而建构一个意义世界，进而改造现实世界。

这样一来，不难发现：生活的流变要求我们不断地解构旧形而上学、建构新形而上学。且就社会伦理生活而论，这里存在着一种必然的逻辑关系：一方面，社会共同体的共同生活要求建立一套社会规范及其制度（即儒家所谓“礼”“人伦”），这是伦理学范畴，它显然属于形而下学的课题；而这种形而下学又需要一种特定的形而上学为之奠基。但另一方面，当社会生活方式发生了转换，人们就需要一套新的制度规范，即新的伦理学，孔子称这种“解构—建构”为礼之“损益”（《论语·为政》）；这就需要建构起一种新的形而上学来为之奠基。这种关系可以图示如下：

① 参见黄玉顺：《爱与思——生活儒学的观念》，附论二、生活本源论，“三、本源结构：在生活并且去生活”，第222—237页。

形而上学$_1$ → 形而上学$_2$

↕　　　　　　↕

伦理规范$_1$　　伦理规范$_2$

↕　　　　　　↕

生活方式$_1$ → 生活方式$_2$

这里的双向箭头“↕”的含义是：“生活方式→伦理规范→形而上学”的序列表示“渊源”关系或曰“生成”关系，意谓一切皆渊源于生活，特定的伦理规范及其形而上学是由特定的生活方式生成的；“形而上学→伦理规范→生活方式”的序列表示“奠基”关系，意谓在观念上，形而上学为伦理规范奠基，而特定的伦理规范旨在解决特定生活方式中的群体生存秩序问题。

例如，中国人在帝国时代（自秦至清）的家族社会生活方式，要求建立一套适应这种生活方式的制度规范，由此保证中华帝国的共同生活秩序；而这种伦理学需要一种特定的形而上学，其主流就是儒家“心性论”哲学。众所周知，这种伦理学的核心即“三纲”——君为臣纲、父为子纲、夫为妇纲，而这套“纲常”的经典宪章即《白虎通义》[①]；而为之奠基的形而上学，就是呈现在广义“经学”中的帝国时代的儒家哲学，它表现为“汉学”（如董仲舒）和“宋学”（如程朱理学）等学术形态。但今天的中国人正在走向现代性的生活方式，这显然需要建立起一套新的制度规范；然而这种现代性的伦理学绝非前现代的形而上学能够合乎逻辑地给出的。正因为如此，不论是否成功，现代新儒家致力于建构一套新的形而上学。这个道理显而易见：程朱理学式的传统心性论形而上学根本无法合乎逻辑地导出中国人现代性的生活方式所需要的伦理规范与政治制度。[②] 所以，不难理解，20世纪的现代新儒家、21世纪的大陆新儒家（至少其中一部分人）都在探索某种新型的形而上学。

## 四、形而上学为何不可逃逸

以上讨论已从一个侧面表明：形而上学乃是不可逃逸的。唯其如此，我曾在以往的著述中多次谈到重建形而上学的问题；特别是2013年的一篇论文，

① 参见黄玉顺：《大汉帝国的正义观念及其现代启示——〈白虎通义〉之“义”的诠释》，《齐鲁学刊》2008年第6期；人大复印资料《中国哲学》2009年第1期全文转载。

② 冯友兰的“新理学”虽然号称是接着程朱理学讲的，但实质上绝非程朱理学。

更明确而集中地讨论了“当代中国哲学的形而上学重建问题”[①]。这些文字都涉及“形而上学为何不可逃逸”的问题，即：对于形而下学（伦理学及道德、知识论及科学）来说，形而上学乃是不可或缺的东西。唯其如此，自从理性觉醒的两千多年以来，人类都在不断地进行形而上学的建构。

形而上学之所以是必然的，根本原因乃在于人类思想观念之构造的一种内在的逻辑承诺：对任何一个存在者领域之存在，甚至对任何个别存在者之存在的承诺，都已蕴涵着对存在者整体之存在的承诺。当我们说“a是B”、或者“A是B”的时候（小写字母表示个体，大写字母表示一个集合、种类），对a或A的存在承诺已经蕴涵了对B的存在承诺；如此递进下去，我们最终必然走向对一个终极X的承诺，这个X就是存在者整体，亦即本体或上帝之类的形而上者。

这一点最典型地体现在定义的规则中：定义始终意味着我们必须为这个被定义概念找到一个上位概念——比被定义概念外延更大的概念；如此递进下去，我们最终会找到一个不可定义的最高概念，这就是形而上者的观念。例如，从“某某是……的人”“人是……的动物”“动物是……的生物”一直到“……是造物”就是这样的递进序列。形而上学的本质，就是用唯一绝对的存在者来说明众多相对的存在者何以可能；而任何一个陈述，最终都指向了形而上学。

其实，荀子已从“正名”的角度上讨论过这个问题。按他的逻辑，有“别名”、有“共名”，最终有一个“大共名”，那就是“物”。他说：

> 万物虽众，有时而欲遍举之，故谓之“物”。“物”也者，大共名也。推而共之，共则有共，至于无共然后止。有时而欲偏举[②]之，故谓之“鸟”“兽”。“鸟”“兽”也者，大别名也。推而别之，别则有别，至于无别然后止。（《荀子·正名》）

所谓“至于无别”的最小之物，就是个体，其所以“无别”（不能分割），是因为一旦分割，就不再是这种事物；“至于无共”的最大之物，就是形而上

① 黄玉顺：《主体性的重建与心灵问题——当代中国哲学的形而上学重建问题》，《山东大学学报》2013年第1期；人大复印资料《中国哲学》2013年第4期全文转载。

② “偏举”原文误作“遍举”，据王先谦《荀子集解》校改。

者，“无共”意味着没有上位概念，所以不可定义。按照惠施的说法，前者就是“至小无内，谓之小一”；后者则是“至大无外，谓之大一”。(《庄子·天下》)“大一”又叫“太一”(上古“大”“太”不分)，即最大的一个物，亦即形而上者，“至大无外”就是说：它是所有一切存在者的整体。

## 五、变易本体论

上文谈到，形而上学的核心是本体论。因此，新形而上学首先需要建构起新的本体论。为此，本文围绕“本体”观念，从《易传》哲学中引申出“变易本体论”(change ontology)的基本观念。

中西本体论之间是相通的，但也存在着根本差异。其相通之处是双方都在追寻形而上者，差异在于双方所追寻到的形而上者颇为不同：就其主流而论，西方哲学中的形而上者往往是某种静止的实体①；而中国哲学中的形而上者，有一种是流动的变易，这在《易传》哲学中是最为典型的，其形而上者不是凝滞的东西，而是“易”(变易)。故《系辞下传》说：

> 《易》之为书也不可远，为道也屡迁，变动不居，周流六虚，上下无常，刚柔相易，不可为典要，唯变所适。

这里的《易》实质上是指的《易传》；其为书，实言道；此道即“形而上者谓之道”，其特征是周流变动、相易无常，既非唯物，亦非唯心，乃“唯变”。换言之，变就是作为形而上者的本体。亚里士多德讲“存在者之为存在者”，《易传》则讲“变之为变”。这样的本体论，可谓“变易本体论”。

唯此之故，西方人将《周易》翻译为“变易之书”(*The Book of Change*)，颇有道理：“易”的基本含义就是“变易”或“变”(change)。《易纬·乾凿度》说：“易者，易也，变易也，不易也。”② 刘义庆《世说新语·文学》注引郑玄《序易》说：“‘易’之为名也，一言而函三义：简易一也，变易二也，不易三也。”这三义其实都是讲的变易：“简易”是说“变易”乃是极为简单的

---

① 西方哲学史上也有注重流变的观念，如赫拉克利特主张的“万物皆流”，但这并非西方哲学史上的主流思想。黑格尔辩证法的流变，也只是“绝对观念”的展开形式而已，并不是那个作为本体的“绝对观念”本身。

② 《易纬》：林忠军《〈易纬〉导读》，齐鲁书社2002年版，第77页。

道理；“不易”是说永恒不变的道理就是“变易”本身。至于《说文解字》所谓“易，蜥易、蝘蜓、守宫也”，恐非“易”字的本义；徐中舒《甲骨文字典》指出：此字“象两酒器相倾注承受之形，故会赐予之义，引申之而有更易之义”[①]。按“易”本义当指交易（交换）而变易。《易》之为书，旨在变易；而之所以变易，乃源于阴阳之交易（交感）。

据此，道即是变，变即是道。如《系辞上传》说“形而上者谓之道”，此“道”就是“变”，即是“变化之道”（《周易·系辞上传》）：“道有变动”、“乾道变化”（《周易·乾彖传》）、“形而上者谓之道……化而裁之谓之变”（《周易·系辞上传》）、“四时变化而能久成，圣人久于其道”（《周易·恒彖传》）、“圣人之道四焉……以动者尚其变”（《周易·系辞上传》），等等。

然而《系辞上传》有一段话似乎与这种观念自相矛盾：“易，无思也，无为也，寂然不动，感而遂通天下之故。”其实，这并不矛盾。孔颖达疏：“任运自然，不关心虑，是‘无思’也；任运自动，不须营造，是‘无为’也。‘寂然不动，感而遂通天下之故’者，既无思无为，故寂然不动，有感必应，万事皆通，是感而遂通天下之故也。”这就是说，所谓“寂然不动”并不是说的形而上者无关变动，而是说它的变动乃是无思无为、自然而然的，即这个本体“不关心虑”之动、“不须营造”之变，便能够“自动”。也就是说，所谓“不动”并不是说的作为形而上者的本体不动不变，而是说的这种变动是不必动心思、劳人为的。其所谓“感”，也不是说的这个本体去“感”其他外物，而是说它本身就是阴阳交感；这绝非朱熹所说的“人生而静”“感于物而动”（《诗集传·序》）那种“主—客”架构下的区分内外的“感”。在《易传》哲学，形而上者的“感动”是本体的自感自动。

这种阴阳感动的观念，其实是源于生活感悟的，是生活感悟的存在者化、本体化、形而上学化的结果。这种感悟来源于对生活的观察：“圣人有以见天下之动，而观其会通”（《周易·系辞上传》）；“仰则观象于天，俯则观法于地，观鸟兽之文与地之宜，近取诸身，远取诸物”（《周易·系辞下传》）。首先是人自己的性生活，即“近取诸身”：“夫乾，其静也专（抟），其动也直，是以大生焉；夫坤，其静也翕，其动也辟，是以广生焉。”（《周易·系辞上传》）然后是人类的日常生活乃至草木以及万物的“生活”，即“远取诸物”：

---

① 徐中舒主编：《甲骨文字典》，四川辞书出版社1989年版，第1063页。

“‘观我生’，观民也；‘观其生’，志未平也”（《周易·观象传》）；“地中生木，升”（《周易·升象传》）；“屯者，物之始生也”（《周易·序卦传》）；“观其所感，而天地万物之情可见矣”（《周易·咸象传》）。最后是形而上学化的表达：“有天地，然后万物生焉”（《周易·序卦传》）；“天地感而万物化生”（《周易·咸彖传》）；“天地之大德曰生”（《周易·系辞下传》）；“生生之谓易”（《周易·系辞上传》）。通过这样“观变于阴阳而立卦”（《周易·说卦传》），于是乎就有了变易本体论的建构。这就表明，变易本体论渊源于生活。生活在流变、变易；变易本体论不外乎是在讲流变之为流变、变易之为变易。

# 孔子观礼*

孔子讨论“礼义”问题，不是从“性”出发，而是直接诉诸生活情感。例如：

宰我问：“三年之丧，期已久矣。君子三年不为礼，礼必坏；三年不为乐，乐必崩。旧谷既没，新谷既升，钻燧改火，期可已矣。”

子曰：“食夫稻，衣夫锦，于女安乎？”

曰：“安。”

“女安则为之！夫君子之居丧，食旨不甘，闻乐不乐，居处不安，故不为也。今女安，则为之！”

宰我出。子曰：“予之不仁也！子生三年，然后免于父母之怀。夫三年之丧，天下之通丧也。予也有三年之爱于其父母乎？”（《论语·阳货》）

孔子这里首先谈及的是一种情绪“安”“不安”，进而诉诸一种感情“仁”“爱”。按照孔子的意思，三年之丧的礼制乃渊源于对父母的那种爱的情感。或许我们可以说这种情感就是“性”，或者所谓“性之所发”，但是我们仍然很难说这种情感就是后儒所说的那种本体论意义上的“性”。

在孔子那里，仁爱首先是一种情感，这一点应该是确定无疑的；并且同时，这种仁爱情感就是所有一切的大本大源，孔学也因此而称为“仁学”，这一点同样是确定无疑的。所以孔子才说：

人而不仁，如礼何？人而不仁，如乐何？（《论语·八佾》）

---

* 节选自黄玉顺：《中国正义论的形成——周孔孟荀的制度伦理学传统》，东方出版社2015年版，第三章第一节“二、三年之丧：礼由情生”，第147—151页。

在礼之中，孔子所看重的并不是外在的“礼仪”（制度的外在表现形式）：

> 礼云礼云！玉帛云乎哉？乐云乐云！钟鼓云乎哉？（《论语·阳货》）

他所看重的也并不是“礼制”（社会规范及其制度）本身：

> 禘，自既灌而往者，吾不欲观之矣。（《论语·八佾》）

对这段话的理解，是有分歧的。禘是一种祭祀，朱熹《集注》引赵伯循之说：“禘，王者之大祭也。王者既立始祖之庙，又推始祖所自出之帝，祀之于始祖之庙，而以始祖配之也。”这就是说，禘是既祭祖又祭帝。而“灌”，朱熹《集注》认为：“灌者，方祭之始，用郁鬯之酒灌地，以降神也。”这跟他对《易·观》之“盥”的解释是不一致的，是继承了何晏《集解》的说法：“灌者，酌郁鬯灌于太祖，以降神也。”（《论语注疏·八佾》）然而我们认为，此处的“灌”也就是《易·观》之“盥”。而“灌”却是河流之名，《说文》：“灌，水出庐江雩娄北入淮水。”这里是假借字，“灌”即是“盥”，亦即“澡手”（洗手），而非“进爵灌地”。此后的“既灌而往者”就是“既盥而往者”，亦即《易·观》“盥而不荐”之“荐”。

王弼注云：“王道之可观者，莫盛乎宗庙；宗庙之可观者，莫盛于盥也。至荐，简略不足复观。故观盥而不观荐也。”（《周易正义·观》）这就是说，此卦是讲：观之所观，乃是宗庙祭祀。但王弼的解释也存在问题，在他看来：之所以“观盥而不观荐”，是因为盥“盛”而荐“简略”。汉儒已有此说，李鼎祚《集解》引马融：“此（盥）是祭祀盛时；及神降荐牲，其礼简略，不足观也。”（《周易集解·观》）后世也都采取此说：礼仪盛大便足以观，礼仪简略则不足观。其实，“盥”与“荐”是祭祀之中的先后程序。李鼎祚《周易集解》引马融：“盥者，进爵灌地，以降神也。”（《周易集解·观》）但朱熹《周易本义》却解为：“盥，将祭而洁手也。”（《周易本义·观》）马解为“降神”，是已开始祭；而朱解为“洁手”，是“将祭”而尚未开始祭。从“盥”字的字形看，应以朱说为佳。《说文》：“盥，澡手也。从臼（案：象双手之形）水临皿。”这就是今天俗话说的“洗手”，而非马融所说的“进爵灌地”。那么，正式祭祀之前，先把手洗干净，这是谈不上什么“盛”的，不过是准备

"荐"，亦即奉进祭品而已。孔颖达解释："荐者，谓既灌之后，陈荐笾豆之事。"(《周易正义·观》)朱熹说得更简明："荐，举酒食以祭也。"(《周易本义·观》)这是正式的祭祀活动，我们决不能说不"盛"反倒"简略"。

孔子的意思，正是《易·观》所说的"盥而不荐"。那么，孔子为什么说"既灌而往者吾不欲观之"呢？何晏《集解》认为："既灌之后，列尊卑，序昭穆；而鲁逆祀，跻僖公，乱昭穆，故'不欲观之矣'。"朱熹《集注》引赵伯循之说，虽与何晏之说略有差异，但还是认为是因为鲁祭非礼："成王以周公有大勋劳，赐鲁重祭，故得禘于周公之庙，以文王为所出之帝，而周公配之，然非礼矣。"这样的解释，实在过于牵强附会。试想：孔子既然"不欲观"那"既灌而往"的非礼之祭，何以偏偏又要"观"那为此非礼之祭做准备的"灌"呢？无论如何解释这个"灌"字，"洁手"也好，"进爵降神"也好，孔子之所以只观"灌"不观"荐"，都不可能是因为什么鲁祭非礼的缘故，否则于理不通。然而朱熹曲为之解："盖鲁祭非礼，孔子本不欲观；至此而失礼之中，有失礼焉，故发此叹也。"意思是说：孔子本来是连"灌"也都"不欲观"的。可是，孔子既然本"不欲观"，他为什么偏偏又"观"了呢？显然，传统的解释都是不能服人的。其实，孔子说他"既灌而往者吾不欲观之"，恰恰表明了"灌"本身却是他"欲观"的。

孔子为什么欲观"灌"或"盥"，而不欲观"既灌而往者"的"荐"？这显然取决于"盥"与"荐"之间有什么不同之处。我们回到《易·观》的卦辞上来："盥而不荐，有孚颙若。"《周易》凡言"有孚"，其义都是"有信"。孔颖达解释："孚，信也。"还解释说："颙是严正之貌；若为语辞"；"言下观而化，皆孚信，容貌俨然也"。(《周易正义·观》)这里对"颙若"的解释是不够确切的。"若"固然是"然"的意思，表示是形容词；但"颙"却是"大"的意思，《说文解字》曰"颙，大头也"，引申为大。"颙若"就是今天俗语所说的"大大地""极为""非常"等等，是形容"孚"即"信"的程度。"有孚颙若"就是：极为诚信。这种诚信是说的在禘祭中的诚信，就是对"祖"与"帝"的诚信。这种诚信，就是我们通常所说的"虔诚"。《易·观》卦辞的意思在于"强调祭祀不在乎礼之厚，而在乎心之诚"[①]。《易·革》中有一句爻辞，意思与此类似："大人虎变，未占有孚。"尚"未占"，已"有

① 黄玉顺：《易经古歌考释》，巴蜀书社1995年版，第100页。

乎”，正如这里的尚未“荐”，已“有孚颙若”。

由此可见，孔子那一番话的意思显然是说：在禘祭中，“灌”或“盥”是虔诚的，而“自既灌而往者”如“荐”则不虔诚、或未必是虔诚的。孔子所看重的并不是祭祀的丰盛礼品，而是祭祀的虔敬、虔诚、诚信的态度。这使我们想起孔子在另一处对祭礼的看法：

> 林放问礼之本。子曰：“大哉问！礼，与其奢也，宁俭；丧，与其易也，宁戚。”（《论语·八佾》）

“礼之本”就是“礼之质”，就是祭礼的实质，正如朱熹所说：“俭者，物之质；戚者，心之诚。”（《论语集注·八佾》）孔子的意思是说：“荐”之礼品，与其“奢”，不如“俭”；“丧”之礼数，与其仪式之“易”（整治），不如情感之“戚”（哀伤）。

由此看来，孔子所看重的乃是对祖先的情感。同样的例子还有，孔子说过：

> 居上不宽，为礼不敬，临丧不哀，吾何以观之哉？（《论语·八佾》）

所谓“临丧不哀”是说：在丧礼中，即便所“荐”的贡品如何丰盛，假如没有哀伤的情感，那就是不可观的了。

由此可见，孔子所看重的，甚至也不仅仅是“礼义”（制度背后的正义原则），而是更其本源的情感，尤其仁爱的情感。[1]

---

① 黄玉顺：《论“观物”与“观无”——儒学与现象学的一种融通》，《四川大学学报》（哲学社会科学版）2006年第4期。

# 左氏易传注疏瑕疵*

谈到“易学的形成”，首先涉及对“易学”这个概念的理解。对于“易学”可以有两种不同的理解：一指“易之学”，则所谓“易学的形成”可以是指的《易》这个文本、即《易》古经的形成过程[①]；二指“《易》之学”，则所谓“易学的形成”首先指涉的应该是对已经形成的《易》文本的首批诠释。本文取后一种理解，主要出于两点考虑：

其一，《易》古经的形成过程对于我们来说过于久远，往往“文献不足征”；而对《易》文本的首批诠释，却有着十分确切而且较为充分的传世文献，那就是春秋时期的《左传》及《国语》中对《易》的诠释。

其二，对后来中国文化传统的形成真正发挥了直接的核心作用，其实并不是《易》古经本身，而是对《易》古经的诠释，尤其是以孔子为代表的儒家的诠释。这是因为，中国文化传统的形成是在中国的“轴心时期”（我称之为“原创时代”[②]），就是中国第一次社会大转型（从王权社会到皇权社会转变）及所伴随的第一次观念大转型（春秋战国百家争鸣）；而易学的形成是与此同步的，即春秋时期的易学和战国时期的易学。[③]

对《易》古经的诠释，可以通称“易传”，例如，除传世《易传》外，还有人们所熟知的《子夏易传》《京氏易传》《伊川易传》《东坡易传》等。出土

---

* 此文是向2011年10月13日至16日在山东大学举行的“早期易学的形成与嬗变”国际学术研讨会提交的论文（见《早期易学的形成与嬗变国际学术研讨会论文集》），会议由山东大学易学与中国古代哲学研究中心主办，德国埃尔兰根-纽伦堡大学国际人文研究院和韩国周易学会协办。

① 本文所谓“《易》古经”指传世《周易》古经，而不牵涉《连山》《归藏》的争议。

② 黄玉顺：《生活儒学导论》，收入《面向生活本身的儒学——黄玉顺“生活儒学”自选集》，四川大学出版社2006年版。

③ 黄玉顺：《中西之间：轴心时代文化转型的比较——以〈周易〉为透视文本》，《四川大学学报》2003年第3期；人大复印资料《中国哲学》2003年第9期全文转载，2004年《中国儒学年鉴》全文收录。

的战国时期的说《易》简帛，其实皆属“易传”性质的文献。因此，《左传》及《国语》中对《易》的诠释，可称之为“左氏易传”。这是因为：按照传统的说法，《左传》《国语》为春秋末期左丘明所著[①]；再者，按照儒家传统，《左传》称为“春秋左传”，则《左传》中所载《易》说，亦可称为“左氏易传”。

本文认为，探讨“易学的形成”问题，首先必须研究“左氏易传”。这是因为“左氏易传”：（1）时代最早：这是对《易》古经的最早一批诠释；而传世的《易传》、出土的说《易》简帛，则都是此后的战国时期的文献。（2）数量较多：前人对此已有搜辑，但皆有所遗漏，实则《左传》有25则，《国语》有5则，共有30则之多。（3）影响很大：战国时期“易传”文献的许多基本观念，其实都是继承“左氏易传”而来的。

“左氏易传”通行本见于《十三经注疏》，晋杜预注，唐孔颖达疏，虽极精辟，然亦白璧微瑕，今略举之如次，而论之以“黄案”。

## 一

【左传】陈厉公，蔡出也，故蔡人杀五父而立之。生敬仲。其少也，周史有以《周易》见陈侯者。陈侯使筮之，遇观之否。曰：“是谓‘观国之光，利用宾于王。’此其代陈有国乎？不在此，其在异国；非此其身，在其子孙。光，远而自他有耀者也。坤，土也；巽，风也；乾，天也。风为天于土上，山也。有山之材，而照之以天光，于是乎居土上，故曰‘观国之光，利用宾于王’。庭实旅百，奉之以玉帛，天地之美具焉，故曰‘利用宾于王’。犹有观焉，故曰其在后乎！风行而著于土，故曰其在异国乎！若在异国，必姜姓也。姜，大岳之后也。山岳则配天。物莫能两大。陈衰，此其昌乎！”及陈之初亡也，陈桓子始大于齐；其后亡也，成子得政。（庄公二十二年）

【杜注】卜筮者，圣人所以定犹豫，决疑似，因生义教者也。……丘明故举诸县验于行事者，以示来世，而君子志其善者、远者。

【孔疏】《左传》之初至此，始有卜筮，故杜于此通说之。……言“验于

---

① 关于《左传》《国语》作者是谁，尽管存在争议，但比较而言，还是传统说法左丘明更为可信。司马迁《史记·十二诸侯年表》：“鲁君子左丘明惧弟子人人异端，各安其意，失其真，故因孔子史记，具论其语，成《左氏春秋》”；《报任安书》：“左丘失明，厥有《国语》”。班固《汉书·艺文志》：“《国语》二十一篇，左丘明著。”《战国策·楚策四》载赵国上卿虞卿之言：“臣闻之《春秋》：‘于安思危，危则虑安。’”此与《左传》相同，见《左传·襄公十一年》：“《书》曰：‘居安思危。’”可见虞卿所称《春秋》即是《春秋左传》。

行事者”：南蒯则行验而龟筮不验，臧会则行不验而龟筮验。言“君子志其善者、远者”：善者谓劝人修德行、敬龟筮是也；远者谓举其大纲，劝人为善，长久远道，非有临时应验。此远者即上善者，指其事谓之善，指其教谓之远。刘炫云：“计春秋之时，卜筮多矣，丘明所载唯二十许事，举其繇验于行事者，其不验者不载之。”

【黄案】注疏所论，异于孔子之说，盖非左丘明之意。《论语·子路》：“子曰：‘不占而已矣。’”孔子不尚占筮，改占筮之书为义理之书。然而《论语注疏》郑注：“《易》所以占吉凶，无恒之人，《易》所不占。”孔疏：“夫《易》所以占吉凶，无恒之人，《易》所不占也。”是因《论语注疏》误将《论语》两篇并作一篇：“子曰：‘南人有言曰：“人而无恒，不可以作巫医。”善夫！“不恒其德，或承之羞。”’子曰：‘不占而已矣。’”朱熹《集注》承其误，而曲说之：“复加‘子曰’，以别《易》文也。”然朱子亦未敢确信如此，故云：“其义未详。”实则后一“子曰”明是另起一篇，孔子但言：学《易》之要，惟在“不占而已”！下文《左传·哀公十八年》“圣人不烦卜筮”，亦属此意。

## 二

【左传】成季之将生也，桓公使卜楚丘之父卜之，曰：“男也。其名曰‘友’，在公之右；间于两社，为公室辅。季氏亡，则鲁不昌。”又筮之，遇大有之乾，“同复于父，敬如君所”。及生，有文在其手曰“友”，遂以命之。（闵公二年）

【杜注】（同复于父，敬如君所）筮者之辞也。

【孔疏】此虽六五爻变，不取《周易》之文，筮者推演卦意，自为其辞也。

【黄案】“同复于父，敬如君所”为韵语，此究是筮者之辞，抑是别本《周易》之繇，或可商榷。《左传》之卜与筮，其辞多为韵语。吾意：凡非韵语者，是筮者自为之辞；而凡为韵语者，则属别本《周易》之繇。例如僖公十五年，卜徒父筮，其卦遇蛊，曰：“千乘三去，三去之余，获其雄狐。”又僖公十五年，史苏占之，乃明言“其繇曰：‘士刲羊，亦无衁也；女承筐，亦无贶也。西邻责言，不可偿也。归妹之睽，犹无相也。’”此属别本《周易》之繇，其中“西邻责言，不可偿也；归妹之睽，犹无相也”并不见于今本《周易》。其下别有韵语：“为雷为火，为嬴败姬。车说其輹，火焚其旗，不利行师，败于宗丘。归妹睽孤，寇张之弧，侄其从姑，六年其逋，逃归其国，而弃其家。明年，其死于高梁之虚。”疑亦别本《周易》之繇。又成公十六年，史曰：“吉，其卦遇复，曰：“南国蹙，射其元王中厥目。”此显然属别本《周易》之繇。

## 三

【左传】初，晋献公欲以骊姬为夫人。卜之，不吉；筮之，吉。公曰：“从筮。”卜人曰：“筮短龟长，不如从长。……”（僖公四年）

【杜注】物生而后有象，象而后有孳，孳而后有数。龟象筮数，故象长数短。

【孔疏】龟以本象金、木、水、火、土之兆以示人，故为长；筮以末数七、八、九、六之策以示人，故为短。《周礼》：“占人掌占龟。”郑玄云：“占人亦占筮，言‘掌占龟’者，筮短龟长，主于长者。”亦用此传为说。案《易·系辞》云：“蓍之德，圆而神；卦之德，方以知。神以知来，知以藏往。”然则知来藏往，是为极妙，虽龟之长，无以加此。圣人演筮以为《易》，所知岂短于卜？卜人欲令公舍筮从卜，故云“筮短龟长”，非是龟能实长。杜欲成“筮短龟长”之意，故引传文以证之。若至理而言，卜、筮实无长短。

【黄案】龟筮短长之辩，其实别有缘由。龟卜源于子商之族，蓍筮源于姬周之族。文武革命，商周易位，于是龟蓍短长，随之易势。此势之变，为时甚久，始于殷周之际，及于战国之后。春秋之世，社会转型之时，其人或尚龟卜，或尚蓍筮，诚如孔疏所言：“春秋之世，临时请问者，或卜或筮，出自当时之心，不必皆先筮后卜。”

## 四

【左传】秦伯伐晋。卜徒父筮之：“吉。涉河，侯车败。”诘之。对曰：“乃大吉也。三败，必获晋君。其卦遇蛊，曰：‘千乘三去，三去之余，获其雄狐。’夫狐蛊，必其君也。蛊之贞，风也；其悔，山也。岁云秋矣，我落其实，而取其材，所以克也。实落材亡，不败何待？”三败，及韩。（僖公十五年）

【杜注】卜人而用筮，不能通三《易》之占，故据其所见杂占而言之。……今此所言，盖卜筮书杂辞，以狐蛊为君，其义欲以喻晋惠公，其象未闻。

【孔疏】卜人当卜，而今用筮，知其本非所掌，不能通三《易》之占。其卦遇蛊，不引《易》文，是据其所见杂占而言之。刘炫云：“案成十六年筮卦遇复，云‘南国蹙，射其元王中厥目’，亦是杂占。”则筮法亦用杂占，不必皆取《易》辞。而云“不能通三《易》之占”者，今删定以为此。云“涉河，侯车败”，又云“千乘三去，获其雄狐”，了无《周易》片意。又云：“卜徒父筮之。”是卜人掌筮，故杜云“不能通三《易》”。而成十六年非卜人为筮，且“南国蹙”虽非是辞，还是《周易》之象，不与此同。……筮者若取《周易》，则其事可推。此不引《易》，意不可知。……今此所言，不出于《易》，盖卜筮之书，别有杂辞。此杂辞不出《周易》，无可据而推求，故云“其象未闻”。

【黄案】古称卜筮以外之占卜术为“杂占”，如《汉书·艺文志》云：“杂占者，纪百事之象，候善恶之征。《易》曰：‘占事知来。’众占非一，而梦为大，故周有其官。”然就《左传》筮辞而论，未必此类，盖属《周易》别本。如僖公十五年史苏所引：“士刲羊，亦无衁也；女承筐，亦无贶也。西邻责言，不可偿也。归妹之睽，犹无相也。”分明出自《周易》。

## 五

【左传】甲午晦，楚晨压晋军而陈。……公筮之。史曰：“吉。其卦遇复，曰：‘南国蹙，射其元王中厥目。’国蹙、王伤，不败何待？”公从之。（成公十六年）

【杜注】（南国蹙，射其元王中厥目）此卜者辞也。

【孔疏】此既不用《周易》，而别为之辞，盖卜筮之书，更有此类，筮者据而言耳。

【黄案】此“南国蹙，射其元王中厥目”当属别本《周易》之繇辞，而非卜者自为之辞。说见《左传·闵公二年》。

## 六

【左传】穆姜薨于东宫。始往而筮之，遇艮之八，史曰：“是谓艮之随。随，其出也。君必速出！”……（襄公九年）

【杜注】《周礼》：“大卜掌《三易》。”然则杂用《连山》《归藏》《周易》。二《易》皆以七、八为占，故言“遇艮之八”。

【孔疏】《周易》之爻，唯有九、六。此筮乃言“遇艮之八”，二《易》皆以七、八为占。故此筮遇八，谓艮之第二爻不变者，是八也。揲蓍求爻，《系辞》有法，其揲所得，有七、八、九、六。说者谓七为少阳，八为少阴，其爻不变也；九为老阳，六为老阴，其爻皆变也。《周易》以变为占，占九、六之爻，传之诸筮，皆是占变爻也。其《连山》《归藏》以不变为占，占七、八之爻。二《易》并亡，不知实然以否。世有《归藏易》者，伪妄之书，非殷《易》也。假令二《易》俱占七、八，亦不知此筮为用《连山》，为用《归藏》。所云"遇艮之八"，不知意何所道。以为先代之《易》，其言亦无所据，贾、郑先儒相传云耳。先儒为此意者，此言"遇艮之八"，下文穆姜云"是于《周易》"；《晋语》公子重耳筮得"贞、屯、悔、豫，皆八"，其下司空季子云"是在《周易》"：并于遇八之下，别言《周易》，知此"遇八"非《周易》也。

【黄案】《连山》《归藏》之究竟如何，实属"文献不足征"，故此诚如孔疏所言："所云'遇艮之八'，不知意何所道。以为先代之《易》，其言亦无所据，贾、郑先儒相传云耳。"然而孔疏又言"知此'遇八'非《周易》也"，则未必然；其所谓"史疑古《易》遇八为不利，故更以《周易》占"，于《传》无据。案《左传》原文曰"遇艮之八，史曰'是谓艮之随'"，此"是"即"艮之随"，明显即是指"艮之八"。以《左传》易说之惯例，凡言"遇某之某"，皆谓遇《周易》某卦之某卦，则此"遇艮之八"，"八"亦当指《周易》某卦。如此，盖此"八"或即指《周易》随卦而言？

## 七

【左传】二年，春，晋侯使韩宣子来聘，且告为政。而来见，礼也。观书于大史氏，见《易象》与《鲁春秋》，曰："周礼尽在鲁矣！吾乃今知周公之德与周之所以王也。"（昭公二年）

【杜注】《易象》，上下经之象辞。……《易象》《春秋》，文王、周公之制。

【孔疏】"见《易象》"：《易象》鲁无增改，故不言《鲁易象》。……吾乃于今日始知周公之德，以周公制《春秋》之法故也；与周之所以得王天下之由，由文王以圣德，能作《易象》故也。……后世谓孔子所作为"传"，谓本文为"经"，故云"上下经"也。《易》文推演爻卦，象物而为之辞，故《易·系辞》云："八卦成列，象在其中。"又云："易者，象也。"是故谓之"易象"。孔子述卦下总辞，谓之为"彖"；述爻下别辞，谓之为"象"。以其无所分别，故别立二名以辨之。其实卦下之语，亦是象物为辞，故二者俱为象也。

【黄案】注云：“《易象》，上下经之象辞。”疏亦云：“《易》文推演爻卦，象物而为之辞，……是故谓之‘易象’。”意谓《易象》乃指六爻之辞。此说其实不合情理：安得有如此之《周易》古经之书，仅具爻辞而无彖辞？而疏乃曲为之解云：“其实卦下之语，亦是象物为辞，故二者俱为象也。”如此一来，杜注之意相矛盾矣。吾意：所谓“易象”，当为《易》《象》二书。《易》即《周易》古经。《象》当指《象传》，《史记·孔子世家》载：“孔子晚而喜《易》，序《彖》《系》《象》《说卦》《文言》。”即传世《易传》中之《彖传》《系辞传》《象传》《说卦传》《文言传》。至于诸书是否孔子亲撰，则属另一问题。

## 八

【左传】卫襄公夫人姜氏无子，嬖人婤姶生孟絷。孔成子梦康叔谓己：“立元，余使羁之孙圉与史苟相之。”史朝亦梦康叔谓己：“余将命而子苟与孔烝鉏之曾孙圉相元。”史朝见成子，告之梦，梦协。晋韩宣子为政，聘于诸侯之岁，婤姶生子，名之曰“元”。孟絷之足不良，能行。孔成子以《周易》筮之，曰：“元尚享卫国，主其社稷。”遇屯。又曰：“余尚立絷，尚克嘉之。”遇屯之比。以示史朝。史朝曰：“‘元亨’，又何疑焉？”成子曰：“非长之谓乎？”对曰：“康叔名之，可谓长矣。孟非人也，将不列于宗，不可谓长。且其繇曰：‘利建侯。’嗣吉，何建？建非嗣也。二卦皆云，子其建之！康叔命之，二卦告之，筮袭于梦，武王所用也，弗从何为？弱足者居。侯主社稷，临祭祀，奉民人，事鬼神，从会朝，又焉得居？各以所利，不亦可乎？”故孔成子立灵公。（昭公七年）

【杜注】谓再得屯卦，皆有“建侯”之文。

【孔疏】“二卦皆云”，正义曰：谓前卜元之二卦，非谓后卜絷之卦也。

【黄案】注、疏皆误。案《左传》文，卜元并无二卦，仅有“遇屯”一卦，并未“再得屯卦”，亦无“前卜元之二卦”。吾意，“二卦皆云”意谓：其一，卜元之卦为屯：“屯：元亨，利贞。勿用有攸往；利建侯。”其二，卜絷之卦乃屯初九爻变：“初九：磐桓利居贞，利建侯。”二卦皆有“建侯”之文。

## 九

【左传】秋，龙见于绛郊。魏献子问于蔡墨曰："吾闻之：'虫莫知于龙，以其不生得也。'谓之'知'，信乎？"……对曰："夫物物有其官，官修其方，朝夕思之。一日失职，则死及之，失官不食。官宿其业，其物乃至。若泯弃之，物乃坻伏，郁湮不育。故有五行之官，是谓'五官'，实列受氏姓，封为上公，祀为贵神。社稷五祀，是尊是奉。……龙，水物也。水官弃矣，故龙不生得。不然，《周易》有之，在乾之姤曰'潜龙勿用'，其同人曰'见龙在田'，其大有曰'飞龙在天'，其夬曰'亢龙有悔'；其坤曰'见群龙无首，吉'；坤之剥曰'龙战于野'。若不朝夕见，谁能物之？"（昭公二十九年）

【孔疏】（1）"物"谓龙也。夫物物各有其官，当谓如龙之辈，盖言凤皇、麒麟、白虎、玄龟之属，每物各有其官主掌之也。（2）职业不修，则物不至。物虽不至，尚有物在；若灭弃其官，百事不理，则其物止而潜伏，不复生育，乃令无有此物，非徒不至而已。

【黄案】（1）或断句为："夫物，物有其官。"实不可通。当为："夫物物有其官。"所谓"物物有其官"，孔疏以为"每物各有其官主掌之"，此说亦未必然。所谓"物物"，前一"物"为动词，后一"物"为名词，此处即指"豢龙"。故蔡墨下文曰："若不朝夕见，谁能物之？""物之"即是物物、豢龙。此种"物物"之例，如《庄子》之《在宥》篇："物而不物，故能物物。明乎物物者之非物也，岂独治天下百姓而已哉！"又《山木》篇："物物而不物于物，则胡可得而累邪！此神农黄帝之法则也。"又《知北游》篇："物物者与物无际。而物有际者，所谓物际者也。不际之际，际之不际者也。""物物者非物。物出不得先物也，犹其有物也。犹其有物也，无已。圣人之爱人也终无已者，亦乃取于是者也。"（2）所谓龙之"不生得"，非谓其"不复生育，乃令无有此物"，乃谓其不可豢而畜之，是因"职业不修，则物不至"，然毕竟"物虽不至，尚有物在"，故蔡墨于下文引《周易》以证之。献子问今何故无龙。蔡墨对曰：今非无龙，惟水官弃矣，故龙不生得而已。于是引《周易》以证之，以为龙乃朝夕出现之物。

## 十

【左传】君子曰："惠王知志。《夏书》曰：'官占唯能蔽志，昆命于元

龟。’其是之谓乎！志曰：‘圣人不烦卜筮。’惠王其有焉。”（哀公十八年）

【杜注】官占，卜筮之官。蔽，断也。昆，后也。言当先断意，后用龟也。

【孔疏】“唯先蔽志，昆命于元龟”，孔安国云：“帝王立卜占之官，故曰‘官占’。蔽，断；昆，后也。官占之法，先断人志，后命于元龟。言志定然后卜也。”杜虽不见古文，其解亦与孔合。

【黄案】《大禹谟》云：“帝曰：‘禹！官占，惟先蔽志，昆命于元龟。朕志先定，询谋佥同；鬼神其依，龟筮协从。’”蔡沈《书集传》释：“龟：卜、筮蓍。……帝言官占之法，先断其志之所向，然后令之于龟。今我志既先定，而众谋皆同，鬼神依顺，而龟筮已协从矣。”是谓先断定其志意，然后卜筮。此固非“圣人不烦卜筮”“不疑不卜”之意矣。注疏言此意，乃自相矛盾。可见伪《古文尚书·大禹谟》之不可信。而楚王云：“宁如志，何卜焉？”左丘明称之曰“圣人不烦卜筮”，此乃左氏易学之旨。所谓“圣人不烦卜筮”非谓圣人有疑则筮、无疑不筮，乃谓《论语·子路》“子曰‘不占而已矣’”，说见上文《左传·庄公二十二年》。

# 论《周易》的“易理”与“数理”*

## ——评王俊龙《〈周易〉经传数理研究》

易道既广大、且幽微，故《易传》说“仁者见之谓之仁，知者见之谓之知”。于是，古有象数之易、义理之易，道家之易、儒家之易；今有哲学易、史学易、文学易（包括诗学易）①、科学易（包括数学易）等等。我的朋友王俊龙先生所著《〈周易〉经传数理研究》②（以下简称“王著”），即属于“数学易”，是“科学易”的重大进展。③展读之际，惊叹之余，亦有若干困惑之处，提出来与作者讨论。

王著最重要的一个关键词，就是“数理”。这不仅体现在书名上，而且全书三篇十二章，上篇三章谈“《周易》经中的数理”，中篇两章谈“《周易》传中的数理”，下篇七章进而建构了“太极数理哲学”，均围绕“数理”而展开。可见“数理”概念涉及王著最基本的方法论，尤为紧要。

一般来说，“数理”与传统易学的“象数”有密切的关系，而“象数”则又是与“义理”相对而言的；进一步说，传统易学的“象数”与“义理”两个方面，可统摄于更为一般的“易理”。所以，本文围绕“易理”与“数理”“象数”“义理”之间的关系问题展开讨论。

---

* 原载《湖南科技大学学报》（社会科学版）2016年第2期。

① 所谓“诗学易”，可参见黄玉顺：《易经古歌考释》，巴蜀书社1995年版、上海古籍出版社2014年修订版。

② 王俊龙：《〈周易〉经传数理研究》，人民出版社2015年版。

③ 李申先生认为王著不属于“科学易”，其所谓“科学易”是特有所指的，即指那种以为现代科学的许多成就《周易》古已有之的观点。见王俊龙《〈周易〉经传数理研究》李申“序”，第3页。但王俊龙先生自己在“后记”中说：“自己原有的大多数研究大概也当归属于科学易，属于其中的数学易。”见氏著《〈周易〉经传数理研究》“后记”，第286页。

## 一、易理：数理，还是义理？

既然是讨论“数理”，就不能不追究一下“理”与“数”这两个字在《周易》文本中的用法。“理”字不见于古经，而多次出现于大传，共有5处、8次。但其中有一处的用法，显然不在我们讨论之列：“何以守位曰仁；何以聚人曰财；理财正辞、禁民为非曰义。”（《周易·系辞下传》）这里的“理财”之“理”，并非“道理”之意，可以排除。其余4处、7次的用法，皆涉及“易理”与“数理”及“义理”，这是本节展开讨论的文献依据。

王著的宗旨，基本上是把易理归结为“数理”，也可以说是通过“数理”来阐述易理。然而在我看来，这是可以商榷的。我们知道，“易理”是易学研究中的一个常用概念，是指的《周易》经传中所蕴含的“道理”，略相当于另外一个常用概念“易道”①。而根据《易传》的用法，所谓“理”略有二义：一是狭义的，专指“义理”，即与“象数”相对；二是广义的，泛指《周易》经传中所蕴含的道理，略与“易道”相当。此外，《易传》所讲的易理所当然涉及“象数”“数理”，然而并不以“理”名之。

（一）《易》所谓“理”

在《易传》文本中，“理”并不指“数理”，而是指一般性的易理。首先是《坤文言》谈道：

> 君子黄中通理，正位居体，美在其中，而畅于四支，发于事业，美之至也！

孔颖达疏：“‘黄中通理’者，以黄居中，兼四方之色，奉承臣职，是通晓物理也。”这就是说，“通理”就是“通晓物理”。然而所谓“物理”并非今天的用法，而是泛指事理，即指万事万物的道理，亦即广义的易理。关于这套易理，《系辞上传》指出：

> 易与天地准，故能弥纶天地之道；仰以观于天文，俯以察于地理，

① 《易传》中“道”这个概念的用法颇为复杂：有时指形上的统一之“道”，有时指形下的分殊之“道”，而有时则涵盖所有之“道”。所谓“易道”亦然。

是故知幽明之故；原始反终，故知死生之说；精气为物，游魂为变，是故知鬼神之情状。与天地相似，故不违；知周乎万物，而道济天下，故不过；旁行而不流，乐天知命，故不忧；安土敦乎仁，故能爱。……

这套易理乃是“弥纶天地之道”，其实就是全部的“易道”，“广大悉备：有天道焉，有人道焉，有地道焉”（《周易·系辞下传》）。

须注意的是：这里的“察于地理”之“理”是另一种狭义的用法，是与“观于天文”之“文”相对而言的；而上文“黄中通理”之“理”则是广义的用法，即泛指一般的道理，也就是这里所讲的“弥纶天地之道”的一整套道理。这套易理不仅包含了“形而上者谓之道”的道理，而且包含了“形而下者谓之器”的道理。（《周易·系辞上传》）这套易理，就是所谓“易道”：

（二）作为易道（一般道理）的易理

整套易理，从形而上的根本来说，可以一言以蔽之，就是“一阴一阳之谓道”（《周易·系辞上传》）。可见易理是非常“易简”的，不过就是“阴阳”或“乾坤”而已。故《系辞上传》说：

乾知大始，坤作成物。乾以易知，坤以简能。易则易知，简则易从。易知则有亲，易从则有功。有亲则可久，有功则可大。可久则贤人之德，可大则贤人之业。易简，而天下之理得矣。天下之理得，而成位乎其中矣。

这里的“天下之理”就是易理、易道，即“形而上者谓之道”，也就是“天地之道”，故王弼注：“天地之道，不为而善始，不劳而善成，故曰‘易简’。”孔颖达疏：“乾坤相合皆无为，自然养物之始也，是自然成物之终也。”此“道”此“理”，创生万物。

由此出发，《易传》才进一步谈到圣人如何仿效天地之道，立象设卦。孔颖达疏：“圣人能行天地易简之化，则天下万事之理并得其宜矣”；“‘成位’况立象，言圣人极易简之善，则能通天下之理，故能成立卦象于天地之中，言并天地也”。

行文至此，《易》所谓“理”皆非专论“数理”，而是统论“易理”“易道”。但既立象设卦之后，易理中“义理”与“数理”（象数）的区分也就开始呈现出来：

（三）作为义理的易理

在“义理”与“数理”的关系问题上，《易传》是先讲“义理”，由“义理”而及于“数理”。《说卦传》讲：

> 昔者圣人之作《易》也，将以顺性命之理。是以立天之道，曰阴与阳；立地之道，曰柔与刚；立人之道，曰仁与义。兼三才而两之，故《易》六画而成卦；分阴分阳，迭用柔刚，故《易》六位而成章。……数往者顺，知来者逆，是故《易》逆数也。

所谓“性命”，即《乾彖传》所说的“乾道变化，各正性命”，乃指万物各得其性，故孔颖达指出：“‘将以顺性命之理’者，本意将此易卦，以顺从天地生成万物性命之理也。”既然涉及“生成万物”的问题，那么，显然，所谓“性命之理”，乃与统而言之的“易理”相当；圣人“作《易》”“立道”（立象设卦）的目的，是为了“顺性命之理”，即是为了体现一般的易理。

但值得注意的是，在这段话中，“理”乃是与“数”相对而言的，毋宁是说的“义理”。这套“义理”就是孔颖达所解释的：“造化辟设之时，其立天之道，有二种之气，曰成物之阴、与施生之阳也；其立地之道，有二种之形，曰顺承之柔、与特载之刚也”；“立人之道，有二种之性，曰爱惠之仁、与断刮之义也”。这就是说，《易传》所讲的易理，首先就是“义理”。换句话说，“易理”可有两义：广义的指一般的道理——易道；狭义的指与数理或象数相对的义理。

在这套“义理”的基础上，《易传》才讲到“数”的问题。孔颖达说：“易之爻卦，与天地等，成性命之理、吉凶之数；既往之事，将来之几，备在爻卦之中矣。故易之为用，人欲数知既往之事者，易则顺后而知之；人欲数知将来之事者，易则逆前而数之。是故圣人用此易道，以逆数知来事也。”

上引那段话中，先讲“理”，然后讲到“数”，两者相对而言，此“理”当指义理，此“数”似乎当指数理，即“义理”与“数理”之分。就此而论，“义理”似乎是比“数理”更高、更为一般的道理。但实际上问题并非这么简单。我们注意到，这段话里所说的“数”，其实并非作为象数的数理，而是动词性的“数知既往之事”“数知将来之事”。

（四）作为数理（象数）的易理

关于名词性的“数理”“象数”之“数”，《说卦传》讲：

> 昔者圣人之作《易》也，幽赞于神明而生蓍，参天两地而倚数，观变于阴阳而立卦，发挥于刚柔而生爻，和顺于道德而理于义，穷理尽性以至于命。

显然，数理之“数”，本义是指的“蓍数”。注云：“参，奇（奇数）也；两，耦（偶数）也。七、九，阳数；六、八，阴数。”疏云：“既用蓍求卦，其揲蓍所得，取奇数于天，取耦数于地，而立七、八、九、六之数，故曰‘参天两地而倚数也’”；“其意皆以《系辞》所云‘大演之数五十，其用四十有九’，明用蓍之数”。显然，圣人立象设卦，乃是以蓍数为根据的。由此，我们可以明确三点：

第一，《周易》的“易理”“易道”，可以分为“义理”与“数理”（“象数”）两方面。

第二，《周易》数理之“数”，本义就是蓍数，即是占卦揲蓍之数，也就是“极数知来之谓占”（《周易·系辞上传》），更具体地讲，就是：

> 大衍之数五十，其用四十有九。分而为二以象两，挂一以象三，揲之以四以象四时，归奇于扐以象闰；五岁再闰，故再扐而后挂。天数五，地数五，五位相得，而各有合。天数二十有五，地数三十，凡天地之数五十有五，此所以成变化而行鬼神也。乾之策，二百一十有六；坤之策，百四十有四。凡三百有六十，当期之日。二篇之策，万有一千五百二十，当万物之数也。是故四营而成《易》，十有八变而成卦，八卦而小成。引而伸之，触类而长之，天下之能事毕矣。（《周易·系辞上传》）

这段议论，历代解释有异，但有一点可以明确，就是：《周易》是通过建立一套“数理”模型，来象征“万物之数”，并以此解决“万物之能事”的问题。这也就是：“参伍以变，错综其数：通其变，遂成天地之文；极其数，遂定天下之象。”（《周易·系辞上传》）

就此而论，应当肯定：王著的“路数”确实是与《周易》一致的，尽管其所建立的“数理”模型并非《周易》本身固有的占卦揲蓍之数的模型（关于王著的数理模型，详见下节）。

第三，人们还没有明确意识到，在“数理”（象数）与“易理”（义理）的关系问题上，两种理解是可以同时成立的：一方面，就圣人“作《易》”（设卦）而论，“易理”（义理）是比“数理”（象数）更为根本的，后者是对前者的“仿效”；但另一方面，就“说《易》”（解卦）而论，“数理”（象数）则比“义理”更为根本，不明数理则不能明义理。而上文所引这段话，是在讲后面这种情况，亦即《周易》筮法的大衍之数，所以先论“数”，然后才论“理”。这种关系如下所示：

作《易》→

易理（义理）←→数理（象数）

←解《易》

王著说：“《周易》中的义理缘于易卦是数码文字，《周易》中的数理亦缘于易卦是数码文字。”[①] 这也是在说后一种情况，因为作者是在“解《易》”，而非圣人“作《易》”。尽管我们可以质疑所谓“数码文字”的说法，因为《易传》所谓“数”原来指蓍数，而非王著所讲的那样一套“数理”；但王著说《周易》“义理和数理皆基于数”这层意思，还是没有错的。简言之，对于“解《易》”来说，象数确实是义理的基础；而象数当然是一种数，故可以说“数”乃是《周易》的基础。

## 二、数理：象数，还是代数？

上节谈到，“数理”是与“象数”密切相关的。但王著所谓“数理”则不止于此。仿照冯友兰先生的说法，对于《周易》的“数理”（象数）模型，王著并不是“照着讲”，而是“接着讲”，即是用现代数理逻辑的方法来建立一个独创的数理模型。

这自然就涉及“数理”这个词语的用法问题。在现代汉语的文本中，说到“数理”，人们首先想到的就是数理逻辑、数学原理。最典型的就是西方现代数理逻辑（mathematical logic）[又叫“符号逻辑”（symbolic logic）]，其

---

① 王俊龙：《〈周易〉经传数理研究》，人民出版社2015年版，第1页。

所谓“数理”其实就是数学（mathematics）；数理逻辑不外乎是用数学的公理化方法来处理传统的逻辑学问题。我们知道，数理逻辑大师罗素（Bertrand Russell）与怀特海（Alfred North Whitehead）合著的代表作，就是《数学原理》（*Principles of Mathematics*）。

在这个问题上，王著的作者自己也是非常明确的，他的研究就是这种数学性质的研究，即是数理逻辑性质的研究，意在探索“逻辑的数学结构”[①]；为此，他提出了“太极涵数”[②]“太极代数”[③]等理论，即是逻辑代数的研究。于是，在王著中，整部《周易》被处理为一个“逻辑演绎系统”[④]，即数理逻辑的公理化系统。我本人也曾经有过这种尝试，试图用公理化方法处理周易哲学[⑤]，然而并不成功，所以非常佩服王著的数理逻辑工夫。

但是，就《周易》本身而论，众所周知，它其实并非数学著作，亦非逻辑著作，而是“筮书”（古经）、“易理”（大传）。然而，这并不意味着王著的数理逻辑方法毫无根据。当人们用汉语的“数理”去翻译英语的“mathematic”之际，就已经意味着两者之间存在着某种对应关系。[⑥]从象数的角度看，“易理”确实就是一种“数理”；当然，这个“数理”不能译为“mathematic”，只能译为“principles of numbers”。这就是说，王著的做法至少在两点上是有道理的：

（1）不论中西文化，都曾经有一种传统，就是将“数”与人的命运联系起来。《周易》古经的占筮功能，就是这种传统的一种体现。而西方人也是如此，例如“numerology”的词根也是“数”，这个词可以汉译为“数字占卦术”或“数字命理学”，然而其字面意思其实就是“数字之学”。确实，汉语“数”既可对应西语的“number”“figure”（数字），也可对应西语的“fate”“destiny”（命运）。

不过，王著对此不以为然，作者持科学的态度，摒弃这种命理学的传统。

---

① 王俊龙：《〈周易〉经传数理研究》，第十二章，人民出版社2015年版，第219—243页。

② 王俊龙：《〈周易〉经传数理研究》，第五章，人民出版社2015年版，第109—121页。

③ 王俊龙：《〈周易〉经传数理研究》，第七章，人民出版社2015年版，第142—155页。

④ 王俊龙：《〈周易〉经传数理研究》，第十一章，人民出版社2015年版，第193—218页。

⑤ 参见黄玉顺：《生命结构与和合精神——周易哲学论》，《社会科学研究》1998年第1期，第91—93页。

⑥ 参见黄玉顺：《爱与思——生活儒学的观念》，四川大学出版社2006年版，第一讲第一节“等同与对应：定名与虚位”，第4—8页。

然而王著的这种态度，却也有另一种中国传统的依据，那就是儒家的传统，即孔子“不语怪力乱神”（《论语·述而》），将作为占筮之书的《周易》古经改造为作为哲学著作的《周易》大传。

（2）不论《周易》的“象数”，还是王著的数理逻辑代数，都关乎“数”（number）。当然，两者对“数”的理解有所不同：《周易》“象数”之“数”是指的蓍数，毋宁说是数字的一种应用；数理逻辑之“数”，却是关于数字的原理。

王著的创造性，实质上就是把《周易》对数字的应用解释为一套关于数字的原理。例如，王著开宗明义便说：

> 本书所要论证的主要观点是：易卦是数码文字（人体象形文）。《周易》中的义理缘于易卦是数码文字，《周易》中的数理亦缘于易卦是数码文字。
>
> “空、无、阴、阳”是四个密切相关的哲学概念，“太极（或无）对应〖0〗、无极（或空）对应〖-0〗、阳爻（或阳）对应〖1〗、阴爻（或阴）对应〖-1〗”是本书所要重点阐述的《周易》中的关键概念，其中蕴涵的深刻数理是缘于易卦是数码文字。[①]

这是王著全书立论的根本所在。王著的这种改造，如果从“我注六经”的客观立场看，那确实是一种“过度诠释”，必定引起争议；然而如果从“六经注我”的立场看，则也未尝不可。按我的理解，王著的目的，其实并非诠释《周易》，而是借《周易》来建构自己的一套数理逻辑原理；这种建构的基本“路数”，就是将《周易》的“数理”与数理逻辑的“数理”结合起来，找出，或者说是赋予其对应性。至于这种建构成功与否，我是没有能力做出判断的，须由数学家、逻辑学家、科学家来做判断。

不仅如此，王著还有更大的抱负：

## 三、数理哲学：数学，还是哲学？

王著的下篇七章，提出了“太极数理哲学”，亦即建构了一套系统的、称为“哲学”的理论；换言之，作者的雄心不仅在数学、数理逻辑，更在哲学。

---

① 王俊龙：《〈周易〉经传数理研究》，人民出版社2015年版，第1页。

我们知道，西方现代数理逻辑其实也有哲学的雄心，例如卡尔纳普（Rudolf Carnap）试图给出整个“世界的逻辑构造”（Der Logische Aufbau der Welt）[①]。

这个问题，显然首先涉及“哲学”的概念。然而众所周知，在现代学术中，“哲学”这个概念的含义极为含混，其具体的用法也极为混乱。不过，大致来说，可以分为以下三个层次：

（一）作为学科原理的哲学

按照海德格尔（Martin Heidegger）的“存在论区分”（der ontologische Unterschied）（严格区分“存在”与“存在者”），世界是由各种各样的“存在者”（Seiendes）组成的，而它们都源于“存在”（Sein）。[②] 关于这些存在者，可以有两个层面的考察：关于某个具体的存在者领域的考察，这就是科学；关于所有全部的存在者整体的考察，这就是哲学，又叫“形而上学”（metaphysics）[③]，如亚里士多德的“形而上学”[④]，其核心是本体论（ontology）（或译“存在论”）。

不过，“哲学”这个词语也有另外一种常见的用法，是指的某一门科学的基本原理，诸如“历史哲学”“政治哲学”“教育哲学”等。众所周知，在今天的学科目录中，就有所谓“数学哲学”，其实就是数学原理。

由此看来，王著的“太极数理哲学”可以归入“数学哲学”的范畴，即是一种独创的“数学原理”，即不同于西方的、例如罗素和海特海的数学原理。但是，这仍然不足以宣示作者的学术抱负。

（二）作为数量哲学的哲学

实际上，数学所涉及的领域，并不仅仅是某个具体的存在者领域，而是存在者整体，因为任何事物都有数量问题；只不过，关于存在者整体，数学考察的不是其“质”的方面，而是其“量”的方面。鉴于任何事物都有数量的方面，在这个意义上，则可以说：数学是量的哲学，哲学是质的数学。这就是说，数学与哲学是可以分庭抗礼的，都是对存在者整体的一种言说。

---

① 卡尔纳普：《世界的逻辑构造》，陈启伟译，上海译文出版社1999年版。

② 参见黄玉顺：《形而上学的奠基问题：儒学视域中的海德格尔及其所解释的康德哲学》，《四川大学学报》2004年第2期，第36—45页；《论生活儒学与海德格尔思想》，《四川大学学报》2005年第4期，第42—49页。

③ 参见海德格尔：《哲学的终结和思的任务》，载氏著《面向思的事情》，陈小文、孙周兴译，商务印书馆1999年第2版，第68—69页。

④ 亚里士多德：《形而上学》，吴寿彭译，商务印书馆1959年版。

在这个意义上，王著所建构的体系也可以说是一种"数量哲学"，或可以称之为"数的逻辑学原理"，而王著则谓之"太极数理哲学"。确实，在《易传》的哲学体系中，"太极"确实就是本体概念，而王著以"太极"为根基，这确实是具有哲学意味的；当然，《易传》本身并没有像王著那样将"太极"与数字"0"对应起来[①]，即"太极"并不仅仅是一个数量概念，而王著则确实是"数量哲学"。再者，王著并没有明确地以此来解释整个世界、宇宙的生成或者形成，这一点既不同于《易传》哲学，也不同于某些现代数理逻辑学家（例如上文提到的卡尔纳普）。

然而，这样的建构基于"质"与"量"的划分；而但凡有所划分，便已经不具有真正的哲学"本体"的地位，因为哲学的"本体"乃是"大全"，或者万物的"本原"，即是"绝对"的，亦即《庄子·知北游》所说的"与物无际"（即没有与之相对者）。众所周知，真正将"量"或"数量"视为世界或宇宙的本体或本原的，是古希腊哲学家毕达哥拉斯（Pythagoras），他提出了"数是万物的本原"的命题，认为"1"是数的第一原则、万物之母、智慧，"2"是对立与否定的原则、意见，"3"是万物的形体与形式，"4"是正义、宇宙创造者的象征，"5"是奇数与偶数、雄性与雌性之结合、婚姻，"6"是神的生命、灵魂，"7"是机会，"8"是和谐、爱情与友谊，"9"是理性与强大，"10"则是包容一切数目的完满与美好。这样的"数"，真可谓"有天道焉，有人道焉，有地道焉"（《周易·系辞下传》）。

（三）作为形而上学的哲学

一旦将存在者或者存在者整体区分为并列的"质"与"量"两个方面，就已经不再是"形而上学"意义上的"哲学"了。在这个问题上，王著的表述比较含糊：

> 《周易》的关键动词是变易，数理的核心动词是运算。运算是变易的抽象反映，事物的变易必然反映在数理的运算之中。数学问题中也有关乎哲理的内容。数理也是哲理的一种反映。虽然我们不能说运算的概念涵盖变易的概念，甚至也不能说变易的概念涵盖了运算的概念，但却可以认为，"变易"和"运算"这两个概念一定有一个彼此相重合的区域

① 王俊龙：《〈周易〉经传数理研究》，人民出版社2015年版，第1页。

（交集）。因此，透过数理的运算可以洞悉事物变化的某些规律。[①]

这段话的大致意思是："变易"和"运算"之间，"哲理"和"数理"之间，都是交叉概念的关系。但是，这样一来，不论"变易"还是"运算"，就都不再具有绝对至上的本体意义了。

但在我看来，"变易"是周易哲学的"本体"，我由此提出了"变易本体论"（Change Ontology）："'周易哲学'——《易传》的哲学，尽管也是寻找诸多现象背后的唯一本体，但与西方本体论正相反，其本体并非永恒不变的实体，倒是'变'本身，这正是'易'的基本含义。""中国哲学中的形而上者，有一种是流动的变易，这在《易传》哲学中是最为典型的，其形而上者不是凝滞的东西，而是'易'（变易）。故《系辞下传》说：'《易》之为书也不可远，为道也屡迁，变动不居，周流六虚，上下无常，刚柔相易，不可为典要，唯变所适。'"[②]

这就是说，在我看来，《易传》哲学的本体、"形而上者"不可能仅仅是"数"或"数量"；数或数量只是本体的"现象"，亦即《系辞上传》所说的"一阖一辟谓之变，往来不穷谓之通；见（读"现"）乃谓之象，形乃谓之器"。"现乃谓之象"即汉语"现象"一词的来源。所谓"一阖一辟谓之变"就是"一阴一阳之谓道"（《周易·系辞上传》），这就是《周易》最根本的"易道""易理"；而数或数量，不论蓍数、象数、还是数理，包括王著所说的"太极（或无）对应〖0〗、无极（或空）对应〖-0〗、阳爻（或阳）对应〖1〗、阴爻（或阴）对应〖-1〗"[③]，统统都是易道、易理的"现象"，都是"形乃谓之器""形而下者谓之器"（《周易·系辞上传》）。

总而言之，王著的意义在于：它并不是对《周易》的"我注六经"式的解释，而是借《周易》来"六经注我"式地建构自己的独创性的数理逻辑体系。因此，这种建构具有自己的独立的学术价值。

---

① 王俊龙：《〈周易〉经传数理研究》，人民出版社2015年版，第125—126页。

② 参见黄玉顺：《形而上学的黎明——生活儒学视域中的"变易本体论"建构》，《湖北大学学报》2015年第4期，第66—71页。

③ 王俊龙：《〈周易〉经传数理研究》，人民出版社2015年版，第1页。

# 略谈《周易》“数理”问题*

## 一

这篇文章①，为什么我说它跟我们今天这个会议的话题、主题有关呢？是因为我一个朋友，他是研究《周易》的，他有一个宏愿，他说：西方的布尔代数、数理逻辑——现代的符号逻辑，都不行！他要从《周易》的角度来讲，建立一种新的数理逻辑——中国式的数理逻辑。② 雄心很大，很牛！

我曾经花过整整一年的时间，研究符号逻辑、“数理”问题，有些想法；另外，我也研究过《周易》，有一本专著和一些文章。③ 既然是从《周易》出发建立一套数理逻辑，就要回到《周易》本身的话语当中。讲到“数理”，我们立马想到《周易》的“象数”。那么，“数理”跟“象数”是什么关系？我们可以探讨。进一步说，《周易》的原理——易理、易道，是“象数”可以涵盖的吗？不。还有“义理”。但是，人们把“象数”和“义理”分而治之地来谈，那就不再是一个“原道”。我是从这个角度来思考的。

扩展开来，从全世界来看，我们可以这么讲：如果要对世界进行数量上的把握，可以涉及三种不同层次的问题。第一种层次，纯粹是刚才中华兄④讲到的形下学的范畴。比如，作为众多学科之一的数学是什么玩意儿，就完全是形下学的问题。这是一种把握方式。当然，我们也可以进一步上升到第二种层次，我们说：整个世界有质的方面，有量的方面；我们可以单从量的方面去把握它。古希腊的毕达哥拉斯（Pythagoras）学派就是搞这玩意儿的，他们把整

---

* 原载《中国文化论衡》2016年第1期，社会科学文献出版社2016年版。这是作者在山东省科协第9期“泰山学术沙龙”的发言，此处发表时有删节。

① 黄玉顺：《论〈周易〉的“易理”与“数理”——评王俊龙〈《周易》经传数理研究〉》，《湖南科技大学学报》（社会科学版）2016年第2期。

② 王俊龙：《〈周易〉经传数理研究》，人民出版社2015年版。

③ 黄玉顺：《易经古歌考释》，巴蜀书社1995年版、上海古籍出版社2014年修订版。

④ 何中华：山东大学哲学与社会发展学院教授。

个宇宙论建立在数的基础上。这当然也是一种把握方式。这似乎是一种形上学的把握方式，但我始终认为，如果你已经把量与质做了区分，它就绝对不再是形上本体层面的事情了，因为形上本体是没有做任何区分的，是“一”而不是“多”。如果你仅仅以量来涵盖宇宙论或者本体论，而不涉及质，那是偏颇的，肯定是有问题。于是我们就应该想到：为了用数理的模型来把握这个世界，需要找到更高层次的、真正的根基性的东西——真正的形而上的、本体性的东西；然后才在不同层面来揭示它的显现样式，揭示它是怎样不同地显现出来的，怎样显现为质的世界、量的世界。黑格尔（Georg W. F. Hegel）的《逻辑学》其实早就讲过这个问题。①

回到《周易》上来，易道是什么？是浑然一体的。“生生之谓易”（《周易·系辞上传》），是浑然的，而不是区分性的；然后才区分所谓的“义理”与“象数”。象数也不仅仅等同于数理，它是很复杂的东西。但无论如何，如果仅仅停留在象数的层面上，那就停留在了中华兄刚才所讲的形下学的层面上。要对世界万物进行数量的描绘，就需要一些更基本的范畴，比如时空的范畴。问题是：时空是如何被给出来的？这是数量本身给不了的东西，是它完全给不了的。康德（Immanuel Kant）讲过这个问题，尽管我们不同意他那种先验哲学的讲法。显然，这里还需要一种更高层次的东西，需要一个“形而上者”，需要真正的形上学，而不能停留于象数、义理或者数理的层面上。

其实不仅如此，即使达到了真正的“形而上者”，也还是有问题的。按照20世纪思想领域所达到的最前沿的观念，形而上学，包括《周易》那样的形而上学，也是需要被解构和重建的。这是因为“形而上者”和“形而下者”一样，还是存在者，而问题是：存在者何以可能？这就回到了存在。注意：存在不是存在者，不是任何东西，既不是形而上者，也不是形而下者；但是，一切东西、一切存在者都是由存在给出的。我的“生活儒学”就是要解决这样的问题。②

我的基本想法就是这样，很简单。如果我们要重建本体论，重建形上学，而且像我的那位朋友一样靠到《周易》上去，那么，你首先应该想到的是20

① 黑格尔：《逻辑学》，杨一之译，商务印书馆1966年版。

② 关于“生活儒学”，参见黄玉顺：《爱与思——生活儒学的观念》，四川大学出版社2006年版；《面向生活本身的儒学——黄玉顺“生活儒学”自选集》，四川大学出版社2006年版；《儒家思想与当代生活——“生活儒学”论集》，光明日报出版社2009年版；《儒学与生活——“生活儒学”论稿》，四川大学出版社2009年版；《生活儒学讲录》，安徽人民出版社2012年版；《生活儒学——黄玉顺说儒》，孔学堂书局2014年版。

世纪的思想所达到的前沿性的基本观念。我们首先需要找到一个浑然的、作为绝对的"一"的形而上者，而不仅仅是区分性的数理、象数或者义理；但如果我们要把这个形而上者确立起来的话，还需要找到一种更加本源的存在。那么，《周易》里面把这个问题说清楚了没有？这是一个问题。

怎么把这个形而上者确立起来？《周易》讲"生生之谓易"，首先讲"生生"。但要注意："生生"并不是一个东西，并不是一个存在者，不是什么"形而上者"，而是存在；然而形而上者、形而下者都是由"生生"而生成的。然后才讲"太极"，这就是一个形而上者了；然后才讲"易有太极，是生两仪……"（《周易·系辞上传》），如何分为阴阳、乾坤、天地、八卦、万物等等，这些就是形而下者了。

当然，《周易》这套东西，今天的科学恐怕不能照搬。你去跟科学家讲什么"八卦""五行"，谁理你？但是，《周易》这套观念的精神实质，恐怕还是适用的。比如说，我们首先要对世界做一个基本的区分。对世界的义理性的把握，是易学里面的义理学，这是质的把握；另外一个方向是量的把握，易学里面的象数学就是对世界的数理性的把握。在这个基础上，再进一步细分。《周易》这套基本的路数，具有普遍的意义，就是：从某种本源性的存在出发，首先确立形而上的存在者，然后区分形而下的存在者，这才有了数理、象数、义理之类的东西。这就是说，义理、象数、数理首先需要一个统一的、同一的形上本体，即蒯因（Willard V. O. Quine）所谓的"本体论承诺"①；为此，又需要进一步追溯某种更为本源的存在。

今天的数理逻辑很牛，它是现代科学的真正的基础。因为它是数学跟传统的形式逻辑的结合，所以严格来讲，数理逻辑，包括公理化的方法，乃是今天的科学的真正基础。但它本身还是尚待奠基的，所以才有胡塞尔（Edmund Husserl）现象学的工作。撇开这个更深层次的问题，那么，你中国的、儒家的传统，包括义理的传统、象数的传统，如何容纳现代数理逻辑这个东西而且能够让科学家认同？这是一项重大的时代课题，也是儒家的一个时代使命。实事求是地讲，儒家过去不太关心这个问题。诸位刚才讲到的"格物致知"，那不是讲的科学，跟科学八竿子打不着。什么叫"格物致知"？那是讲的道德践履

---

① 蒯因：《论何物存在》，收入《从逻辑的观点看》，江天骥等译，上海译文出版社1987年版。

的问题，跟科学是没有关系的。

我就简单讲这么一些，仅供参考。

## 二

我简单解释一下。首先，就《周易》本身来讲，它所说的数理是筮数，就是揲卦的那个“数”，而不是一般的“数”。它是很具体的：你怎么揲出一个卦来，而且要指定到一个爻上，来决定你的吉凶？它是一种操作性的东西。在这个意义上，它与数学和数理逻辑上讲的那种数的原理无关，它是一种应用性的东西。但是，当我们要对《周易》的义理进行理解的时候，你还得通过这个“数”切入进去。基本上可以这么讲：后来很多人讲易学，把义理和象数分开来讲，其实是不对的。没有筮法的数理，你就没法理解义理。但是我想强调，《周易》的“数”是讲的筮数，那是占卦的数，和我们通常所说的“数”不是一回事。但是，像我那位朋友，还有现在有好多搞所谓“科学易”的人，他们想把这个关系颠倒过来，说筮数、象数这个东西就是全部，就是我们中国式的数理逻辑的基础、核心。这当然也是可以讨论的，雄心也很大，但是我觉得有很大的难度。

我没有说过不可通约。我认为，两套话语之间，既存在着“非等同性”，也存在着“可对应性”。我在一本书里面专门讨论过这个问题，我提出了这一对概念。[①] 比如儒道两家之间就是这样的，他们的观念不同，却可以交流，知道对方在说什么。中国人与西方人之间，为什么可以谈生意呢？如果完全不可通约，比如说dollar是什么意思，我们完全听不懂，怎么谈生意？我经常举一个例子，当年大英帝国派一个使臣来见皇上，说他们的King说了什么什么；咱们皇上说：啥意思？翻译过来说是“王”，皇上马上就明白了。这儿就有可对应性，要不然完全无法交流。双方一定有一个共同的语义平台。当然也有非等同性，他们的王和我们的王区别确实很大，dollar和人民币的区别也是很大的。但无论如何，不能简单说不可通约。不可通约，我们人和人之间无法交流。你可能跟老婆都无法交流，那就麻烦了，没法共同生活。而我们作为人，总是要共同生活的。

还有，你说的“科学的起源”，这个概念很模糊：是历时维度上的“起

---

① 参见黄玉顺：《爱与思——生活儒学的观念》，第一讲，“一、等同与对应：定名与虚位”，第4—8页。

源”呢，还是共时维度上的“起源”？比如说前者，说到古希腊，你是不是追溯到亚里士多德（Aristotle）了还不够，还得说更早的泰勒斯（Thales）？这是历史的问题。还有一个维度则是完全撇开这个历史，那就是共时性的维度。科学的起源问题，很简单，休谟（David Hume）早就说了，就是我们的感知。所以，要看你说的是什么概念，不能混淆。

我们看中、西、印的三种思维方式，不能都叫“逻辑”。当你说“逻辑”的时候，你已经进入西方思维方式的套套里面去了。他们讲“logic”，印度讲“因明”，我们讲的是“类”。你看先秦诸子，老是讲“类”，他说你思维方式不对，叫“不知类也”。

我曾经把这三种方式，统称做“推衍方式”。[1] 推衍方式是极其简单的：就是一个横起来的“T”的结构，也就是“ |→”，只不过横起来的是一个箭头“→”，表示推衍。纵向的一竖“ | ”，是首先给出一个范畴表，这是对世界的最基本的划分，它是推衍得以进行的基础。亚里士多德《工具论》的第一篇就是《范畴篇》，就是给出一个范畴表，相当于那一竖“ | ”；然后才是《分析前篇》和《分析后篇》，讲他的三段论的逻辑推理，这就是推演方式，相当于那个箭头“→”。[2] 我们中国的范畴表，曾经是“五行”，就是《尚书·洪范》讲的“洪范九畴”的第一畴。“五行”绝不是五种东西，而是一种关系，是中国人看世界的方式，相当于那一竖“ | ”；而整个“洪范九畴”就是推衍过程，从第一畴一直推到第九畴，都按五行来推，相当于那个箭头“→”。可见我们不是西方那种“逻辑”，但也是非常雄辩的。

中国的“五行”范畴和西方亚里士多德的十大范畴，也有共通性、可对应性，要不然没法讨论。这个可对应性就是：我们都有一个基本的范畴表，否则就没有推衍的基础。我们为什么用“洪范九畴”的“范畴”这个词语去翻译西方的“categories”？就是因为它们之间有对应性，所以一翻译出来大家就接受了。首先基于对世界万事万物的基本划分，但中西之间的划分方式是不同的：西方是一个实体范畴和九个非实体范畴，一共十大范畴；我们是五行，是一种关系网络。五行之间也不是并列的、平起平坐的，而是“土”居中，然后时间上的春夏秋冬、空间上的东南西北来配金木水火。

---

① 参见黄玉顺：《中西思维方式的比较——对〈尚书·洪范〉和〈工具论·范畴篇〉的分析》，《西南师范大学学报》2003年第5期。

② 亚里士多德：《工具论》，李匡武译，广东人民出版社1984年版。

火夏南

｜

木春东—土中—金秋西

｜

水冬北

这是我们中国人看世界的方式；在这个基础上，才能进行“类”的推衍。但是，中西之间确有相通之处：首先是对世界进行基本划分；再以此为基础进行推衍，重新给出世界，重新给出宇宙。这一点是相通的，但是具体的内容确实不同，差别很大。

西方的情况，康德后来搞了新的范畴表。我们中国人也不能老是停留在“五行”上。

新春教授[1]刚才讲的问题，我补充一点。你讲得非常好。我刚才讲英语的“king”和汉语的“王”的关系，它们的内涵确实是很不同的。但是，这个问题有两个方面。这个问题，其实弗雷格（Friedrich L. G. Frege）的意义理论有很好的解释。一方面，我们有很不同的生存方式，导致了我们的文化走向的不同，概念的具体内涵也很不同，弗雷格称之为“涵义”的不同，用英语来讲就是meaning是不同的。哪怕他也用汉语说“王”，或者我们也用英语说“king”，但其实我们双方的含义是不同的，因为我们的文化语境不同。这是完全对的。但另一方面，按弗雷格的说法，还有“指称”的问题，就是reference的问题：英语的“king”和汉语的“王”，都是指的在某种政治权力体系中的最高位置，这一点是完全相通的，所以我们才能通过翻译互相理解。这两个方面都存在。我觉得可以借用弗雷格的理论来解释这个问题。大家可以看看《涵义与指称》[2]，这是他很著名的论文。这两个方面，我是觉得缺一不可，但是我有自己的说法，叫作“可对应性”“非等同性”。这和弗雷格的说法其实差不多。

---

① 王新春：山东大学哲学与社会发展学院教授。

② 弗雷格：《论涵义和指称》（*Üeber Sinn und Bedeutung*），肖阳译，载于马蒂尼奇（A. P. Martinich）主编：《语言哲学》（*The Philosophy of Language*, Oxford University Press 1985），商务印书馆1998年版。

# 中国哲学的“现象”观念*

## ——《周易》“见象”与“观”的考察

用汉语的“现象”这个词语去翻译西语的“phenomenon”或“appearance”而得到人们的广泛接受，这是有道理的，因为两者之间确实存在着对应性，尽管这种对应并非等同。① 汉语“现象”出自《周易·系辞上传》“见乃谓之象”“天垂象，见吉凶”。这两个“见”都读为“现”（xiàn）。而汉字“现”则产生得很晚，东汉许慎的《说文解字》尚无“现”字；直到中古的《广韵》才说：“现，俗‘见’字。”显然，《广韵》是将“现”视为“见”（xiàn）的俗体字。换言之，汉语的“现象”本作“见象”。因此，本文讨论的《周易》“见象”，即中国哲学中的“现象”观念。

汉字“见”自古有两读：读作“jiàn”，对应于西语“see”；读作“xiàn”，今作“现”，对应于西语“show”或“appear”。读作“jiàn”的“见象”，不是一个词语，而是一个动宾短语，显然是指的形下的主体的一种行为，这不属于本文考察的内容。② 本文讨论读作“xiàn”的“见象”，亦即“现象”，有两种不同的用法，代表了中国哲学的“现象”观念：（1）形下实体的本质的

---

* 原载《河北学刊》2017年第5期。本文是向第21届中国现象学年会（济南2016年10月22日至23日）提交的论文。

① 参见黄玉顺：《爱与思——生活儒学的观念》，四川大学出版社2006年版，第一讲，“一、等同与对应：定名与虚位”，第4—8页。

② 例如古经部分的：“勿用取女，见金，夫不有躬”（《蒙卦》）；“往见吝”（《蛊卦》）；“见恶人无咎”“见舆曳”“见豕负塗”（《睽卦》）；“有攸往见凶”（《姤卦》）；“不见其妻”（《困卦》）；“不见其人”（《艮卦》）；“日中见斗”“日中见沬”（《丰卦》）；大传部分的：“观其所感，而天地万物之情可见矣”（《咸彖传》）；“见险而能止，知矣哉”（《蹇彖传》）；“君子以见善则迁”（《益象传》）；“君子以成德为行，日可见之行也”（《乾文言》）；“离也者，明也，万物皆相见，南方之卦也”（《说卦传》）；“仁者见之谓之仁，知者见之谓之知”（《系辞上传》）；等等。

显现；(2)形上本体的显现。但两者都是前现象学的(pre-phenomenological)现象观念，这是与西方哲学史上的情况一致的。[①]《周易》对应于现象学的"现象"观念的，并非"见象"的观念，而是"观无"之"观"的观念。

## 一、见(xiàn)1：形下实体的本质的显现

《易传》的"见象"(现象)观念，其表达方式为"见X"，这个"X"是一个存在者，首先是一个形而下的存在者。因此，"见象"通常首先是指的某种形下实体的本质的显现，即是一个实体作为客体而向主体呈现出来的现象。这显然属于认识论层级的问题，即是在"本质—现象"和"主体—客体"架构下的现象观念，亦即前现象学的现象观念。

### (一)"见象"乃是形下实体本质的显现

在整部《周易》中，"见象"最先出现在古经六十四卦的第一卦乾卦的筮辞中：

> 初九：潜龙勿用。九二：见龙在田。利见大人。……九五：飞龙在天。利见大人。……用九：见群龙无首，吉。

这里谈到了两种实体的"见"(现)："龙"和"大人"。《周易》古经的时代，将人分为几等：小人、君子、大人。"大人"即后世所说的"圣人"，是指的天子，用"龙"来比喻[②]；"君子"是指的贵族，尤指诸侯国君；其余则是"小人"。在中国传统文化中，作为天子的圣人是以龙来象征的，所以乾卦谈"龙"；但天子亦有其国，如周天子自有周国，故九三爻亦谈"君子"。但不论是小人、君子，还是大人，都是形而下的存在者。

乾卦整卦是用龙的由"潜"到"见"(现)来象征圣人的由"隐"到"见"(现)的过程："潜龙勿用""见龙在田""日乾夕惕""或跃在渊""飞龙在天""亢龙有悔"。所以，《易传》解释"潜龙勿用"：

---

① 所谓"前现象学"(pre-phenomenology)是指的轴心时期以来、到现象学创立之前的观念，其特征就是存在者化的"本质—现象"和"主体—客体"的观念架构。

② 《周易正义》释"潜龙勿用"："言于此潜龙之时，小人道盛，圣人虽有龙德，于此时唯宜潜藏，勿可施用，故言'勿用'。"

“潜”之为言也，隐而未见（现），行而未成，是以君子弗用也。（《周易·乾文言传》）

孔颖达解释“潜龙勿用”：“圣人虽有龙德，于此时唯宜潜藏，勿可施用。”所谓“龙德”，是说圣人具有天子的德性，亦即具有某种作为主体性存在者的实体的本质。但是，这种德性本质是看不见、摸不着的，除非“现”出来，亦即“见象”（现象）。

那么，大人、君子如何“见象”？最重要的是两种形式，即言与行：

子曰：“君子居其室，出其言善，则千里之外应之，况其迩者乎？居其室，出其言不善，则千里之外违之，况其迩者乎？”言出乎身，加乎民；行发乎迩，见（现）乎远。言行，君子之枢机，枢机之发，荣辱之主也。言行，君子之所以动天地也，可不慎乎？（《周易·系辞上传》）

《周易》作者认为，在“言”与“行”二者之中，“言”是更为重要的：

爻象动乎内，吉凶见（现）乎外，功业见（现）乎变，圣人之情见（现）乎辞。（《周易·系辞下传》）

这里的“圣人之情”，即是“圣人之意”，体现了圣人的德性本质。《易传》记载：

子曰：“书不尽言，言不尽意。”然则圣人之意，其不可见乎？子曰：“圣人立象以尽意，设卦以尽情伪，系辞焉以尽其言，变而通之以尽利，鼓之舞之以尽神。”（《周易·系辞上传》）

以上这两段话的对应关系如下：

| | |
|---|---|
| 圣人立象以尽意 | 爻象动乎内 |
| 设卦以尽情伪 | |
| 系辞焉以尽其言 | 圣人之情见乎辞 |

变而通之以尽利　　　　　吉凶见乎外
　　　　　　　　　　　　功业见乎变

这里包含着两层“见象”：圣人之意显现于《周易》的卦爻象、卦爻辞；卦爻象的变动（内）显现于卦爻辞的吉凶判断（外）。

再看屯、兑两卦的例子：

> 屯见（现），而不失其居。……兑见（现），而巽伏也。（《周易·杂卦传》）

韩康伯注：“屯利建侯，君子经纶之时；虽见而磐桓，利贞不失其居也”；“兑贵显说（悦），巽贵卑退”。屯卦的“君子”之“见”（现）是“建侯”，可见是指的“侯”即诸侯这样的形下实体；兑卦之“兑”意思是“说”（悦），其《彖传》说“说以先民，民忘其劳；说以犯难，民忘其死”，孔颖达解释为“人君以恩惠养民，民无不说（悦）也”，可见同样是指的“人君”亦即诸侯这样的形下实体。

由此，我们得到《周易》“见象”在形下意义上的一般公式：

形下的实体的本质→现象

这显然是基于“本质—现象”这样的观念架构的，即是前现象学的现象观念。

（二）“见象”是客体向主体的显现

形下实体本质的现象，是在向谁显现？就传统的、前现象学的现象观念而论，所谓“现象”，其实是客体向主体的显现。这在中西哲学其实都是一样的。换句话说，正是由于形下实体的“见（xiàn）象”（现象），主体才能“见（jiàn）象”，于是才有“主—客”架构下的认识论。这个道理，《易传》有所揭示：

> 天垂象，见（现）吉凶，圣人象之。（《周易·系辞上传》）

这里的两个“象”字，含义不同：“天垂象”之“象”（名词）是指的本体的显现（详下）；而“圣人象之”之“象”（动词）则是指的圣人的创作，其结果是《周易》文本的卦象、爻象。图示如下：

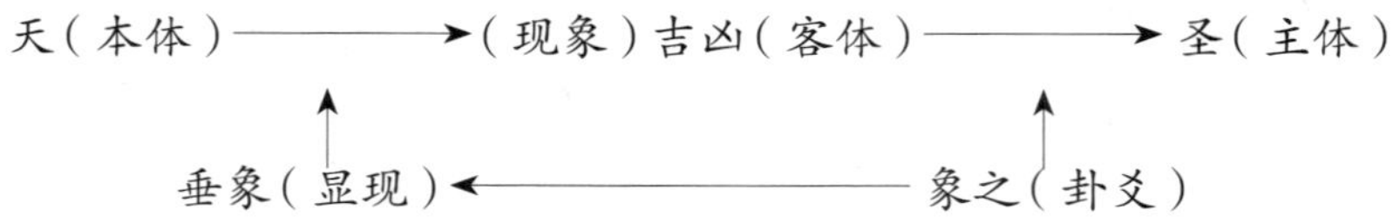


具体来说：

> 圣人有以见（jiàn）天下之赜，而拟诸其形容，象其物宜，是故谓之“象”；圣人有以见（jiàn）天下之动，而观其会通，以行其典礼，系辞焉以断其吉凶，是故谓之“爻”。（《周易·系辞上传》）

这里的“象”就是指的圣人创作的《周易》卦象、爻象。此“象”并非圣人所“见”（jiàn）；圣人所见的乃是“天下之赜（zé）”“天下之动”，即众多的形而下的现象，然而圣人能够由此“观其会通”，从而把握作为本体的易道。

可见“见象”（现象）的意义其实同时适用于形下的实体和形上的本体，只不过此时的形上本体已成为主体的认识对象，即已经被形下化。这正是传统“本体论”（ontology）哲学的吊诡之处：形上的本体降格为形下的客体。

由此，我们得到一个一般的公式：

实体 →（现象）见象（客体）→ 主体

关于这个问题，我曾撰文指出：

> 这个前现象学的“现象”概念是特别有意思的：“现象”这个词语隐藏着西方哲学两千年来的全部秘密。我们来看一个图示：

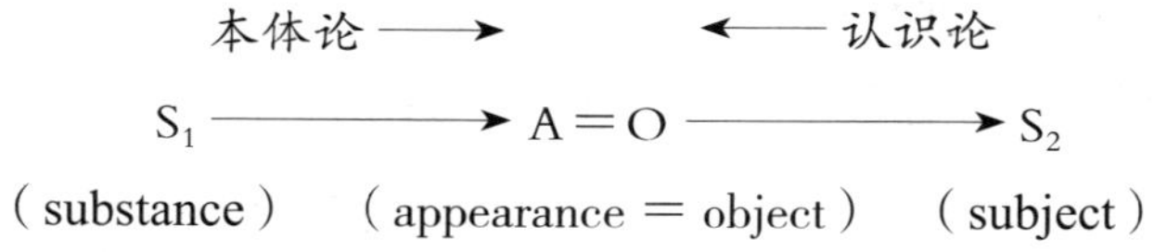


> 这里的“现象”具有双重意义：对于本质、本体、实体$S_1$（substance）来说，它是现象A（appearance），这就是传统本体论的“本质—现象”架构；对于主体$S_2$（subject）来说，它是对象、客体O（object），这就是传统认识论的“主—客”架构。中间的那个“A=O”是最关键的：现象即

是对象。西方哲学从古代的本体论到现代的认识论转向，只不过是这个总体结构的展开，其实就是“现象”概念固有的预设蕴涵的展开。[①]

## 二、见(xiàn)2：形上本体的显现

上引“天垂象，见吉凶”，本来是说的本体由显现而成为现象：

> 天生神物，圣人则之；天地变化，圣人效之；天垂象，见(现)吉凶，圣人象之。(《周易·系辞上传》)

撇开圣人不谈，这里呈现的乃是这样一种架构：一方是“天”或“天地”，这是本体、万物的终极本质；一方是“物”及其“变化”和“吉凶”之“象”，这是现象。这就是说，《易传》的“见象”(现象)有时又指的形上本体的显现。这显然属于本体论层级的问题。

《易传》有时用“天”指称本体：“乾元用九，乃见(现)天则。”(《周易·乾文言传》)有时则用“天地”指称本体：“复，其见(现)天地之心乎？”(《周易·复彖传》)所谓“天地”，在《周易》里又叫“乾坤”：

> 天尊地卑，乾坤定矣。……在天成象，在地成形，变化见(现)矣。……乾知大始，坤作成物。乾以易知，坤以简能。……易简而天下之理得矣。(《周易·系辞上传》)
>
> 阖户谓之坤，辟户谓之乾；一阖一辟谓之变，往来不穷谓之通；见(现)乃谓之象，形乃谓之器；制而用之谓之法，利用出入、民咸用之谓之神。(《周易·系辞上传》)
>
> 乾坤毁，则无以见易；易不可见，则乾坤或几乎息矣。(《周易·系辞上传》)

所谓“乾坤”，就是“阴阳”。《易传》说：“昔者圣人之作《易》也……

---

① 黄玉顺：《爱的观念：儒学的奠基性观念》，《求是学刊》2008年第4期，见《儒家思想与当代生活——“生活儒学”论集》，光明日报出版社2009年版，第6—7页。

观变于阴阳而立卦”；“昔者圣人之作《易》也……立天之道，曰‘阴’与‘阳’”。(《周易·说卦传》)又说：“阴阳合德而刚柔有体，以体天地之撰……”(《周易·系辞下传》)又说：“一阴一阳之谓道”；“形而上者谓之道，形而下者谓之器”。(《周易·系辞上传》)这就是说，“阴阳”作为“形而上者”，乃是“有体”的，即是本体。

此本体显现为现象，并非一蹴而就，而有一个从“微”到“显”的过程，这体现在《周易》之中：“夫《易》，彰往而察来，而微显阐幽。”(《周易·系辞下传》)“微显阐幽”意谓“显微阐幽”或者“微显幽阐”，即让“微”更显著地显现出来。这种“微”，又叫“几”：“几者，动之微，吉之先见(现)者也。”(《周易·系辞下传》)《周易》的意义就是：“夫《易》，圣人之所以极深而研几也”(《周易·系辞上传》)；“知至至之，可与几也”(《周易·乾文言传》)；“君子见几而作，不俟终日；……君子知微知彰，知柔知刚，万夫之望”(《周易·系辞下传》)。

## 三、《周易》“见象”的前现象学性质

以上两节讨论表明，整部《周易》，不论战国时期的大传《易传》还是西周时期的古经《易经》，其所谓“见”，不论“jiàn”还是“xiàn”，都是存在者化的，没有前存在者的现象观念；换句话说，没有相当于现象学的现象观念。

为什么会这样？这与《周易》其书的产生时代密切相关，这个时代即中国的“轴心期”[①]。我们知道，不论中西，轴心期是哲学形而上学的建构时期，而哲学形而上学的建构所伴随的就是海德格尔所说的“遗忘存在”，从而建构起了前现象学的、存在者化的“本体—现象”或“本质—现象”的观念架构。

中国的轴心期，通常认为是春秋战国时期。但在我看来，这个时期可以上溯到西周，其典型标志，即所谓“绝地天通”。“绝地天通”最初出自《今文尚书·周书·吕刑》所记载的周穆王(前1054—前949年)的说法，后来又有《国语·楚语下》所记载的春秋晚期楚昭王的大夫观射父所做的更为详尽的陈说。所谓“绝地天通”，简而言之，就是截断天与地、神与人之间原来的浑

① 参见雅斯贝斯:《历史的起源和目标》，华夏出版社1989年版，第1—18页。

然一体的联系，亦即天地分离、人神分离。对此，我曾撰文加以分析：

> 表面看来，这里所追溯的是帝舜时代，三苗作乱，帝舜于是命重（实指“羲”，相传为重、少昊氏之后）司天、而治神，命黎（实指“和”，相传为黎、高阳氏之后）司地、而治人，以使天地相隔，人神相分。而实际上，这是西周时期的观念。……从观念史的角度看，我们所经历的实际乃是这样三个观念时代：
>
> ①前原创期：人神杂糅——形而上学之前的时代（西周以前）
>
> ②原创时期：绝地天通——形而上学的建构时期（西周春秋战国时期）
>
> ③后原创期：人神异业——形而上学统治的时代（汉代以来）[①]

这种“绝地天通”观念，在更早的周公（约前1100—前？年）那里有另外一种表达：

> 周公正式割断了人神之间的血缘纽带，认为：“皇天无亲，惟德是辅。”（《尚书·蔡仲之命》）但是，例如，商人本来自以为是与神有血亲关系，这在《诗经·商颂·玄鸟》里有具体记载：“天命玄鸟，降而生商，宅殷土芒芒；古帝命武汤，正域彼四方。”诗中“帝”即“天”，他之所以授命于商，是因为商人乃是他自己的血亲嫡系：“高辛氏之妃，有娀氏女简狄，祈于郊禖。鳦遗卵，简狄吞之而生契。其后世遂为有殷氏，以有天下。”（《商颂·玄鸟》）此玄鸟之卵，即象征天帝之精，授于简狄，而生商之祖契。这本来是商人对其天命的原始领会，却是基于当时普遍的人神共在观念的：在前轴心期的远古观念中，人神之间不是异在的关系，而是共在的关系。人、神、半人半神的英雄，他们不分彼此、融洽和谐地共同生活着。而进入轴心期以后，人神之间的这种关系发生了根本变化：人神关系疏离了（estranged）、异化了（alienated）。

---

① 黄玉顺：《绝地天通：天地人神的原始本真关系的蜕变》，《哲学动态》2005年第5期，见《面向生活本身的儒学——黄玉顺“生活儒学”自选集》，四川大学出版社2006年版，第112页。这里所谓“原创期”，略相当于雅斯贝尔斯所谓“轴心期”，即是人类开始建构理性的哲学形而上学的时期。参见黄玉顺：《面向生活本身的儒学——黄玉顺“生活儒学”自选集》，第38—40页。

“绝地天通”观念所象征的不仅是人与神的隔绝，它实质上是人与人的隔绝。这种隔绝表现为“别”：天地有别，人神有别，男女有别，夫妇有别，父子有别，君臣有别，上下有别，等等。这一系列的“别”，也就是“礼”，即所谓“礼以别异”。它首先是天地之别：“礼者，天地之序也。”（《礼记·乐记》）而最终则是人与人之别：“礼者……贵贱贤不肖之所以别也。”（《韩非子·解老》）过去将“制礼作乐”归之于周公，这也不是偶然的：礼制的建构，正是进入轴心时期的西周的事情。“礼以别异”表明这种“别”的前提是“异”，亦即人与人之间关系的异化（alienation）：不仅神，而且人本身，已经蜕变为人的异己者、陌生者、他者。这种异化之所以发生，是因为天、地、人、神都被存在者化、对象化、器物化了。①

这种“绝地天通”“制礼作乐”的观念转变，在《礼记·礼运》中也有记载：最初是无“礼”、无“别”的“大同”之世；后来才进入有“礼”、有“别”的“小康”之世，于是“大人世及以为礼……礼义以为纪，以正君臣，以笃父子，以睦兄弟，以和夫妇，以设制度……未有不谨于礼者也”。

正是在这种时代背景下，《周易》——不论《易经》还是《易传》，其“见象”（现象）观念都已经存在者化，即是前现象学的现象观念。

## 四、《周易》之“观”：现象学意义上的本真情感的显现

那么，中国古代是否存在着可以对应于现象学的现象观念呢？为此，我们显然必须回溯到《周易》之前的观念中。

我们发现，前存在者性的、非存在者化的“见”，其实在“观”的观念之中。根据音韵学，汉语的“见”（音标/kian/）与“观”（音标/kuan/）是同源词。两者的区别在于：“见”一定是看到了；而“观”则不一定看到，既可以“观物”，也可以“观无”。（《周易·观卦》）

这种“观无”的观念，依稀保存在《周易》古经中。例如《观卦》：

观：盥而不荐，有孚颙若。

---

① 黄玉顺：《绝地天通：天地人神的原始本真关系的蜕变》，《哲学动态》2005年第5期。

此所谓“观”，指宗庙祭祀活动中的观礼。王弼注：“王道之可观者，莫盛乎宗庙。宗庙之可观者，莫盛于盥也；至荐，简略不足复观。故观盥而不观荐也。”(《周易正义·观》)这就是说，所观的乃是宗庙祭祀活动。然而王弼的解释是有问题的，他认为，之所以“观盥而不观荐”，乃是由于盥“盛”、而荐“简略”。汉儒已有这种说法，李鼎祚《周易集解·观》引马融：“此(盥)是祭祀盛时；及神降荐牲，其礼简略，不足观也。”后世大都采取这种说法：礼仪盛大，则足以观；礼仪简略，则不足观。这简直就是凑热闹的意思了！

其实，“盥”与“荐”作为祭祀活动的先后程序，很难说哪一个更“盛”、哪一个更“简略”。所谓“荐”，即向神进献食物。[1]而“盥”，则有不同的理解。李鼎祚《集解》引马融：“盥者，进爵灌地，以降神也。”但朱熹却认为：“盥，将祭而洁手也。”马融解为“降神”，是已经开始祭；而朱熹解为“洁手”，是“将祭”而尚未开始祭。我们从“盥”字的字形来看，应以朱熹所说为是。《说文》：“盥，澡手也。从臼(案：象双手之形)水临皿。”这其实就是今天俗话所说的“洗手”，而非马融所说的“进爵灌地”。据此，我们更不能说盥“盛”、而荐“简略”。正式祭祀之前，先把手洗干净，这谈不上什么“盛”，不过是准备“荐”而已。朱熹指出：“荐，举酒食以祭也。”这是正式的祭祀活动，我们决不能说它不“盛”、反倒“简略”。

那么，《周易》为什么主张“观盥而不观荐”呢？难道说，祭祀之前的洗手，竟然比正式的祭祀还更值得看吗？我们注意到，王弼尽管解释有误，但他引用了孔子的一句话，却很精当：

> 禘，自既灌而往者，吾不欲观之矣！(《论语·八佾》)

禘是一种祭祀，既祭始祖、又祭上帝。例如鲁国的禘祭，既祭周公、又祭文王(上帝)。朱熹《论语集注·八佾》引赵伯循：“禘，王者之大祭也。王者既立始祖之庙，又推始祖所自出之帝，祀之于始祖之庙，而以始祖配之也。”而“灌”，朱熹认为：“灌者，方祭之始，用郁鬯之酒灌地，以降神也。”这跟上述他对《易·观》之“盥”的解释是自相矛盾的，而是采取了何

① 孔颖达《周易正义·观》：“荐者，谓既灌之后，陈荐笾豆之事。”

晏的说法："灌者，酌郁鬯灌于太祖，以降神也。"其实，此处的"灌"与《易·观》之"盥"是一个意思。"灌"本是河流之名[①]；这里是假借字，"灌"就是"盥"，即"澡手"（洗手），而非"进爵灌地"。所谓"既灌而往者"就是"既盥而往者"；"吾不欲观之矣"正是《易·观》"观盥而不观荐"的意思。

那么，孔子为什么说"既灌而往者吾不欲观之"呢？何晏认为："既灌之后，列尊卑，序昭穆；而鲁逆祀，跻僖公，乱昭穆，故'不欲观之矣'。"（《论语注疏·八佾》）朱熹《集注》引赵伯循之说，虽与何晏之说略有差异，但也认为是因为鲁祭非礼："成王以周公有大勋劳，赐鲁重祭，故得禘于周公之庙，以文王为所出之帝，而周公配之，然非礼。"（《论语集注·八佾》）这样的解释，实在过于勉强。试问：孔子既然"不欲观"那"既灌而往"的非礼之祭，为什么却要"观"那为此非礼之祭做准备的"灌"呢？无论怎样解释这个"灌"字，"洁手"也好，"进爵降神"也罢，孔子之所以只观"灌"、不观"荐"，都不可能是因为鲁祭非礼的缘故，否则不合情理。而朱熹则曲为之解："盖鲁祭非礼，孔子本不欲观；至此而失礼之中，有失礼焉，故发此叹也。"（《论语集注·八佾》）其意是说：孔子本来连"灌"也都"不欲观"。然而，孔子既然本"不欲观"，为什么偏又"观"了呢？显然，传统的解释都是不能令人信服的。

其实，孔子说他"既灌而往者吾不欲观之"，这话恰恰表明了"灌"本身正是他"欲观"的。那么，孔子又为什么欲观"灌"或"盥"，而不欲观"既灌而往者"的"荐"呢？这显然是由于"盥"与"荐"之间有某种不同之处。这种不同之处不仅仅在于"盥"（洁手）是尚未开始正式祭祀、而"荐"（进献食物）则是已经开始祭祀，而是另有深意。

再看《周易》观卦卦辞"盥而不荐，有孚颙若"，两句话之间是有因果关系的：因为"盥"是"有孚颙若"，而"荐"不是，所以"观盥而不观荐"。《周易》筮辞"有孚"意谓"有信"，孔颖达解释："孚，信也。"但他对"颙若"的解释是不够确切的："颙是严正之貌"；"言下观而化，皆孚信，容貌俨然也"。（《周易正义·观》）其实，"颙"是"大"的意思：《说文解字》曰"颙，大头也"，引申为"大"。"若"是形容词的词尾，也作"如""然"。

① 许慎《说文解字·水部》："灌，水出庐江雩娄北入淮水。"

“颙若”就是“大大地”“极为”“非常”等等，形容“孚”亦即“信”的程度。“有孚颙若”是说：极为诚信。这是说的禘祭中的诚信，即对“祖”与“帝”的诚信，也就是通常所说的“虔诚”。《易·观》卦辞意在“强调祭祀不在乎礼之厚，而在乎心之诚”[①]。《易·革》也有一句爻辞，意思与此类似：“大人虎变，未占有孚。”尚且“未占”，便已“有孚”，正如这里的尚且未“荐”，便已“有孚颙若”。

显然，孔子那番话的意思是：在禘祭中，“灌”或“盥”是非常虔诚的；而“自既灌而往者”如“荐”，则未必是虔诚的。孔子看重的不是祭祀礼品的丰盛，而是祭祀情感的虔敬、虔诚、诚信。孔子在另一处也表达了对祭礼的相同看法：“林放问礼之本。子曰：‘大哉问！礼，与其奢也，宁俭；丧，与其易也，宁戚。’”（《论语·八佾》）“礼之本”就是“礼之质”，即是祭礼的实质，朱熹解释：“俭者，物之质；戚者，心之诚。”（《论语集注·八佾》）孔子的意思：礼品，与其“奢”，不如“俭”；礼数，与其仪式之“易”（整治），不如情感之“戚”（哀伤）。显然，孔子看重的不是礼的形式，而是礼的实质，即对祖先的情感。同类例子，孔子说过：“居上不宽，为礼不敬，临丧不哀，吾何以观之哉？”（《论语·八佾》）所谓“临丧不哀，吾何以观之哉”是说：在丧礼中，不论所“荐”的礼品多么丰盛，如果没有哀伤的情感，那还有什么可观的呢！

这就回到了儒学的大本大源：本真的情感。

回到《易·观》之“观”的实质问题上来：王弼所说的“观盥而不观荐”是说所观的不是“荐”，而是“盥”，即是说，所“观”的是情感。这种本源性的“观”，乃是“观情”。但“情”并不是“物”，即不是什么“东西”，不是“存在者”，而是“无物”“无”，即“存在”。《老子》也说：“万物并作，吾以观复”（第十六章）“复归于无物”（第十四章）。在“无物”的意义上，“情”乃是“无”。在这种意义上，《易》“观”之“观情”，也就是“观无”。[②]例如上文所谈的孔子欲“观”禘前之“灌”，似乎是在“观”洗手，即是在“主—客”架构下的一种对象性的“观”；但实际上，洗手有什么“可观”的呢？其实，对于孔子来说，洗手是他“视而不见”的；他所“观”而

① 黄玉顺：《易经古歌考释》，巴蜀书社1995年版，第100页。

② 黄玉顺：《论“观物”与“观无”——儒学与现象学的一种融通》，《四川大学学报》2006年第4期。

"见"之的，是对祖先的情感。而这种情感不是任何意义上的物，不是存在者。因此，在这种本源之观中，无物存在。这就是"无所观之观"——"观无"。

或许有人会问：情感这样的无形之"无"如何能被"观"到呢？这就是我所说的"生活领悟"[①]。本源性的生活领悟并不是认识论的事情，即既不是"感性认识"，也不是"理性认识"。这种领悟根本就不是认识，因为凡是认识都是在"主—客"架构下进行的，而主与客都是"存在者"，都是"物"；而生活领悟则是在"无物"的层级上、先于任何"物"的本源情境中的事情。恰恰在这种领悟中，物、存在者的生成才是可能的，这就是《中庸》讲的"不诚无物"，而诚能够"成己""成物"。这种本源之观固然是一种"看"，但并不是认识论意义上的"观看""观察"，甚至也不是胡塞尔所谓"现象学的看"，因为"现象学的看"，其所"观"者是纯粹先验意识，海德格尔仍将其归结为主体性存在者的事情。[②] 而在本源之观中，我们是在领悟着生活情感，领悟着作为存在的生活。

总之，《周易》可以对应于现象学"现象"观念的，并不是"见象"的观念，而是"观无"之"观"的观念，其实质是本真的生活情感的显现。

---

① 黄玉顺：《爱与思——生活儒学的观念》，第37—40、101—104页。

② 参见海德格尔：《哲学的终结和思的任务》，载《面向思的事情》，陈小文、孙周兴译，商务印书馆1999年第2版。

第四编

# 《周易》研究节录

# 孔子与《周易》之关系*

## 一、孔子曾否编辑“六经”？

关于孔子整理“六经”的记载，最早见于《庄子·天运》：“孔子谓老聃曰：‘丘治《诗》《书》《礼》《乐》《易》《春秋》六经，自以为久矣，孰知其故矣。’”至司马迁大倡孔子整理“六经”之说（详见下文随处所引《史记·孔子世家》），其后持此说者愈甚。例如东汉王充《论衡·效力》中就有一种很值得注意的提法：“孔子，周世多力之人也，作《春秋》，删‘五经’。”而今范文澜主编的《中国通史》则有一个总结性的提法：

> 孔子非常博学，收集鲁、周、宋、杞等故国的文献，整理出《易》《书》《诗》《礼》《乐》《春秋》六种教本来，讲授给弟子们。这些教本写在二尺四寸长的竹简上被尊称为经，孔子和其他诸儒解释经义的文字写在较短的竹简或木板上称为传。[①]

我们认为，历代关于孔子整理“六经”的众多记载既不可能是绝对确切无误的，也不可能是毫无根据的无稽之谈。历代众多记载之间每有互相矛盾之处，这就提醒我们不可轻信盲从；但这些记载几千年来又绵延不绝，这当中恐怕确实有孔子整理“六经”的历史消息在：第一，孔子标榜“述而不作”（《论语·述而》），可是又确有“文章”传下来（如《论语·公冶长》载子贡云“夫子之文章，可得而闻也”），那么，这里的“文章”只可能是“六经”

---

* 节选自《中国编辑之父——孔子整理“六经”述评》，该文写于1991年3月，未刊。当时我正在四川省社会科学院攻读硕士学位，专业是新闻学，研究方向是书刊编辑。这篇文章，就是从编辑学的角度来写的。

① 范文澜主编：《中国通史》第一册，人民出版社1994年版，第170页。

之类孔子“述而不作”的文献。第二，“孔子之时，周室微而《礼》《乐》废、《诗》《书》缺”(《史记·孔子世家》)，客观上需要有人来整理这些散乱残缺的文献典籍；而孔子主观上既有关于这些典章制度的渊博知识，又有整理这些文献的意愿——小而言之是为其教育事业准备教材，大而言之则为其政治理想提供依据。第三，历史上也并非没有关于孔子整理古典文献的旁证，例如《吕氏春秋·察传》所载：

> 鲁哀公问于孔子曰：“‘乐正夔一足’，信乎？”孔子曰：“昔者舜欲以乐传教于天下，乃令重黎举夔于草莽之中而进之，舜以为乐正。……重黎又欲益求人，舜曰：‘……若夔者，一而足矣。’”

下面，我们分别就“六经”来加以讨论。

……

(三)孔子编过《易》吗?

“孔子晚而喜《易》，序《彖》《系》《象》《说卦》《文言》；读《易》，韦编三绝。”(《史记·孔子世家》)对司马迁这个说法，应该一分为二：说孔子“晚而喜《易》”以至于“韦编三绝”，这是可信的。孔子自己也说过：“加我数年，五十以学《易》，可以无大过矣。”(《论语·述而》)但是说孔子“序《彖》《系》《象》《说卦》《文言》”，这就值得商榷了。首先可以肯定，《文言》《系辞》两传不是孔子亲自编定的，因为其行文中屡见“子曰”字样。其次从《说卦传》的内容来看，也不像是早在春秋时代就有的思想，例如第五章的八卦配四时和八方，就是战国时期才有的观念。至于《彖传》和《象传》是否孔子所编著，倒是可以得出一种或然的判断：可能是，也可能不是。

说“可能是”，因为孔子既然以《易经》为教材之一，他就必须对它加以解说，而《彖传》正是对各卦“彖辞”(卦辞)的解说，《象传》正是对各卦“卦象”(大象)和“爻象”(小象)的解说。我们从整部《易传》(“十翼”)中大量出现的“子曰”字样，也不难想见孔子当年对学生讲解《易经》的情景。马王堆出土的帛书《周易》中还有一篇题为《要》的，是专记孔子与弟子有关《周易》的问答的，由此可以推知，可能另外还有若干类似文献早已散佚。

说“也可能不是”，因为以上的推断毕竟缺乏实证材料，并且以《彖传》《象传》看，其行文之畅达老成，也不像是太早的作品。

但是，今本《易传》虽然是经历代（自春秋末以至汉初）儒者递相改编而成，但其源头则必始于孔子对《易》的讲解。范文澜主编的《中国通史》关于《易传》来历的结论基本上是可以接受的：“孔子讲说的记录及后来传《易》大师的补充，总称为《易传》或称《十翼》。”[①]

至于《易经》本身是否也曾经过孔子改编，迄今毫无文献可征。不过春秋时期曾流传过若干种《易》，今本《周易》只是其中之一。仅据《周礼》所载，就有三种：“掌三《易》之法：一曰《连山》，二曰《归藏》，三曰《周易》。”正由于经孔子亲自选定，《周易》才得以成为儒家经典而流传下来。再者，根据上引《周礼》所载材料来看，当初对《易》六十四卦的编排次序还是有一定自由度的，并不像后世那样一成不变。而沿着这条思路，我们或许也可以对所谓“韦编三绝”做出一种新的解释：孔子为了使六十四卦编排次序更合理，曾多次有意把编绳断开以便改编。而今本《易传》中的《序卦》，最初可能来自孔子对自己重编六十四卦次序的理由的申说。

……

## 二、孔子怎样编辑“六经”？

孔子编辑“六经”，至少有这三条总体原则：

第一，述而不作。

孔子自谓：“述而不作，信而好古，窃比我于老彭。”（《论语·述而》）朱熹注云：

> 述，传旧而已；作，则创始也。……孔子删《诗》《书》，定《礼》《乐》，赞《周易》，修《春秋》，皆传先王之旧，而未尝有所作也。……夫子盖集群圣之大成，而折衷之，其事虽述，而功则倍于作矣！（《论语集注·述而》）

朱子这番评述，实在允当之至。

第二，阙如其所不知。

上引孔子所说“信而好古”，并不是提倡对古董的迷信盲从，而是说在整

---

① 范文澜主编：《中国通史》第一册，人民出版社1994年版，第171页。

理古典文献时，要信守原始材料。这是孔子作为文献编辑学家的实事求是的诚实态度。所以孔子坚持：“君子于其所不知，盖阙如也。”（《论语·子路》）其实这是孔子为人的准则在编辑上的一个体现，这个准则就是：“子绝四：毋意，毋必，毋固，毋我。”（《论语·子罕》）这种严谨的态度，出自孔子对我国远古以来史学的一个优良传统的继承和发扬：“古制，书必同文；不知，则阙，问诸故老。至于衰世，是非无正，人用其私。故孔子曰：‘吾犹及史之阙文也，今亡矣夫！’”（《汉书·艺文志》）

关于孔子如何坚持这条编辑原则，这里仅举一例：《春秋》桓公十四年经文“夏五”，《左传》杜预注云：“不书‘月’，阙文。”《公羊传》云：“‘夏五’者何？无闻焉耳。”清代著名经学家孔广森解释：“本当言夏五月干支，郑伯使其弟语来盟，简札烂灭，不知盟日，《春秋》方令桓盟皆日，以重著其无信，故进不可就‘五’增‘月’，退不可退‘五’存‘夏’，即用旧文，无所增损，亦因以示史阙疑之法。”[①] 孔子编“六经”之谨严，于此可见一斑。

第三，不语怪力乱神。

《论语·述而》载：“子不语怪、力、乱、神。”确实，在“六经”的编辑里，孔子基本上是贯彻了这条原则的：“语常而不语怪，语德而不语力，语治而不语乱，语人而不语神。”（《论语集注·述而》）

下面分别讨论孔子怎样编辑“六经”。

……

（三）孔子怎样编《易》

关于孔子如何整理《易经》的问题，我们认为范文澜主编的《中国通史》的观点是很有见地的：“孔子把主要与‘鬼谋’（向鬼神问吉凶）的《易》改变为主要与‘人谋’（人自造吉凶）的《易》，是思想上的一个进步。”[②]《易经》作为一部占卜之书，本是一个神学迷信的体系；而经过孔子的解释，《易传》就纯然是一个哲学理性的系统了。因此，对神学性的文本做一种哲学化的阐释，这是孔子处理《周易》的根本原则。

孔子之所以能如此，与其思想体系的人本理性特征是有密切关系的。孔子一向“不语怪、力、乱、神”（《论语·述而》），“敬鬼神而远之”（《论

① 孔广森：《春秋公羊经传通义》，北京大学出版社2012年版，第48页。

② 范文澜主编：《中国通史》第一册，人民出版社1994年版，第172页。

语·雍也》)，认为“未能事人，焉能事鬼”(《论语·先进》)，是重人事而轻鬼神的，所以才造成了《周易》性质的根本转变。如果在某种意义上可以说，一部中国哲学史就是一部易学史，那么，这条历史长河乃是发源于孔子释《易》的。

……

## 三、孔子为什么编“六经”？

孔子编辑“六经”，其目的是复杂的，兹择其要，略述如下：

第一，个体目的：追求“不朽”。

古来有“三不朽”之说：“太上有立德，其次有立功，其次有立言，虽久不废，此之谓不朽。”(《左传·襄公二十四年》)中国知识分子通过“立言”以求“不朽”的传统，是肇源于孔子的。据《史记·孔子世家》载：“子曰：‘弗乎！弗乎！君子病没世而名不称焉。吾道不行矣，吾何以自见于后世哉！’乃因史记作《春秋》。”这条记载是有根据的，例如《论语·卫灵公》记载孔子语：“君子疾没世而名不称焉。”这种人生理想对中国历代知识分子产生了深远影响。例如司马迁发愤著《史记》，其个体目的首先也就是追求身后的“不朽”。在他看来，“立名者，行之极也”(《报任安书》)，这就是说，扬名后世乃是品行的最高境界。所以他发愤著书，“思垂空文以自见”“藏之名山，传之其人”(《报任安书》)。而在受刑之后，“所以隐忍苟活，幽于粪土之中而不辞者，恨私心有所不尽，鄙陋没世，而文采不表于后也”(《报任安书》)。

第二，群体目的：“备王道，成六艺”。

这里，“成六艺”是说孔子编辑“六经”的直接目的在教育；换句话说，“六经”是孔子编的教材。“备王道”是说孔子的根本目的在政治：一方面是生前的政治目的，即“六经”是孔子游说诸侯、以求实现政治抱负的文本根据；一方面是身后的政治目的，即伪《古文尚书·序》所说的“垂世立教”“示人主以轨范”。而“成六艺”与“备王道”是相为表里的，教育的最终目的还是通过学生而实现孔子的政治理想。

单就政治目的而言，《史记·滑稽列传》中有一段文字，可以作为孔子为什么要编辑“六经”的总纲：

六艺于治，一也：《礼》以节人，《乐》以发和，《书》以道事，《诗》以达意，《易》以神化，《春秋》以道义。

下面分别而论：

……

（三）孔子为何编《易》

“《易》以神化”这句话，今天很容易引起误解，因为在现代汉语里，“神化”的意思是“使……变得神秘起来”，这正好与孔子的意旨相反，因为孔子是把神秘性的《易》改造成哲学性的《易》。其实司马迁讲的“神化”不是使之神秘的意思，这一点我们可以从他对“六经”功用的总体概括中看出来：跟“节人”“发和”“道事”“达意”和“道义”等语一样，“神化”这个短语应理解为动宾关系，即“神”是一个使动词，“化”是名词，而“神化”的意思应是“使化神”。什么是“化”？就是教化或政教。按照儒家学说，教化或政教相当于今所谓政治。什么又叫“神”呢？“阴阳不测之谓神。”（《周易·系辞上传》）“神”不过是对以阴阳二气为基本范畴的古代自然哲学的概括，这个自然哲学体系，就隐含在《周易》之中。所以一代大儒荀子也说：“列星随旋，日月递照，四时代序，阴阳大化，风雨博施，万物各得其和以生，各得其养以成，不见其事，而见其功，夫是之谓‘神’。”（《荀子·天论》）因此，所谓“《易》以神化”，不过是说：孔子之所以编《易》，是要为现实的政治伦理教化寻求一个哲学的理论基础。

……

以上讨论表明，孔子通过整理编辑“六经”，不仅在编辑实践上取得了整理传播中国古代文化遗产的丰硕成果，而且在编辑理论上形成了一套相当完备的编辑思想体系，作为“中国编辑之父”，他是当之无愧的。

# 中国哲学史诗《周易》*

易之为书本占筮，周人以定吉凶事。
其蓍之德圆而神，其卦之德方以智。
仰观俯察知生死，显微阐幽谁人制？
群经之首由来久，传闻圣人更三世：
伏牺当年画八卦，文王演为六十四；
立象尽意亦难明，又与周公系文字。
孔子晚年尤喜易，夫子传之门人记；
彖象系辞与文言，说序杂卦凡十翼。
易道广大且精微，包举人物与天地；
首自乾坤与屯蒙，终于既济而未济。
始则分二且挂一，再则揲四复归奇；
如此四营便成易，万事万物乃当期。
形而上者谓之道，形而下者谓之器。
三才之道往来通，六爻之动安危系。
阴阳交感乃元亨，穷变通久为一气。
生生之意见天德，日新之德无不利。

* 选自《中国哲学史诗》，创作于1996年夏季，连载于山东大学儒学高等研究院《国学茶座》[自2014年第2期(总第三期)开始]，山东人民出版社出版发行。

# 《易传》的文学成就*

荀子与《易传》有密切关系，这是一个值得继续深入研究的课题。例如《荀子·大略》："《易》之《咸》，见夫妇。夫妇之道不可不正也，君臣父子之本也。咸，感也。以高下下，以男下女，柔上而刚下。聘士之义，亲迎之道，重始也。"这与《周易·咸彖》非常接近："咸，感也。柔上而刚下，二气感应以相与，止而说，男下女，是以亨。"

《易传》作为儒家的基本经典之一，是把《易经》从神学改造为哲学的典范文献。此书共有十篇，所谓"十翼"；实为七种文献。相传它是孔子所作，其实应是孔子后学的集体创作，而非出自一时一人之手。它的成书，大约在战国时代。《易传》以生命关怀为中心，以阴阳范畴为核心，阐述了"生生之谓易"的生命存在论，"有天地然后有万物"的自然观，"刚柔相推，变在其中""天地革而四时成""穷则变，变则通，通则久"的发展观，"仰观俯察"的认识论，"自强不息""厚德载物"的伦理观等等。

《易传》作为哲理论文，其文学成就也颇为突出。《易传》的论文在体裁上分为两种，一种是韵文，一种是散文。韵文的例子，比如《乾彖传》：

> 大哉乾元，万物资始乃统天。云行雨施，品物流形。大明终始，六位时成，时乘六龙以御天。乾道变化，各正性命，保合大和乃利贞。首出庶物，万国咸宁。

---

* 节选自《儒家文学史纲》第一章第三节，未刊。该书稿写成于2001年6月，原属我的导师蒙培元先生所主编的一套丛书《儒学与中国文化》(中国社会科学院重点课题)。当初跟出版社约定，这套丛书共五种，分别由五个作者执笔撰写，最后统一出版。但到了跟出版社约定的交稿日期，却还有两位作者迟迟未能完成，致使出版社取消了合约。此书原题为《儒学与中国文学》，现在改名为《儒家文学史纲》。

又如《蒙彖传》：

蒙，山下有险，险而止，蒙。“蒙亨”以亨行，时中也。“匪我求童蒙，童蒙求我”，志应也。“初筮告”，以刚中也。“再三渎，渎则不告”，渎蒙也。蒙以养正，圣功也。

《象传》分为“大象”和“小象”，“小象”也都是韵文。例如《乾象》：

“潜龙勿用”，阳在下也。“见龙在田”，德施普也。“终日乾乾”，反复道也。“或跃在渊”，进无咎也。“飞龙在天”，大人造也。“亢龙有悔”，盈不可久也。“用九”天德，不可为首也。

《杂卦》也是一篇典型的韵文：

乾刚，坤柔；比乐，师忧；临、观之义，或与、或求。屯，见而不失其居；蒙，杂而著。震，起也；艮，止也。……归妹，女之终也；未济，男之穷也。……

《易传》的其他篇章都是散文，但其中也间夹着韵文。例如《乾文言》：

九五曰“飞龙在天，利见大人”，何谓也？子曰：“同声相应，同气相求；水流湿，火就燥。云从龙，风从虎，圣人作，而万物睹。本乎天者亲上，本乎地者亲下，则各从其类也。”

又如《坤文言》：

积善之家，必有余庆；积不善之家，必有余殃。臣弑其君，子弑其父，非一朝一夕之故，其所由来者渐矣，由辩之不早辩也。《易》曰“履霜，坚冰至”，盖言顺也。

又如《说卦传》：

> 乾，天也，故称乎父；坤，地也，故称乎母。震一索而得男，故谓之长男；巽一索而得女，故谓之长女。坎再索而得男，故谓之中男；离再索而得女，故谓之中女。艮三索而得男，故谓之少男；兑三索而得女，故谓之少女。

又如《序卦传》

> 有天地然后有万物，有万物然后有男女，有男女然后有夫妇，有夫妇然后有父子，有父子然后有君臣，有君臣然后有上下，有上下然后礼义有所错（措）。

尤其是《系辞传》，大量运用对偶、排比的手法，更是一篇质朴流畅的散文佳作。例如：

> 是故易有太极，是生两仪，两仪生四象，四象生八卦，八卦定吉凶，吉凶生大业。是故法象莫大乎天地；变通莫大乎四时；县（悬）象著明莫大乎日月；崇高莫大乎富贵；备物致用、立成器以为天下利，莫大乎圣人；探赜索隐、钩深致远，以定天下之吉凶、成天下之亹亹（mén）者，莫大乎蓍龟。是故天生神物，圣人则之；天地变化，圣人效之。天垂象，见吉凶，圣人象之；河出图，洛出书，圣人则之。……

《易传》不仅在思想内容上深刻地影响了后世的儒家哲学，而且在文笔风格上长久地浸润着后来的中国文学。

# 人是自然的孝子*

人不仅是自然之子，而且还应该是自然的孝子。这个思想，在张载的《西铭》里有很透彻的表达："乾称父，坤称母，予兹藐焉，乃混然而中处……"什么叫作自然的孝子？所谓孝，《中庸》说："夫孝者，善继人之志，善述人之事者也。"述者，循也，循父母之道也。这就是说，孝子就是善于继承发展父母未竟的事业；同理，自然的孝子就是善于继承发展自然未竟的事业。这也就是《周易》所说的"干父之蛊""干母之蛊"。《周易·序卦》："蛊者，事也。"人之于自然，也就是继其志、述其事的问题。这里蕴涵着儒家的一个极为深刻伟大的思想：自然是未完成的，需要人这个自然之子去继续完成。人凭什么继志述事、完成自然未竟的事业？《周易·系辞传上》指出："继之者善也，成之者性也。"凭着善性去继述、继成，亦即凭着自身的自然去继述、继成，因为善性正是自身的自然。这也就是《中庸》所说的"天命之谓性，率性之谓道"的意思。"天命之谓性"也就是《周易·乾彖》所说的"乾道变化，各正性命"。乾道就是天道。此处之"天"即谓"自然"，亦即"自己如此"。人得天为性，是说人性自己如此；物同样得天为性，也是说自然界自己如此；而人率性为道，就是说的人继志述事、继善成性。

* 节选自《中西自然价值观念比较》，原载《理论学刊》2004年第3期。

# 《易传》与“生存”和“存在”*

显然，对于儒学的重建来说，海德格尔的思想具有特别重要的参照价值。但这并不等于说，重建起来的儒学不过是海德格尔思想的翻版。这就涉及另外一个重要的问题：儒家思想与海德格尔思想之关系。[①] 谁都知道，海德格尔提出了一个著名的区分“存在论区别”（der ontologische Unterschied），即对“存在”（Sein）和“存在者”（Seiendes）的区分；但他还有另外一个区分几乎同等重要，那就是“存在”与“生存”（Existenz）的区分。在他的前期思想中，一方面，我们只能通过“此在”（Dasein）、“此在的生存”这条进路，去切入“存在”本身；但是，无论如何也不能说：“生存”就是“存在本身”。这就是说，在海德格尔那里，“生存”和“存在”毕竟并不是一回事。唯其如此，才有可能发生海德格尔的后期“转向”，即抛弃“生存”进路而试图直接切入“存在”。这不仅涉及海德格尔的“转向”问题，而且涉及儒学与海德格尔的一个基本区别所在：在儒家思想中，区别于“生存”的那个所谓“存在本身”，不过是子虚乌有、没有意义的东西；“天地之大德曰生”“生生之谓易”（《周易·系辞传》）意味着：生活即是存在，生活之外别无所谓“存在”。后期海德格尔放弃了由“此在的生存”来突入“存在”的进路，而我们却恰恰更加看重他前期的此在的生存论。

---

* 节选自《复归生活、重建儒学——儒学与现象学比较研究纲领》：《人文杂志》2005年第6期；人大复印报刊资料《中国哲学》2006年第1期全文转载；见《儒学与生活——“生活儒学”论稿》，四川大学出版社2009年版，第94—95页。

① 关于这个问题，可以参看拙文：《论生活儒学与海德格尔思想——答张志伟教授》，《四川大学学报》2005年第4期；人大复印资料《外国哲学》2005年第12期全文转载。

# 《周易》之“爱与思”的观念*

## 一

我刚才提到，诸子百家都讲“道”与“德”，但它们的实质内容是不同的。虽然实质内容不同，也就是在“定名”上没有等同性，却在“虚位”上具有对应性；否则，我们没法理解对方在说什么。这种对应性是什么呢？很简单，不管儒家还是道家，一般来讲，谈“道—德”，都是“形上—形下”的关系。在道家来讲，“失道而后德”（《老子》第三十八章）。老子讲“天道”，这是形而上的；天道赋予形而下的人和物，就是“德”，也就是“得”，得之于天道，而成就德性，成就人性、物理。儒家也是这样的。儒家讲“天命之谓性”（《礼记·中庸》）。“性”是什么？“性”就是德性。德者，得也。得什么？得其性，就是德性。从何处得？得之于天。人得天，获得自己的人性；物得天，获得自己的物性。显然，儒、道两家的“道”“德”观念，在层级上是具有对应性的。所以，儒、道两家都共同把《周易》奉为经典，因为《易传》就是这样的观念：“乾道变化，各正性命。”（《周易·乾彖传》）“乾道”就是形而上的天道，也就是“道”；“性命”就是形而下的人性、物理，也就是“德”。先秦诸子，在谈到“道”“德”这样的词语的时候，差不多都是这个意思，这就是观念上的对应性。最近，张志伟[①]教授跟我争论，谈“形而上学”问题。我谈“中国的形而上学”，谈儒家形而上学的解构和重建。他说：中国哪有什么“形而上学”！[②]怎么能说中国没有形而上学呢！其实，中国的“形

---

* 节选自《爱与思——生活儒学的观念》，四川大学出版社2006年版。

① 张志伟：中国人民大学哲学系教授、博士生导师。

② 参见张志伟：《关于海德格尔与中国哲学之间关系的几点思考——对黄玉顺〈生活儒学导论〉的批评》，《四川大学学报》2005年第3期；黄玉顺：《论生活儒学与海德格尔思想——答张志伟教授》，《四川大学学报》2005年第4期。

而上学”和西方的metaphysics的关系，跟汉语的“王”和西语的king的关系是一样的，是“定名”和“虚位”的问题，也就是等同性和对应性的问题。在定名上，中国当然没有metaphysics；但是在虚位上，中国当然是有自己的“形而上学”的。否则，我们为什么用汉语的“形而上学”去翻译亚里士多德的Metaphysics并且能够理解呢？《易传》就是中国形而上学的建构，所以它说：“形而上者谓之道，形而下者谓之器。”“器”就是“物”，就是形而下的存在者，形而下存在者的本质，也就是我刚才讲的“德”；而“道”，就是形而上的存在者。思考这样的形而上存在者的，就是形而上学！怎么能说中国没有形而上学呢？（第7—8页）

## 二

爱，按照现象学的观念，是一种“显现”。但是，在我的文章中，我用的是另外一个词：“显示”。为什么用“显示”呢？因为这个“示”字跟中国的一个很核心的观念有关，这个观念就是《易传》所说的：“天垂象，见吉凶。”这个“见”，读作“现”，不是“看见”的意思，而是“显现”“现象”“显示”的意思。许慎《说文解字》解释“示”字，就引用了《易传》这句话：“示，‘天垂象，见吉凶’，所以示人也。”姑且可以这么说：这是中国人的一种“现象学”观念。但他却又接着解释说：“从二（大徐本注：二，古文“上”字）；三垂，日月星也。‘观乎天文，以察时变。’示，神事也。”这样一来，“示”就被解释成了一种形而上学的观念：“天象”“天文”乃是“神事”，是神向人显示着“吉凶”“时变”。这倒是符合《周易》的神学形而上学观念，却已经不是本源性的观念了。在本源性的观念中，“示”并不是有一个“本质”呈现为“现象”，并不是有一个形而上的神，他在向人显示什么。“示”之为显示，犹如现象学所谓“显现”或者“现象”：既不是“什么”在显现，也不是向“谁”在显现。（第16—17页）

## 三

其实，我对海德格尔特别感兴趣的地方，就是他前期思想当中的“生存”。因为，中国儒学或者说东方文化，包括道家，都特别讲究这个“生”。这是很多学者承认的一个观念事实。比如《周易》讲：“天地之大德曰生”（《周易·系辞下传》）、“生生之谓易”（《周易·系辞上传》），这就是讲“生”

的。现代新儒家也讲“生”，说宇宙是一个大生命，诸如此类。我们中国人对关于“生”的问题特别感兴趣。当然，我们所谓“生”跟海德格尔所谓“生存”并不是一回事，两者不能等同，这是我以后要讲的一个问题；但是，虽然如此，“生”与“生存”之间毕竟是具有某种对应性的。（第21页）

## 四

如果我们直接把“性”理解为“生”的话，那么，实际上，这个“性”就已经与那个作为先验的形而上学设定的“性”不同了。当然，这要看你怎么理解这个“生”。记得上一次讲座上，我专门讲过这个“生”字。我说：这个“生”字，在远古先民的本源领悟中，是说的生活本身的本源情境：人与草木的“无分别相”的共同生活。但是，当后来的诸子百家开始建构形而上学、说“生之谓性”的时候，这个观念已经是一种形而上学的先验设定了。为什么这样讲呢？诸子百家讲“生之谓性”的时候，都是把“性”作为一种先天的、天生的东西，就是你天生就具有的某一种“本性”。这其实和“生”字原来的用法是大相径庭的。“生”，我上次讲过的，其实讲的是生活本身的本源情境，这里没有任何东西，没有任何物、任何存在者。比如说《周易》，《易传》里面讲“生生”。“生生”这个表达原来是很好的，是一种动态的表达；但我们后来把它凝固化了。“性→情”架构实际上就是把它凝固化了，它是在说：我们每一个人天生就有一种秉性或者本性这样的东西。这个观念，从虚位上来讲，跟西方人所讲的完全是一样的，就是human nature。这个human nature是一个规定：人的本质。但我们知道，在西方的观念中，nature这样的观念就是一个典型的前现象学的形而上学观念，是“本质与现象”架构的产物。而实际上，被把握为固有的本性的“性”是在作为生活本身的“生”当中生成的，“性”是在“生”当中确立起来的。（第51—52页）

## 五

还有“观”，也是很要紧的。“观”也类似于“见”，但意思有点不同。“观”是怎样的呢？“观”不一定能“见”。“观”只是“看”的意思，“看”不一定就能“见”。但是，那要看是怎样去“观”。孔子、《周易》的观卦都讲到“观”，是很值得研究的。

观卦的卦辞说：“观：盥而不荐，有孚颙若。”这是在说：在祭祀时，我们应该"观盥而不观荐"(王弼《周易注》)。其中,"荐"是正式的祭祀,就是向神贡献牺牲之类的东西;而"盥"则是祭祀之前洗手的意思。[①] 你们会觉得很奇怪:观洗手?洗手有什么好看的?正式的祭祀仪式你不去看,却去看祭祀之前的洗手,这不是有病吗!但《周易》的作者却认为:那才是真正的看"见"了。看见了什么?没有看见"什么",看见的只是情感的显现,那就是"现"。这是大有深意的。据我的理解,这是因为:祭祀原本应该体现一种纯真的情感、诸如敬畏的情感的显现。但轴心时期以来,在正式的祭祀中,在"荐"的时候,人向神贡献东西,往往是有目的的,是要以此来换取神的保佑,是很功利的,是一种主体性行为。那就不是本源的情感了,不值得"观",因为:你纵然"看"了,也看不"见"情感的显现,因为情感本身并没有"现"出来。相反,倒是在正式祭祀之前洗手时,在"盥"的时候,反倒往往能表现出一种虔诚的敬畏氛围。这就是我的解释。否则,我去看他洗手,洗手有什么好看的?难道看他怎样才洗得干净吗?其实,"观盥"去"看"洗手,却并没有看"见"洗手,这是"视而不见"的,既没有看见手,也没有看见盆和水;然而此时此刻却又确确实实地"见"了:看见了情感的"现"。这就不是经验性的观,而是本源性的观。

孔子也持这样的观念。他在两个地方谈到丧礼,也这样讲。比如,他说:"居上不宽,为礼不敬,临丧不哀,吾何以观之哉?"(《论语·八佾》)既然"临丧不哀",我还看什么呢?没什么可看的了。看到的只是一些"东西",一些存在者,一些"物",但是恰恰没有看"见"哀的情感,没有看见情感的"现"。这就使人想起今天一些地方的丧礼,大家都很熟悉的那种场合:家里死了人,大伙儿却兴高采烈地凑到一起来打牌!"临丧不哀","吾何以观之哉"!

孔子还有一句话,简直可以看作就是对《周易·观卦》那句卦辞的解释。他说:"禘,自既灌而往者,吾不欲观之矣!"(《论语·八佾》)禘是一种祭祀,既祭上帝,也祭始祖。这里的"灌"跟刚才《周易》的"盥"是一个意

① 黄玉顺:《周易古歌考释》,巴蜀书社1995年版,第99页。

思，都是正式祭祀之前的洗手。[1]所以，这里的“自既灌以往者吾不欲观”，正是《周易·观卦》的“观盥而不观荐”的意思。孔子为什么欲观“灌”或“盥”，而不欲观“既灌而往者”的“荐”？这显然取决于“盥”与“荐”之间有什么不同之处。我们回到《易·观》的卦辞上来：“盥而不荐，有孚颙若。”这里“孚”的意思是“诚信”，“颙若”的意思是“非常地大”；“有孚颙若”的意思就是：非常诚信。这句卦辞的意思是说：唯有正式祭始开始之前的“盥”——洗手——才是非常诚信的。言下之意，正式的祭始“荐”反倒不是那么诚信了。为什么呢？我刚才已经分析过了：正式的祭始已经是对象性、功利性的行为，缺乏诚信，缺乏纯真的情感。所以，孔子才这么说。孔子对仪式的隆重是不感兴趣的：“林放问礼之本。子曰：‘大哉问！礼，与其奢也，宁俭；丧，与其易也，宁戚。’”（《论语·八佾》）在丧礼中，“哀”“戚”才是纯真的情感的“现”，这样的情感显现才是值得一“观”的。（第73—75页）

## 六

那么，感触作为“最低”层级的一种情感，作为最初那一刹那的情感样式，跟我这里要讲的“爱”之间有着怎样的关系呢？现在我就来讲一讲这个问题。通常我们谈“爱”的时候（狭义的爱，通常所说的“爱与恨”的爱），是说的感情。大家注意，感情并不等于情感。情感包括感触、情绪、感情这么三个层级。这样一来，按通常的理解，假如爱仅仅属于感情，那么，爱就是跟最初的感触无关的事情。但事实上，儒家在讲“爱”的时候，不仅仅是讲感情之爱，还有情绪之爱、甚至感触之爱。这方面的例子，《诗经》里面是很多的。这里我先来讲感触之爱。最典型的是《周易》的咸卦。

咸卦就是说的男女之爱，而且通篇都是说的感触之爱，根本就还没有进入情绪之爱、感情之爱的层级。大家可以参考我那本书《易经古歌考释》[2]，我

---

[1] 朱熹《集注》认为：“灌者，方祭之始，用郁鬯之酒灌地，以降神也。”这跟他对《易·观》之“盥”的解释是不一致的，是继承了何晏《集解》的说法：“灌者，酌郁鬯灌于太祖，以降神也。”但我认为，此处之“灌”即是《易·观》之“盥”。“灌”本是河流名，《说文》：“灌，水出庐江雩娄北入淮水。”这里显然是假借字，“灌”即是“盥”，亦即“澡手”（洗手），而非“进爵灌地”。

[2] 黄玉顺：《易经古歌考释》，巴蜀书社1995年版，第148—152页。此处的译文，略有改动。

从咸卦里面发现了一种远古的歌谣，就是描写感触之爱的：

| | |
|---|---|
| 咸其拇， | 感触着你的趾足， |
| 咸其腓。 | 感触着你的脚肚。 |
| 咸其股， | 感触着你的腿股， |
| 执其随。 | 抚握着你的臀部。 |
| 憧憧往来， | 往来着我的憧憬， |
| 朋从尔思。 | 应和着你的思情。 |
| 咸其辅颊， | 感触着你的颈项， |
| 咸其脢。 | 感触着你的脸庞。 |

这是一首“逸诗”，殷周之际的一首歌谣，所说的就是生活感触的一种样式：男女交感。所以荀子说：“咸，感也，以高下下，以男下女”；“《易》之《咸》，见夫妇”。(《荀子·大略》)显然，这首歌谣不仅完全是写的感触，而且是写的感触之爱。—— 是一种爱，我们今天所说的“男欢女爱”。

《周易》正是在这种感触之爱的本源上，建构了“交感”这个核心观念：阴阳交感、乾坤交感、天地交感。一切存在者，一切物，都孕育于这种交感之中。所以，《中庸》才说：“君子之道，造端乎夫妇；及其至也，察乎天地。”因此，《易传》这样来陈述形而上学、形而下学的建构过程：“男女构精，万物化生”(《周易·系辞上传》)；“有男女，然后有夫妇；有夫妇，然后有父子；有父子，然后有君臣；有君臣，然后有上下；有上下，然后礼义有所错(措)”(《周易·序卦传》)。这一切都源于男女交感。(第75—76页)

## 七

在“思→想”中，会出现所思者的形象，这就是“想”字里的那个“相”字。我刚才又讲过了，这个“相”不仅仅是读音，其实它是有意义的。“想”中有“相”，就是“思”中有“象”。这是很有意思的。主体性的行为总是对象性的，那么，这个对象、客体，最初源于何处？就在“想”之“相”中。许慎解释这个“相”字说：“相，省视也。从目、从木。《易》曰：‘地可观者，莫可观于木。’”(《说文解字》)我们看今天流传下来的《周易》，并没有这句话。但这无关紧要，关键就在于“观”。假如没有“相”或者“象”，你怎么

“观”？所以，“相”字从“目”，就是“观相”，《周易》叫做“观象”。这就是说，我们在“思→想”中“观象”，就是观所思者的形象。这个“象”或“相”的问题，我会在后面进行比较详尽的讨论，这里我简单说一下：“象”在观念的层级中有这样一种递转，是跟“思”或“思想”的层级递转一致的：

本源之思 ⟶ 意欲之思 ⟶ 认知之思
想象 ⟶ 形象 ⟶ 表象

这个递转系列，正是由“存在”给出“存在者”的观念生成序列。至于“想象→形象→表象”的具体情形，下面再谈。我这里只是说：一切都渊源于本源之思——首先是情感之思，然后是领悟之思。（第100—101页）

## 八

那么，因革损益的根据是什么呢？这又涉及儒家的另一个重要的观念，那就是“义”，就是儒家的“正义”观念。在儒家思想中，“义”是先行于“礼”的，正义观念是先行于规范观念的，它们之间也是一种“奠基”关系。而尤其值得我们研究的是：儒家的“义”观念本身蕴含着“时”的观念。这是我经常讲的一个话题：“义”又叫作“时义”（《周易·彖传》），就是我们所说的“时宜”。我们今天不是讲“与时俱进”吗？也就是《周易》所说的“与时偕行”（《周易·彖传》）。所以，孔子才说：“君子之于天下也，无适也，无莫也，义之与比。”（《论语·里仁》）孟子甚至还说：“大人者，言不必信，行不必果，惟义所在。”（《孟子·离娄下》）这样的“时义”或者“时宜”的观念，是儒家正义论的一个极其重要的观念。在我看来，这种“时义”或者“时宜”之所谓“时”，就是生活本身的显现样式，而被历史地把握为“时代”之“生活方式”。（第125—126页）

## 九

“安贫乐道”这个说法，我觉得也不是毫无道理的。但是，这个“道”究竟是什么道？那问题就大了。比如老子、庄子那里谈“道”，道有不同观念层级的不同用法。例如庄子说“盗亦有道”（《庄子·胠箧》），他还举了很多例子，就是说，有各种各样的道，众多的道，这些道是“并行不悖”的。这是形而下的道。形而下的道，最典型的表达，在儒家的文本里面，比如在《易传》里面有：“《易》之为书也，广大悉备：有天道焉，有人道焉，有地道焉。”（《周易·系辞下传》）这是把三种道分开的，叫作“三才之道”（《周易·系辞下传》）。这就不是“一”，而是“多”了。这里面有天、地、人，三种存在者。这就叫作“形下之道”。这样的形下之道，类似于今天的话语所说的，每一种事物都有其自身的“本质规律”。我们说，所谓科学不外乎就是寻求这样的形下之道。而老、庄会说，包括庄子在很多地方说得很明白的：这众多形下之道的根据是什么？当然就是“形上之道”，就是“道之为物”（《老子》第二十一章）那么一个“物”、一个存在者、一个东西。然而，不管你是众多的相对的物，还是唯一的绝对的物，都是物，都是关乎存在者的事情。但是，对于老、庄来说，“道”还有更本源的用法，就是“无”，或者说“无物”。用今天的话语来说，那就是先行于任何存在者的事情，就是存在本身的事情。这样的道，那才是本源之道。（第135—136页）

## 一〇

“志”的功利性，应该说是不言而喻的。“功利”并不一定意味着“自私自利”，比如英国的功利主义，边沁的功利主义，那是大家知道的。以前毛泽东一边讲“大公无私”“全心全意为人民服务”，一边坦然承认“我们是功利主义者”。他说的是“大功利”，不是个人的、私人的功利。过去人们总是以为儒家不讲功利，其实那是一种误解。《周易》里有一种说法，很有意思的：“利者，义之和也。”（《周易·乾文言》）《周易》古经，几乎满篇都在说“利”。《尚书》还讲“正德、利用、厚生”（《尚书·大禹谟》）。《大学》所说的“亲民”，所说的“齐家治国平天下”，同样是一种功利。现代新儒家也很注重这一点，把“正德利用厚生”跟“科学技术”联系起来。[①] 这些都是功利，而且是“大功利”。（第156页）

## 一一

“天地”作为形而上的存在者，就是本体，就是万物的根据，这样一个观

---

① 牟宗三、徐复观、张君劢、唐君毅：《为中国文化敬告世界人士宣言》。原文：“儒家亦素有形上之道见于形下之器的思想，而重‘正德’‘利用’‘厚生’。”

念，乃是中国哲学的形而上学的一个根本的观念。我刚发表的一篇文章，讲“绝地天通”的，就是讲的这个观念：天与地的分离，人与神的隔绝，叫作“绝地天通”，那是中国哲学的形而上学建构的开端。[①] 这也就是《易传》所说的：“天尊地卑，乾坤定矣；卑高以陈，贵贱位矣。”（第158页）

## 一二

在通常意义下，“观”一般是形下之观。所谓“形下之观”是说：这种“观”是“形而下者”的事情。——观者是一个形而下的存在者，其所观者同样是一个形而下的存在者。一般来说，一个人自从有了自我意识之后，首先就是一个形而下的存在者：他所遭遇的首先是众多存在者、即“万物”；他自己也因此就是“万物”之一。他是作为一个形而下者去“观”其他的形而下者。这就是认识论的“主—客”架构。对于作为形而上学的本体论来说，认识论只是形而下学。

比如《易传》所讲的“观”就往往是这样的形下之观，与《易经》之“观”大不相同：

> 圣人设卦观象，系辞焉而明吉凶，刚柔相推而生变化。（《周易·系辞上传》）

那么，圣人究竟是如何“设卦观象”的呢？那就是“仰以观于天文，俯以察于地理”（《周易·系辞上传》）。今所谓“观察”即是由此而来的。具体到《周易》的“设卦观象”，那就是：

> 古者包牺氏之王天下也，仰则观象于天，俯则观法于地，观鸟兽之文，与地之宜，近取诸身，远取诸物，于是始作八卦，以通神明之德，以类万物之情。（《周易·系辞下传》）

这是典型的在“主—客”架构下的观察：作为“王”的包牺氏是主体，而“天文”“地理”“鸟兽之文”“地之宜”“身”“物”等则是“客观”对象。汉

---

① 黄玉顺：《绝地天通：从生活感悟到形上建构》，《哲学动态》2005年第5期。

语“客观”也是由此而来的：把它们作为“客”来“观”；那么，观者也就是“主”。以主观客，便是经验的“主—客”观察。英国经验主义者培根所竭力宣扬的，就是这样的形下之观，他因此而成为“近代实验科学之父”（马克思语）。

这样的经验观察是一种审视，而“观”的含义就是“审视”。许慎说：“观，谛视也”；“谛，审也”。“审”古作“宷”，从“宀”从“釆”。“釆”读如“辨”，意谓辨别：“釆，辨别也。象兽指爪分别也。”这正是《易传》所说的“观鸟兽之文”。辨别就是区分物界，也就是划分存在者领域。这就表明这种“观”确实是形下之观，它以众多相对物，亦即“万物”的存在为前提。（第174—175页）

## 一三

生活之为“生”，犹如《易传》所表达的：“天地之大德曰生。”不过需要注意：《易传》的这种说法已不是本源性的表达。《易传》作为原创时期晚期的文本，本身就属于形而上学的一种构造，这个构造，被称为“周易哲学”。中国哲学的形而上学构造始于“绝地天通”，天与地、神与人的隔绝，意味着所有存在者之最初根据的确立。这类观念的构造在周易哲学中被表述为“乾—坤”“天—地”“阴—阳”的架构，在这种架构的基础上，才有了宇宙论、本体论、伦理学、知识论等等的构造。[1]然而“生”之为“生”本身，却是先行于这一切的本源的事情。一切存在者都是被生成的，然而生成本身却不是被生成的。为此，我们应该追本溯源地探究远古时代创造的这个“生”字。（第186—187页）

## 一四

这样的生活领悟，被儒家表达为“生生”。所以，我们才有“生生不息”的说法。生生不息，在本源意义上，并不是说的一个家族的延续、“子子孙孙无穷匮也”，而只是说的生活本身的涌流不已。生活就是这样的生生，就是生生不息。《易传》说：“生生之谓易。”（《周易·系辞上传》）只要我们能够从本源上去理解这句话，那么它就是对生活领悟的本源表达。同样，孔子对

① 黄玉顺：《绝地天通：从生活感悟到形上建构》，《哲学动态》2005年第5期。

水的感叹传达着这种本源的生活领悟："子在川上曰：'逝者如斯夫，不舍昼夜！'"（《论语·子罕》）这决不是什么人生苦短的感叹、时不我待的焦虑：孔子既然"知者不惑，仁者不忧，勇者不惧"（《论语·子罕》），那么，何虑何叹之有！孔子所说的"逝者"即"川"，就是作为"源泉"的生活本身：生活如水，生生不息。这就正如孟子所说："源泉混混，不舍昼夜。"（《孟子·离娄下》）这些表明："圣人之化世也，其解在水。"（《管子·水地》）于是在中国早期思想中，水，便成为一种极为典型的表达生活感悟的形象。（第193页）

## 一五

我们就不能问："生活本身何以可能？"因为，"……何以可能"这样的发问方式，可以针对任何形而上学的设定，唯独不能针对生活本源。这是因为，生活不是由它背后的"本质"支撑起来的"现象"；生活乃是即现象即本质的存在本身。西方从古希腊"拯救现象运动"以来，现象与本质的形而上学对立便确立起来，现象被理解为在它背后隐藏着的本质、本原、本体的呈现，于是本源的事情便被蔽塞了。中国亦然，原创时期以后，儒家形而上学哲学的确立是与道和器的对立、本体与现象的对立相关的。战国时代的《易传》这样表述："天生神物，圣人则之；天地变化，圣人效之；天垂象，见吉凶，圣人象之。河出图，洛出书，圣人则之。《易》有四象，所以示也；系辞焉，所以告也；定之以吉凶，所以断也。"（《周易·系辞上传》）这是说：吉凶是现象，天是实体、本体；吉凶现象是对象、客体，圣人是主体。这显然同样是典型的形而上学的现象观念，是对本源的事情的蔽塞。其实，在本源层级上，既没有作为现象的吉凶，也没有作为本质的天；既没有作为客体的现象，也没有作为主体的圣人。生活之为显现，自己如此。（第203—204页）

## 一六

形下之物，谓之"万物"。许慎解释："物，万物也。"（《说文解字·牛部》）《中庸》所谓"不诚无物"就是这个意思：假如没有本体之诚或者本源之诚，就没有其他所有存在者。所以郑玄才解释说："物，万物也。"万物之为万物，在于形下之物的有分别相。《易传》明言"物以群分"（《周易·系辞传》），就是说的万物的分别相。所以俞樾指出："物之言，万物也。"（《群经平议·周易二》)《周礼》讲春官"鸡人"的官职就是"辨其物",孙诒让解释说:"凡牲畜,以毛色别其种类,通谓之物。"(《周礼正义·春官宗伯·鸡人》)这就是说,物的特征就在于可以辨别种类。物如此,人亦然。《易传》讲"君子以类族辨物",孔颖达解释说:"谓分辨事物,各同其党,使自相同,不间杂也。"(《周易正义·同人象传》)这实际上是在说人的族类分别。在这种意义上,人作为存在者,同样是物,故有"人物"之说。在本质上,人与物的分别即是物与物的分别。这是形而上学的一个特征:物的存在者化、物化,同时也就意味着人本身的存在者化、物化。

进一步说,万物的分别是从天地的分别开始的。在古人看来,在所有存在者中,天地是最大的物。天地的分别,在《易传》表达为阴阳的分别、乾坤的分别。有了这种分别,才会有万物的分别,所以,《易传》赞叹:"大哉乾元,万物资始";"至哉坤元,万物资生"(《周易·彖传》);"有天地,然后万物生焉"(《周易·序卦传》)。于是,天地的分别便是万物的分别的根据。而这天地、乾坤、阴阳,就是"道":"一阴一阳之谓道。"(《周易·系辞传》)这个道,在《易传》就是我们所说的作为所有存在者的最后根据的那个存在者,亦即形上之物。形上之物为"一",叫作"道",即"形而上者谓之道";形下之物为"多",叫作"器",亦即"器物",即"形而下者谓之器"。(《周易·系辞传》)但不论道还是器,都是物。形而上学的一个特征,就是彻上彻下的物化。

然而,这种形上之物、形下之物何以可能?其实,物是事的对象化的结果。在本源的生活感悟中,原来只有事,没有物,谓之"无物"。《老子》就是这样表达的:"绳绳不可名,复归于无物:是谓无状之状,无物之象,是谓惚恍。"[①] 所以,作为一种本源领悟,儒家把"物"理解为"事",亦即作为生活本身的事情本身,此乃本源之物。《小尔雅》解释:"物,事也。"(《小尔雅·广诂》)许多儒者都是这样来理解"物"的,例如郑玄就反复注释说:"物犹事也。"(《周礼注·地官·大司徒》)王弼把《易传》的"时物"解释为"时事":"物,事也。"(《周易注·系辞下传》)这是意味深长的。在这个意义上,一切皆事。物皆为事:一切物皆归属于事。而事不是任何东西,即不是任何存

① 《老子》第十四章。老子之所谓"物"也有三个层级的用法:本源之物、形上之物、形下之物。

在者；事是存在本身，即是生活本身。（第218—219页）

## 一七

天命作为生活本源的发号施令乃是无声的：这种无言之命，乃是无声之令。“上天之载，无声无臭。”（《诗经·大雅·文王》）天命的事情[①]，乃是无声的。这就正如孔子所说：“天何言哉？四时行焉，百物生焉，天何言哉！”（《论语·阳货》）然而四时行于斯，万物生于斯。这就是说，天命、亦即生活本身，生成了世间万物。这就是《易传》所说的“乾道变化，各正性命”（《周易·乾彖传》）：乾道即是天道，应该从本源上被理解为天命，人得之而有人性（性理），物得之而有物性（物理）；这也就是《中庸》所说的“天命之谓性”，人与万物之性皆由天命生成。这就是说，物、包括人，是由作为际遇的生活本源生成的。这种无言的天命，可以谓之“天籁”，但却不是庄子所指的自然界所发出的声音，而是生活本身的无声的号令。（第224—225页）

## 一八

唯有倾听天命，人才成其为人，物才成其为物。在这种意义上，命是从天到人、从生活到主体的递转的转枢所在。《庄子》对此有过很好的说明：“未形者有分，且然无间，谓之命。”（《庄子·天地》）这就是说，命是从无形到有形、从无分别到有分别的转枢。《中庸》所谓“天命之谓性”就是说：正由于命，人才成其人性（性理）、物才成其物性（物理）。既然“乾道（天道）变化，（人物）各正性命”（《周易·乾彖传》），那么，所谓天命不过就是天道变化、亦即生活本身的变化而已。（第225—226页）

## 一九

这里，一个“情”字万万不可轻轻放过：原来，所谓“圣”就是“达于情而遂于命”。《风俗通》也说过：“圣者，声也，闻声知情，故曰圣”；“圣者，声也，通也，言其闻声知情，通于天地，条畅万物也”。如果“命”是在说生活，那么“情”是在说什么？在早期汉语中，“情”有两种基本用法：一是事

① 朱子《诗集传》：“载：事。”

情本身，就是我们今天所谓的“真实情况”，《易传》所谓“以类万物之情”就是这种用法（《周易·系辞下传》），而我们已经知道，事情本身也就是生活本身；二是情感，即是本源的生活情感。但实际上，这两种用法是一个意思：所谓生活本身，不过就是本源的生活感悟本身，因为离却了生活感悟，所谓生活本身也是子虚乌有的；而生活感悟，首先就是生活情感。（第226—227页）

## 二〇

对这个问题的答案，生活儒学绝不会到“此在”式的存在者身上去寻求，否则，我们就会陷入诸如“人性”之类的形而上学设定。生活儒学仍然向生活本身去寻求答案，认为：我们之所以既承认现实生活而又能够批判现实生活，这同样是因为生活本身之故：生活从不幽闭自己，生活总是“打开”着的。生活就是打开。假如生活不是打开的而是幽闭的，那么生活就一定是一成不变的；然而我们知道，生活从来不是一成不变的。生活犹如《易传》所说：“为道也屡迁，变动不居，周流六虚，上下无常，刚柔相易，不可为典要，唯变所适。”（《周易·系辞下传》）如果我们能本源地理解这番话，那么它就是说的：生活如水，涌流不已；唯其涌流不已，故其变动不居。

生活之为打开，这是生活本身的一种本源结构。生活本身的这种本源结构就是：在生活并且去生活。生活是在生活，所以生活本身就是际遇；生活是去生活，所以生活本身就是机遇。生活之为际遇，同时也显现为机遇。质而言之，生活就是机遇。机遇不是说的人碰到的机会；生活本身就是机遇。因此，际遇与机遇同样是生活本身的显现样式。所以，生活批判乃是生活自己的“自我批判”：这就是说，生活批判实质上是生活的一种“自己如此”。这里的秘密，在于生活本身的这种本源结构：我们从来已然在生活，并且总是去生活。（第228—229页）

## 二一

在生活作为生活际遇，并不是注定的“命运”（destiny）那样的宿命；因为去生活作为生活机遇，使我们能够“运命”。所谓运命，就是要把那“命”给“运”起来。命运是说天命的自己运行；而运命则是说我们参与天命的运行：我们运命，就是“赞天地之化育”“与天地参”（《礼记·中庸》）。我们能够运命，是因为命本身就在运：生活如水，在生活并且去生活。我们运命，只不过是“尽性”而已。《易传》说过：

> 一阴一阳之谓道：继之者，善也；成之者，性也。（《周易·系辞上传》）

尽管这里的“道”已被理解为形而上学的根据，但“道”本身在本源上就是如水的生活本身；“善性”也已被理解为形而上学的根据，但“善性”本身也是由生活本源生成的。所以，如果说，在形而上学的层级上，道的展开表现为善性“继”“成”着此道；那么，在生活本源的层级上，生活本身的涌流就显现为在生活并且去生活。在这个意义上，我们的运命、超越、自由，其实只不过是生活本身的自己涌流。（第230页）

## 二二

生活儒学认为，生活本身绝非主体意识的显现，也非任何东西的显现，而是显示。这个“显示”，在汉语古文中本来写作“见示”，而这个“见”，对应于现代汉语的“现”，“见示”就是“现示”。《易传》里说：“天垂象，见吉凶，圣人象之（“见”读为“现”）；……《易》有四象，所以示也。”（《周易·系辞上传》）汉语“现象”一语的出处，就是这里所说的“见象”，即天或神的“见示”（现示）。但这个天或神，已经被原创时期的《易传》设置为形而上学的、与“器”相对的“道”，因而偏离了天或神的本源意义。但考虑到现代汉语的习惯，我们把本源意义上的现示仍然称作：显示、显现。（第237页）

## 二三

文的观念所划出的最大分别，是“天文”（广义）和“人文”的划分：“观乎天文，以察时变；观乎人文，以化成天下。”（《周易·贲彖传》）天文又进一步划分为“天文”（狭义）与“地理”（地文）：“易与天地准，故能弥纶天地之道，仰以观于天文，俯以察于地理。”（《周易·系辞上传》）《庄子》中即有“地文”之说：“乡吾示之以地文。”（《庄子·应帝王》）注云：“文，犹理也。”（陆德明《经典释文》）所谓天文（广义），就是整个“自然界”这个存在者领域的条理化，也就是作为科学对象的广义的“物理”；所谓人文，就是整个“人”这个存在者领域的条理化，也就是广义的“伦理”。在传统形而上学观念中，圣人的作用在于融贯天地、沟通天人，以天道来证立人道。（第243—244页）

# 作为宗教的“易教”*

“儒教”当然是可以谈的。但切不可忘记：一定要把“儒教”和“作为宗教的儒教”严格区分开。今日谈“儒教”者，或多或少，或明或暗，几乎都是religion的观念，都是在回应西方的基督教。这也就是“作为宗教的儒教”。这种“作为宗教的儒教”当然也可以谈，但它远远不是“儒教”的全部。“儒”之为“教”，具有丰富的层级，各个层级还有不同的维度。就其层级来看，有形而上的儒教，有本源性的儒教。就形而上的儒教而言，它有义理（哲理）的形式，例如儒家的心性论；也有宗教的形式，例如儒家的祭祀论。就其不同的层级及其维度来看，“儒”之为“教”，《礼记·经解》里说得很明白：

> 孔子曰：“入其国，其教可知也。其为人也：温柔敦厚，《诗》教也；疏通知远，《书》教也；广博易良，《乐》教也；洁净精微，《易》教也；恭俭庄敬，《礼》教也；属辞比事，《春秋》教也。故《诗》之失，愚；《书》之失，诬；《乐》之失，奢；《易》之失，贼；《礼》之失，烦；《春秋》之失，乱。其为人也：温柔敦厚而不愚，则深于《诗》者也；疏通知远而不诬，则深于《书》者也；广博易良而不奢，则深于《乐》者也；洁净精微而不贼，则深于《易》者也；恭俭庄敬而不烦，则深于《礼》者也；属辞比事而不乱，则深于《春秋》者也。”

……

所以，虽然“作为宗教的儒教”也是可以成立的，但是不可否认，它仅仅是儒教在一个观念层级上的一种教化样式，诚如荀子所说：“君子以为文，百

---

* 节选自《儒教与形而上学问题——对鞠曦、陈明、蒋庆的评论》，原载鞠曦主编：《恒道》第四辑，吉林文史出版社2006年版；见《儒学与生活——“生活儒学”论稿》，四川大学出版社2009年版，第249—252页。

姓以为神。”(《荀子·天论》)至于蒋庆把“儒教”界定为“文明体”，那是他自己对“儒教”这个词语的一种个人化的用法，所以他才会说“儒教在历史上先于儒家”。这实质上只是“道统”观念的另外一种表达方式，并不具有“约定俗成”的意义。荀子说：“名无固宜，约之以命，约定俗成谓之宜，异于俗则谓之不宜。”(《荀子·正名》)“儒教”在今天的约定俗成的用法只有这两种：广义的“儒教”，涉及形而下的层级、形而上的层级、本源的层级；狭义的“作为宗教的儒教”，只是形而上层级上的儒教的一种样式而已。

当然，这种“作为宗教的儒教”，在我看来也是可行的，甚至也是必要的：既然“百姓日用而不知”(《周易·系辞上传》)，从而“以为神”，何妨“神道设教”？①

不过,《周易·观卦彖传》论及“神道设教”，乃是基于一种更其本源的观念的：“观：盥而不荐，有孚颙若。”这里的“观盥而不观荐”(王弼《周易注》)是说：从本源的生活情感看，正式的祭祀仪式“荐”反倒不如正式祭祀之前的洗手“盥”可观，因为此时才是真正的情感显现“有孚颙若”——大大地诚信虔敬。这种诚信虔敬，乃出于爱。这跟孔子的想法完全一致：

> 禘，自既灌而往者，吾不欲观之矣。(《论语·八佾》)

这也正是“观盥而不观荐”的意思。“禘”是一种祭祀，是上帝神和祖先神的合祭。然而孔子认为，这种祭祀仪式本身并不足观，足观者乃此前的事情，就是“慎终追远”(《论语·学而》)的情感，源于对祖先的爱。

所以，我们对“作为宗教的儒教”要有一种准确的定位，而不能忘记了儒家的真正的大本大源所在：作为真诚的生活情感的仁爱。

---

① 原文这里还有一句：“尤其对于中国当前的宗教形势来说，‘作为宗教的儒教’具有重要的现实意义。”此书出版时被删除。

# 《易传》与价值论范畴*

首要的一个问题，便是“价值”范畴的性质问题。范畴（categories）的实质，按亚里士多德的观念，是基于形上学而对形下学区域做出的一种高层划分[①]；按海德格尔的观念，就是“存在者领域”的一种高层划分。[②]例如，有一种最高层次的范畴划分，就是人与自然界的区分；在中国哲学中最初是“绝地天通”所导致的人神分离[③]，进一步导向《易传》哲学的“天文”与“人文”的划分[④]。这种划分乃是科学与伦理学得以分门别类的依据，而科学与伦理学的直接理论基础就是知识论与价值论。因此，价值论与知识论乃是处在同一观念层级上的事情，亦即都是从形上学层级向形下学区域的过渡[⑤]：知识论是从形上学向科学的过渡，使亚里士多德所谓“物理学”即科学得以成立；而价值论是从形上学向伦理学的过渡，使亚里士多德所谓“实践哲学”得以成立。

传统形下学区别于形上学，乃在于：形下学是对众多相对的存在者、即中国哲学所谓“万物”“形而下者谓之器”的思考，而形上学则是对前者的终极根据，即唯一绝对的存在者，亦即“形而上者谓之道”的思考。（《周易·系辞上传》）换句话说，伦理学的对象是所谓“人类社会”这样一个形而下的众

---

* 节选自《“价值”观念是何以可能的？——基于“生活儒学”阐释的中国价值论》，《四川大学学报》2007年第1期；见《儒学与生活——“生活儒学”论稿》，四川大学出版社2009年版，第62—63页。

① 亚里士多德：《工具论·范畴篇》，李匡武译，广东人民出版社1984年版。

② 海德格尔：（1）《存在与时间》，陈嘉映、王庆节译，北京：三联书店1999年第2版。该书导论第一章第一节对“存在”与“存在者”之区分的讨论。（2）《哲学的终结和思的任务》，载《面向思的事情》，陈小文、孙周兴译，商务印书馆1999年版。

③ 黄玉顺：《绝地天通：天地人神的原始本真关系的蜕变》，《哲学动态》2005年第5期。

④ 《周易·贲象传》：“观乎天文，以察时变；观乎人文，以化成天下。”

⑤ 这里的“价值论”不是说的axiology，而是说的theory of value；“知识论”不是说的epistemology，而是说的theory of knowledge。

多相对存在者的区域，直白地说，就是人与人之间的关系（自然界之所以可以成为伦理学的对象，也只有在其与人发生关系的时候才是可能的）；而价值论不外乎就是对这样一种区域理论的奠基，即给出其更靠近形而上的依据。

# 现代新儒家的“时义”性*

现代性的诉求，源于我们当下的生活情境，此乃生活本身的衍流的一种历时样态，也就是一种现代性的生活样式；民族性的表达，源于我们在这种生活情境中的生活领悟，而这种领悟中涵摄着我们的共同传统。然而，所谓“传统”绝非存在者化地、对象化地、现成化地摆在那里的“客观”的东西，可以供我们来打量、研究、继承或不继承；而是被收摄于我们当下生活“共在”之中的事情，传统就在生活之中。

正是在这种意义上，我们才说现代新儒学的崛起是“应运而生”的，“顺应”着某种“时运”。这种“时运”正是儒家所说的“天命”，但这里所说的并不是宿命论意义上的“命运”观念，而是一种原初意义的“革命”的观念，也就是《易传·彖传》所说的“时义”(时宜)的观念：“汤武革命，顺乎天而应乎人。”所以，“天命”不过是说的生活本身的衍流；这种衍流被我们领悟为“命”，领悟为一种“口令”“使令”①，其实不过是说的生活本身的“语境”。我们唯有倾听、听从这种生活“语境”，才能实行某种真正意义的“革命”。这样的“革命”，不过是孔子所确立的“礼有损益”原则的实行②，也就是说，诸如社会规范的建构、社会制度的安排等等，都是因时制宜、随时因革的事情。所以，现代新儒学才会去致力于接纳现代性意义上的民主与科学。

---

* 节选自《现代新儒学研究中的思想视域问题》，原载《中国传统哲学与现代化》，易小明主编，中国文史出版社2007年版；作为《现代新儒学的现代性哲学》的导论，黄玉顺主编，中央文献出版社2008年版；另见《儒学与生活——“生活儒学”论稿》，四川大学出版社2009年版，第222—223页。

① 许慎《说文解字》：“命，使也，从口、从令。”

② 《论语·为政》。《论语》：《十三经注疏》本，中华书局，据世界书局影印本，1980年版。原文：“殷因于夏礼，所损益可知也；周因于殷礼，所损益可知也；其或继周者，虽百世可知也。”

# 《周易》经传的两种形而上学*

《周易》古经本是筮书，所传达的是一种神学的观念，这虽然跟后来的儒学颇为不同，但它跟原创时代的儒学却也有着根本的一致性，那就是一种早期形而上学观念的建构。形而上学尽管总是思考着形而上的唯一绝对的存在者，却表现为两种不同的形态：哲学形上学思考着本体，神学形上学思考着上帝。《易经》神学观念的核心在于处理人神关系，而其前提就是作为整个中国哲学建构的观念前提的人神分离，亦即“绝地天通”，就是从“人神杂糅”向“人神不杂”的观念转变，意味着天与地、人与神的分离。（《国语·楚语下》）这是中国早期形而上学建构的一种典型形态[①]，是与后来的《易传》哲学一致的：后者也是从天与地的分立而开始形而上学建构的：“天尊地卑，乾坤定矣”（《周易·系辞上传》）；“有天地然后有万物，有万物然后有男女，有男女然后有夫妇，有夫妇然后有父子，有父子然后有君臣……”（《周易·序卦传》）。唯因人神之间的这种疏离、异化，这才需要《易经》的“亨”：人与神的沟通。

---

* 节选自《儒学当代复兴的思想视域问题——“儒学三期”新论》，《周易研究》2008年第1期；人大复印报刊资料《中国哲学》2008年第5期全文转载；见《儒家思想与当代生活——“生活儒学”论集》，光明日报出版社2009年版，第85—86页。

① 黄玉顺：《绝地天通——天地人神的原始本真关系的蜕变》，《哲学动态》2005年第5期。

# 梁漱溟“生活”观念与《周易》*

梁先生在这里给出了这样一种区分：某人的人生在世，只是“表层生活”“小意欲”；在其背后发挥终极奠基作用的，才是“深层生活”“大意欲”；深层生活对于表层生活发挥作用的工具，就是佛教唯识学中所谓“六识”（眼耳鼻舌身意）。由此可见，梁先生的“生活是事的相续”的观念，其实乃是佛教唯识学的“心识”观念与柏格森的“生命”“意识之流”的“绵延”（duration）观念的一种糅合。

由此看来，这种作为“大意欲”“大生活”的“深层生活”观念，其实就是一种“形而上者”的存在观念。所谓“深层生活”与“表层生活”的区分，其实就是传统哲学的“本体”与“现象”的区分，这显然是一种典型的“前现象学”的形而上学观念。《易传》所谓“形而上者谓之道，形而下者谓之器”，都是说的存在者：所谓“存在者”并不总是意味着“有形者”，作为形而上者的存在者就是一种“无形者”；然而无论是有形的，还是无形的存在者，总是存在者而不是存在。《易传》讲的“神无方而易无体”，就是讲的这种无形体的形而上者。

---

* 节选自《当代儒学“生活论转向”的先声——梁漱溟的“生活”观念》：《河北大学学报》2008年第4期；见《儒家思想与当代生活——“生活儒学”论集》，光明日报出版社2009年版，第156页。

# 《易传》的符号观念*

说到中国哲学的符号观念，这恐怕立即会使我们想到《易传》中的一段记载：

> 子曰："书不尽言，言不尽意。"然则圣人之意，其不可见乎？子曰："圣人立象以尽意，设卦以尽情伪，系辞焉以尽其言。"

这段后来引发了著名的"言意之辨"的记载，所谈的本来是"易道"（圣人之意）与"《易》之为书"（《周易》古经）之间的关系。《周易》中有两种符号系统："立象""设卦"是指的卦爻象（卦画），这是语言文字之外的狭义符号系统；"系辞"是指的卦爻辞（筮辞），这是语言（言）文字（书[①]）的符号系统；合起来说，它们都是符号。所以，孔子与弟子所议论的正是我们这里的话题：符号。议论中所提到的"言""书""象""卦""辞"等，作为概念，无不包含着符号的观念，而且这些观念本身也都已经被表象为语言符号了。而"书不尽言，言不尽意"则意味着："书"（文字）、"言"（语言）的符号不能穷尽观念；下文还将表明，即便继而"立象""设卦""系辞"，所有的符号仍然不能穷尽观念。总之，符号不能穷尽观念。

……

他（胡塞尔）在《逻辑研究》第二卷中给出了一个经典的形式定义：

---

* 节选自《符号的诞生——中国哲学视域中的符号现象学问题》：《中山大学学报》2009年第3期；人大复印报刊资料《中国哲学》2009年第8期全文转载；见《儒家思想与当代生活——"生活儒学"论集》，光明日报出版社2009年版，第219、220—221、234—235页。

① 这里"书"应该指《尚书》那样的东西，否则，系辞也是"书"，那就与"系辞尽言"矛盾了。

如果一个 α 本身本质规律性地只能在一个与 μ 相联结的广泛统一之中存在，那么我们就要说：一个 α 本身需要由一个 μ 来奠基。[1]

也可以更为通俗地说：如果B存在，当且仅当A存在，那么，A是为B奠基的，或曰B是被A奠基的。μ 和 α，或者A和B之间就是一种奠基关系（relationship of founding / Fundierungsordnung）。在胡塞尔那里，这种奠基关系不仅仅是纯粹逻辑的形式的蕴涵关系，而是一种关乎“存在”（Being / Sein）的实质构造。这种构造关系作为先验建构（transzendental Konstitution），所涉及的乃是内在于纯粹先验意识的、作为主体的意向活动（Noesis）与作为对象的意向相关项（Noema）之间的关系问题，即意向性（Intentionalitaet）问题。因此，这里的“存在”所指的不是所谓“不以人的主观意识为转移的客观实在”，而是纯粹意识的意向性存在，或者如前引《周易》所说的“易道”之“意”的存在，是一个被构造的意义世界，即胡塞尔所谓“生活世界”（Lebenswelt）的存在。在现象学看来，我们存在（sein、ist）、生存（existieren）于其中、而被我们的语言、符号所表象的，正是这样的生活世界。

……

现在回到本文开头谈到的“书不尽言，言不尽意”问题。《周易·系辞上传》又说：

天生神物，圣人则之；天地变化，圣人效之；天垂象，见（读为“现”）吉凶，圣人象之；河出图，洛出书，圣人则之。《易》有四象，所以示也；系辞焉，所以告也；定之以吉凶，所以断也。

这里的“天垂象现吉凶”就是汉语“现象”一词的来源，而且就是“天命”，也就是“道”，犹如海氏所谓“道说”，其实乃是生活存在的“显示”、显现，但并不是符号；符号乃是后来圣人“象之”“效之”“则之”，从而“设卦”“系辞”，犹如海氏所谓“人言”。显然，“设卦”“系辞”不能穷尽“天命”“天道”，符号不能穷尽生活存在的显现，不能穷尽作为本真的生活领悟的观念。

① 胡塞尔：《逻辑研究》第二卷第一部分，倪梁康译，上海译文出版社1998年版，第285页。

# 两种性质的“易教”*

关于孔子之“教”，《礼记·经解》有一种更详细的记载：

孔子曰：“入其国，其教可知也：其为人也，温柔敦厚，《诗》教也；疏通知远，《书》教也；广博易良，《乐》教也；洁净精微，《易》教也；恭俭庄敬，《礼》教也；属辞比事，《春秋》教也。”故《诗》之失，愚；《书》之失，诬；《乐》之失，奢；《易》之失，贼；《礼》之失，烦；《春秋》之失，乱。其为人也：温柔敦厚而不愚，则深于《诗》者也；疏通知远而不诬，则深于《书》者也；广博易良而不奢，则深于《乐》者也；洁净精微而不贼，则深于《易》者也；恭俭庄敬而不烦，则深于《礼》者也；属辞比事而不乱，则深于《春秋》者也。

对于这段关于“六经之教”的记载，可以分析如下：

……

（3）易教——形而上的终极教化。关于《周易》的“易教”，所涉及的乃是“形而上者谓之道”（《周易·系辞上传》），我们由此进入关乎信仰的观念层级。这里所对应的是自为境界中的形而上者的境界。然而我们知道，《周易》分为古经与大传两个部分，而这两个部分是颇为不同的：《易经》是用以卜问于神的一个神学形而上学的观念系统，故此“易教”是关于神性形而上者的信仰与教化；而《易传》则是经过儒家之义理化改造的一个哲学形而上学的

---

* 节选自《儒教论纲：儒家之仁爱、信仰、教化及宗教观念》，原载中国人民大学孔子研究院《儒学评论》第五辑，河北大学出版社2009年版；见《儒教问题研究》，人民出版社2012年版，第89、90—91、94—95、95—96页。

观念系统，故此“易教”是关于理性形而上者的信仰与教化。[①] 孔子罕言这种形而上的“性与天道”（《论语·公冶长》），多言形而下的“礼”、本源性的“仁”，所以不难理解，上文所引《论语》中孔子七次谈到“教”，都不具有宗教的含义。但这并不一定意味着孔子没有关于形而上者的终极信仰的观念，例如，戴震就在其《孟子字义疏证·序》中认为，孔子之言性与天道，就在《周易》之中。

……

不论是从人类的观念历史，还是从个体的观念发生的实情看，人们一般先有对于神性形而上者的信仰，这通常是多数社会大众的事情；然后才可能有对于理性形而上者的信仰，这通常是少数知识精英的事情。因此，我们可将对于神性形而上者的“神性信仰”视为“初阶信仰”，这也就是宗教性质的儒教——“神教”，亦即《周易·观彖传》之所谓“神道设教”；而将对于理性形而上者的“理性信仰”视为“中阶信仰”，这也就是理性性质的儒教——“理教”，在这种信仰中，我们将能获得“上下与天地同流”（《孟子·尽心上》）而“与天地参”（《中庸》）的体验，由“理得”而“心安”。

至于“高阶信仰”，则不是对于任何存在者的信仰，而是与最高境界，亦即自如境界相对应的：如果说，“最高”境界不过是自觉地回到“最低”的自发之爱的境界，那么，高阶信仰也就是向这种真切的生活感悟的回溯，这是对存在者信仰的超越，此乃真切意义的儒教——“情教”：“诗教”“乐教”。情教之为教化，就是唤醒这种本源的仁、真切的爱，使之如“火之始燃、泉之始达”，然后才可能“扩而充之”，也才可能使人“先立乎其大者”。

……

儒家关于宗教性教化的必要性的论说，《易传·观彖传》的表述是最为典型的：

> 大观在上，顺而巽，中正以观天下。“观，盥而不荐，有孚颙若”，下观而化也。观天之神道而四时不忒；圣人以神道设教而天下服矣！

---

① 此所谓“理性”不是指的西语“reason”或者“rational”的意谓，而是儒家所说的理性、或曰“性理”，宋明儒学对此发挥甚多，可姑且译之为“the Heavenly Reason”。

所谓“神道设教”，就是上观天之“神道”（天道），然后以此神道为“教”、下观而“化”（人道）。但《易传》所谓“神”本来并没有人格神的意味，而是说的“阴阳不测之谓神”；反倒是更古老的《易经》是宗教性的，那是因为《易经》成书于周初，是中国思想观念刚刚进入形而上学建构时代的产物。原创时代的形而上学具有两种基本形式：神学形而上学、哲学形而上学。《易经》传达的就是一种宗教形而上学观念，人对神的卜问以对神的存在设定作为前提。但《易经》当中的某些筮辞是引用的更为原始的歌谣，其所传达的乃是更为原初的观念。[1]观卦的卦辞“盥而不荐，有孚颙若”就是如此，王弼释为“观盥而不观荐”（《周易正义·观卦》），亦即并不注重宗教仪式，而更重视此前的真诚情感的显现，这与孔子的观念完全一致：“禘，自既灌而往者，吾不欲观之矣。”[2] 这是因为在孔子心目中，“为礼不敬，临丧不哀，吾何以观之哉？”（《论语·八佾》）但是，原创时代以后，“神道设教”的宗教意义还是形成了，例如董仲舒的公羊学。这就是说，“神教”也确实是儒家教化当中的一种传统形式。

---

① 黄玉顺：《易经古歌考释》，巴蜀书社1995年版。

② 《论语·八佾》。参见黄玉顺：《论“观物”与“观无”——儒学与现象学的一种融通》，《四川大学学报》2006年第4期。

# 易教：神教、理教*

儒家的形上学的教化，在“六经之教”里面主要是“易教”。易教，我按我的理解来讲一下。关于易教，我是这样来理解的：

其实《易》有《易经》《易传》之分。《易经》和《易传》的性质是完全不同的。《易经》是卜筮之书，既然是筮书，就意味着是神学形上学在支撑着它，有一个超越性存在者，这个超越性存在者也叫“上帝”。“上帝”是中国固有的名目，西方人的“上帝”是翻译问题。占卦是干什么的呢？在生活中遇到了什么问题、疑惑，占一卦，其实就是向神请示，问他怎么做才是对的：无外乎这个观念背景。它是卜筮之书。所以孔子才讲“不占而已”（《论语·子路》），或者像荀子讲“善为易者不占”（《荀子·大略》），那当然是《易传》那样的哲理性发挥了。《易传》是儒家的一套义理系统，这个义理系统里面又设定了一个形而上者，但是不再是神性的。实际上，《易经》是一种“神教”——“神道设教”（《周易·观彖传》），它有一个神性形而上者的设定，就是上帝；而《易传》不同，孔子“不占”，晚年“学易”之后，就把它义理化了。这个时候的孔子，昨天我还提到，“夫子之言性与天道，不可得而闻也”（《论语·公冶长》）；但是戴东原说：不对，夫子所言的“性”与“天道”，就在《周易》里面。（戴震《孟子字义疏证·序》）你要知道夫子所言的“性”与“天道”，就读《周易》，主要是《易传》。《易经》成书很早，是周初的；而到了《易传》这个时候，义理也是一种形而上者的建构，是“理教”——义理化的教化，有一个理性的形而上者的设定——哲学上讲的“本体”。

鞠曦先生经常强调“穷理尽性以至于命”。“理”在理学家那里有一个很

---

* 节选自《生活儒学的儒教观念》，见《儒教问题研究》，人民出版社2012年版，第116—118、121页。此文是根据我于2009年7月28日至29日在长白山书院的讲座“生活儒学与现代性问题”第三部分的现场录音整理的，加上了若干标题、注释。

好的说法：理既是一、也是多，叫作“理一分殊”。就多而言，每一物皆有其理；就一而言，万物之理就是一个。这就犹如“月印万川”，只有一个月亮，但每一水都分有它——唯一的理、形而上的理。所以，就《易传》体现的“理教”来讲，它是指的唯一的“一阴一阳之谓道”的至高之理——易道，如何散于万事万物之中、“三才”之中。“三才”已经是道的三种显现了。其实只有一个“道”——“太极”，但叫“易”也行，叫“阴阳”也行。“阴阳”就是“两仪”，但“两仪”不是两个东西：“一阴一阳”就是一“道”，它是一个形而上者的设定。当然，这个设定和西方的形而上者有本质的区别：西方的本体设定，基本上是一个绝对实体；而中国的，特别是“易教”“易理”所反映出来的，是一种纯粹的关系“阴阳”——纯关系结构，这个纯关系结构映射到每个事物当中，每一事物都在这个关系当中。[①]

所以，“易教”实际上是讲这个道理的。我们今天最要紧的问题，是如何理解这两者（关于神性形而上者的神教，关于理性形而上者的理教）的关系。这是一个很现实的问题，我发现最近很多争论都与这个问题有关。比如鞠曦先生坚决反对把“儒教”理解为religion——西方意义的那么一个宗教，就是对应于“理教”这个层面的。但是，易教也有“神教”的层面，有上帝的设定。当然，我们可以说：这个上帝和耶和华那样的上帝很不同，我们如何去聆听上帝的声音、如何心向上帝，跟他们的渠道、程序也不同，我们可以做比较研究；但是有一点还是应该承认的：在易教当中，确有一个层面，它是有明确的神的设定的。我们会发现，历代的国家祭天大典，实际上都有一定的神的设定。在这个意义上，我会说：李申的《中国儒教史》，不能说它完全错了，只能说它很牵强，把全部的儒教都归结为、比附为西方意义的宗教。这个问题，我们下来再讨论。儒家历史上呈现的任何一种教化方式，我们都把它包容进来，给它们一个秩序，使得以后我们进行教化时都可以借鉴：这样来做，我们的儒教的教化才会更加地有规模、有效。这就是我的主观意图。

……

① 黄玉顺：《儒家心性论作为伦理学基础是否可能？——以思孟学派为个案》，新加坡儒学研究会《儒家文化》第三期，2004年版。

| | | | |
|---|---|---|---|
| 诗教 | 情感教育 | 本源情感显现 | |
| 书教 | 历史教育 | 形而下者 | |
| 礼教 | 道德教育 | | |
| 春秋之教 | 政治教育 | | |
| 易教 | 神教 | 神性形而上者 | 初阶信仰 |
| | 理教 | 理性形而上者 | 中阶信仰 |
| 乐教 | 情感教育 | 本源情感回溯 | 高阶信仰 |

# 中国政治文明传统的“三易”*

简而言之，大一统既是一，也是多：是一，而表现为多。所谓“多”，是说它表现为不同的历史形态；而所谓“一”，则是它的一以贯之的政治文明精神。这令人想起汉儒在谈《周易》之“易”时提出的“易有三义”之说①：变易、不易、简易。大一统历史形态的“多”是其“变易”，大一统精神的“一”是其“不易”；而此不易之道是很“简易”的，也就是上文所谈到的：

受命改制，布政施教；奉之为始，共系一统。

所以，在董仲舒看来，“大一统”不仅是帝国的理念，也是超越历史时空的“通义”：“春秋大一统者，天地之常经，古今之通谊（义）也。”（《汉书·董仲舒传》）因此，帝王“有改制之名，无易道之实”（《春秋繁露·三代改制质文》），也就是说，制度规范是可以、也应当因时制宜地加以改变的，然而其“所以然”之道却是不必也不能改的。……

……

我们由此进入儒家的另外一个思想视域：“生”与“生生”的思想视域；或者用今天的话来说：“生活”或者“存在”的思想视域。在儒家思想中，一切出于生、入于生；一切源于生活、归于生活。如果说“天下万物生于有，有生于无”（《老子》第四十章），那么，生活就是“无”（先在于任何存在者的存在），而显现为“有”（唯“一”的形而上者的存在）以及“万物”（为“多”的形而下者的存在）。《周易》谈到“生”之“不易”的实情，谓“天地之大德曰生”（《周易·系辞下传》）；谈到“生”之“变易”的实情，谓“生生之谓易”（《周易·系辞上传）。事实上，“七情”或“八情”都是生活情感，

---

* 节选自《中国“大一统”的“三时一贯”论》，《学海》2009年第1期；见《中国正义论的重建——儒家制度伦理学的当代阐释》，安徽人民出版社2013年版，第258—259、261页。

① 《周易正义》卷首《论易之三名》引《易纬乾凿度》：“易一名而含三义：所谓易也，变易也，不易也。”又引郑玄：“易一名而含三义：易简一也，变易二也，不易三也。”

或者说是生活的情感显现。大一统的具体历史形态的建构，就是渊源于生活情感的：一方面是仁爱的情感，另一方面则是要合乎时宜地适应于变动了的生活方式。这也就是古训“义者宜也”之意，也是正义原则的基本意义。生活是“不易”而“变易”的。由其“不易”之“生”，我们才能理解大一统精神的“一以贯之”；由其“变易”的“生生”，我们才能理解大一统形态的历史转变。

# 中国民族性的变易性与不易性*

正是这个“民族性”维度，为我们提供了理解儒学复兴的必然性的背景。现代民族国家的民族性，有两个方面：变易性、不易性。汉儒在谈到《周易》之所谓“易”时，有一种说法是很有意思的：易有三义：变易、不易、简易。[①] 这正是中国历史、儒学历史的“辩证法”，我们今天亟需理解并掌握这个“简易”的“辩证法”：一方面，中国的民族性具有“变易”性，一个突出的特征就是通过民族融合而顺应于时代的发展，至于现代中国，则是由前现代的“民族”（the ethnicals）转变为现代性的“民族”（a nation），即由孙中山先生所倡导的“五族共和”而走向统一的、单一的中华民族国家；而另一方面，中国的民族性具有“不易”性，这就是一以贯之的民族文化传统的赓续。

中国民族性的这种赓续的不易性，主要就是由儒家文化传统来体现的。两千年来，儒学一直都是中国文化的主体。然而事实上，儒学本身就是变易而不易、在变易中不易的：一方面，儒学有其一以贯之的思想传统，尤其以“仁爱”为“大本大源”“义以为质，礼以行之”（《论语·卫灵公》）的传统；而另一方面，儒学在中国的历史发展过程中又通过不断吸纳不同文化因素而日新日成。比如在帝国时代，儒学不仅吸纳了本土的道家文化以及百家文化，而且吸纳了异域的佛教文化以及其他民族文化。而到了现代，儒学正在继续通过吸纳其他文化传统的成分，尤其是西方文化传统的成分而自新自成。这种在自身主体性基础上的文化融合，是与在自身主体性基础上的民族融合完全一致

---

* 节选自《儒学与中国之命运——纪念五四运动90周年》，《学术界》2009年第3期；见《中国正义论的重建——儒家制度伦理学的当代阐释》，安徽人民出版社2013年版，第278页。

① 《周易正义》卷首《论易之三名》引《易纬乾凿度》：“易一名而含三义：所谓易也，变易也，不易也。”又引郑玄：“易一名而含三义：易简一也，变易二也，不易三也。”

的：中国在这种融合中发展成为一个单一的现代民族国家，儒学在这种融合中发展成为一个单一的现代儒家文化。因此，我们可以得出一个基本的结论：中国的复兴必定蕴涵着儒学的复兴。

# “六经之教”的易教*

关于本来意义的“儒教”，《礼记·经解》里已经有一种全面的解说：

> 孔子曰：“入其国，其教可知也：其为人也，温柔敦厚，《诗》教也；疏通知远，《书》教也；广博易良，《乐》教也；洁净精微，《易》教也；恭俭庄敬，《礼》教也；属辞比事，《春秋》教也。”故《诗》之失，愚；《书》之失，诬；《乐》之失，奢；《易》之失，贼；《礼》之失，烦；《春秋》之失，乱。其为人也：温柔敦厚而不愚，则深于《诗》者也；疏通知远而不诬，则深于《书》者也；广博易良而不奢，则深于《乐》者也；洁净精微而不贼，则深于《易》者也；恭俭庄敬而不烦，则深于《礼》者也；属辞比事而不乱，则深于《春秋》者也。

这就是说，作为教化的“儒教”就是“六经之教”。在这“六教”之中：“诗教”指本源性的情感教化；“书教”“礼教”和“春秋教”主要指“形而下者”层级上的教化（三者之间的区别可另分析）；“易教”主要指“形而上者”层级上的教化；“乐教”指溯源性的情感教化。这正是孔子所说“兴于诗，立于礼，成于乐”（《论语·泰伯》）这个总纲领的具体化。其中“易教”包括：关乎神性形而上者的“神教”，例如《周易·观象传》“神道设教”的教化；关乎理性形而上者的“理教”，例如宋明理学的“天理”教化。这些不同的教化内容，亦各有其不同的教化形式。由此可见，“儒教”的丰富含义远非现代意义的所谓“宗教”可以概括的。

---

* 节选自《儒家自有教法，不宜效法宗教——关于当前“儒教”问题的几点看法》，原载黄玉顺主编《庚寅“儒教”问题争鸣录》，河南人民出版社2011年版；见《儒教问题研究》，人民出版社2012年版，第149—150页。

# 形下学的“天文”与“人文”*

古今中外所有的形下学系统，都是两大分支，就是说，对“形而下者”或“万物”的全部研究，可以分成两个大的领域。一个叫作“知识论”方面，它是直接为科学奠基的，包括逻辑学都是被它奠基的。知识论是研究关于自然世界的最基本的原理，相对于哲学、形上学来讲，它还是形下学。另外一个——我今天要讲的内容——正义论，我们今天哲学上给它一个大的划分：是属于人文方面的“伦理学”。用《周易·贲彖传》的话讲，有“天文”“人文”这样的一个大的范畴划分——就是在形上本体之下的一种划分，然后才有进一步的对天地万物的分门别类的研究。你当然还可以像科学一样分得非常细，但它有个最大的划分系统，就是两个方面：知识论，伦理学——古希腊属于“实践哲学”。这是西方的话语方式，在中国的话语当中，就是《周易》讲的“天文”“人文”，这是属于“人文”这块的，是对人类社会，包括精神世界的基本的研究、建构，是原理性的东西。所以说，儒学并不是没有知识论，它是有知识论的；当然另外一个方面，不可否认的是，我们更加重视“人文”方面，更加关注的是一个群体的生存需要怎样的一种秩序、怎样的一个条理，这是儒家特别关注的东西。

---

* 节选自《生活儒学的正义理论》,《当代儒学》第1辑，广西师范大学出版社2011年版；见《中国正义论的重建——儒家制度伦理学的当代阐释》，安徽人民出版社2013年版，第41—42页。

# 《周易》与中国哲学形而上学之重建*

哲学之所以为哲学，而不是科学（包括科学的史学、如思想史），不是宗教、艺术（包括文学）等，自有其学科的某种规定性。但是，这种规定性并不是那些外在的形式，不是什么“形式系统”。海德格尔对哲学的规定是不无道理的，他说：

> 哲学即形而上学。形而上学着眼于存在，着眼于存在中的存在者之共属一体，来思考存在者整体——世界、人类和上帝。形而上学以论证性表象的思维方式来思考存在者之为存在者。①

不过，在海德格尔表述的这两层意思中，第一层意思是有问题的：一方面，论证性表象的思维方式并非哲学所独有，科学甚至神学亦然；而另一方面，哲学未必总是用论证性表象的思维方式，例如，不仅中国哲学，即使西方哲学也经常用直觉的方式。海德格尔所说的第二层意思也并不十分确切，只适用于西方哲学中的某一些形态、学派。例如将上帝作为存在者整体来思考，那只是西方宗教哲学的事情。再者，哲学未必总是思考，事实上，哲学关于形而上者的原初设定往往都是直观的给予。另外，“存在者整体”和“存在者之为存在者”并不是一回事。

但海德格尔有一点是没错的：哲学一定是关乎形而上者的言说。中国《易传》所说的“形而上者”与西方哲学所说的“the metaphysical one”是对应

---

* 节选自《追溯哲学的源头活水——“中国哲学的合法性”问题再讨论》，《四川大学学报》2011年第4期；收入《时代与思想——儒学与哲学问题研究》，山东人民出版社2017年版。

① 海德格尔：《面向思的事情》，陈小文、孙周兴译，商务印书馆1999年版，第68页。

的、可以互译的。[①] 不论是亚里士多德《形而上学》所说的“存在者之为存在者”，还是《易传》所说的“形而上者谓之道”，都是说的形而上者——形而上的存在者。所以，我们可以这样规定哲学：

①哲学就是形而上学，即是关于形而上者的非宗教性言说[②]；

②哲学言说形而上存在者，意在说明形而下存在者何以可能；

③哲学的这种形而上者的观念，乃源自特定的生活方式中的生活感悟。

唯其如此，哲学作为一种学术形态，既有其确定性的一面，也有其开放性的一面，因而从来不是一成不变的，没有什么固定的“法”、凝固的“迹”。哲学不外乎是关于形而上存在者的存在之思，就是去思（《易传》所说的）“形而上者”的存在，这也就是（《中庸》所说的）“思诚”。这就是哲学的确定性，亦即（汉儒所谓“三易”之中的）“简易”“不易”之道，也就是哲学区别于科学之处（科学不思形而上者的存在，然而科学始终以关于形而上者的承诺为先行条件）[③]。存在即生活，生活即存在；生活之外，别无存在。而生活或存在之衍流，必显现为生活方式之演变，这就是哲学的当下性的渊源所在。[④] 由于生活方式的变动，哲学所思的形而上者也是变动的，这就是哲学的开放性，亦即（汉儒所谓“三易”之中的）“变易”之道。因此，哲学的变革性，由于其当下性：哲学之变化发展，乃渊源于当下的生活。这就是哲学之“所以为法”“所以迹”，也就是哲学的源头活水所在。

中国哲学亦然。古代中国哲学渊源于前现代的生活方式，现代中国哲学渊源现代性的生活方式。因此，中国哲学的学科发展的核心任务，既不是回到前现代的形而上学，也不是遵从后现代主义的拒绝形而上学，而是从当今世界、当今社会的现实生活出发，去重建形而上学。

---

① 黄玉顺：《爱与思——生活儒学的观念》，第一讲第一节“等同与对应：定名与虚位”，四川大学出版社2006年版。

② 说明两点：其一，这里须区分宗教与宗教哲学。宗教尽管也会言说形而上者，但它不是哲学。其二，尽管所谓“存在者整体”和“存在者之为存在者”并不是一回事，但都是说的形而上者。

③ 蒯因（Quine）所谓“本体论承诺”（Ontological Commitment）其实也就是关于“形而上者”的承诺。

④ 黄玉顺：《当下性：中西马对话的共同场域》，《中国社会科学》（英文版）2009年第3期。

# 作为“国学”经典的《易经》*

胡适在《〈国学季刊〉发刊宣言》中列出了“国学”的一个系统：①民族史；②语言文字史；③经济史；④政治史；⑤国际交通史；⑥思想学术史；⑦宗教史；⑧文艺史；⑨风俗史；⑩制度史。支离破碎，莫此为甚！这正犹如《庄子·天下》所说：“后世之学者，不幸不见天地之纯、古人之大体，道术将为天下裂！”现今史学中的所谓“专门史”大致如此。这固然是史学，然而绝非国学。

今天还有一种最常见的划分，就是所谓“文史哲”的区分，即：中国文学史、中国历史以及中国史学史、中国哲学史。于是又有文学院系、史学院系、哲学院系的机构区分。这种划分当然不是毫无意义的，但同样决不是国学。学者指出：这样分科的结果，“一些典籍在现代学术中没有安放的空间，例如《仪礼》《周礼》《春秋公羊传》《春秋穀梁传》这些在华夏历史上对华夏政制产生过根本性的塑造作用的经书，居然长期不受任何关注”！[①] 岂非咄咄怪事！

这种分科研究具有两个基本的特征：其一，它是分析性的，而非综合性的。当然，中国思维方式并非没有分析，例如《周易·系辞传》就说过：“方以类聚，物以群分。”因此，这里尚须指出：其二、这种分析乃是西方式的分析思维，而非中国式的分析思维，换句话说，这种分科是没有“中国性”的，由此建立中国的国学也就无从谈起。中国传统的学术也有自己的分科，从“孔门四科”到“十家九流”“七略”“四库”莫不如此，但这种分科却自有其一以贯之的精神、立场、原则、方法，诸科从而构成一种具有系统结构的单一学说。

真正的国学也应当是这样一个具有一种系统结构的单一学说，即是传统

---

* 节选自《中国学术从“经学”到“国学”的时代转型》:《中国哲学史》2012年第1期；人大复印报刊资料《中国哲学》2012年第6期全文转载。

① 陈壁生:《国学与近代经学的解体》序，广西师范大学出版社2010年版，第5页。

经学那样的一元的统合学术。具体说来，这个学说以《诗》《书》以及《周易》为根本经典，而扩展到“六经”、儒家“十三经”、“儒、道、释”的经典系统。

当然，这种国学的经典诠释，尽管有时仍然可以采取传统注疏的形式，但其实已不是前现代的经传注疏，而是现代性的，或者应该说是当下性的诠释，作为这种诠释结果的思想观念不是前现代的，而是当代性的，即是作为一个现代民族国家的中国的思想观念。

也正因为如此，这个经典系统本身也需要当代化，未必还是传统“六经”“十三经”“四书”的模样。这是一个需要深入研究的课题。有学者已经意识到这个问题，提出“重构儒学核心经典系统”，尽管其所提出的“五经七典”系统尚可商榷，但其所提出的问题却是一个真问题。[①] 且以“六经”或者“五经”而论，在现存文献中，真正最为古老、堪为中华文化典籍源头的其实只有“三经”：《诗经》《书经》《易经》(《周易》古经部分)。所以，我想在此特别强调提出“三经”这个概念。那么，此“三经”一以贯之的、作为华夏文化传统精髓的精神究竟是什么？这是需要重新研究的。再以“四书”为例，它其实是宋儒的创造，即是前文所说“经典乃是被诠释出来的经典”的一个突出典型，那么，今天它们(例如为宋儒所特别标举的《大学》《中庸》)是否仍然足以担当今日国学之最核心经典的重任？这也是值得研究的一个重大课题。

---

① 郭沂：《五经七典——儒家核心经典系统之重构》，2006年12月18日、2007年1月15日《人民政协报》连载。

# 《易经》在国学经典中的地位*

在这个问题上，历史的经验值得重视，汉儒的经验值得借鉴。在之前百家争鸣的背景下，诸子都通过“辨章学术，考镜源流”来展开“判教”式的竞争，其中最著名的如《庄子·天下》《荀子·非十二子》、司马谈《论六家要旨》等。至西汉中期以来，刘向的《别录》、刘歆的《七略》和班固的《艺文志》完成了这个历史使命。他们的工作可以分为两个层面来看：

第一，就整个中国学术而论，他们以儒学统百家。

……

第二，就儒学而论，他们以易学统五经。

今观《汉书·艺文志·六艺略》“序六艺为九种”，其实主要分为三个层次：

（1）以《易经》统“五经”。其曰：“六艺之文：乐以和神，仁之表也；诗以正言，义之用也；礼以明体，明者著见，故无训也；书以广听，知之术也；春秋以断事，信之符也。五者盖五常之道相须而备，而易为之原。”这是学术思想的极其重大的转变，乃是伴随着中国社会第一次大转型的观念转型的集中体现。本来，传世文献最古的其实只是《诗》《书》《周易》（古经部分）这么“三经”而已，战国中期以后始有“六经”之说（《庄子·天运》），至秦汉设立制度化的五经博士，意味着后起的关于“礼”“乐”的文献以及《春秋》被提升为元典，这是有待深究的课题，本文暂不展开；先秦动称“诗书”，汉代《周易》被提升为群经之首，这同样是有待深究的课题，本文亦不展开。

（2）以《论语》《孝经》辅“六经”。

（3）以“小学”附群经。

---

* 节选自《“儒藏”三问——四川大学古籍整理研究所30华诞感言》，《四川大学古籍整理研究所建所三十周年纪念文集》，四川大学出版社出版2013年版。

上述汉儒关于儒家文献的整理，对于我们今天编纂《儒藏》的启示最为直接：汉儒作为伴随中国社会第一次大转型的观念转型的完成者，通过所谓“文献学”“目录学”的“辨章学术，考镜源流”，实际上是完成了儒学的创造性的时代转换，建构了一种新型的儒学——中华帝国时代的儒学；那么，今日身处伴随中国社会第二次大转型的观念转型之际的我们，该当如何进行《儒藏》编纂这样的所谓“文献整理”“古籍整理”工作，才能完成儒学的又一次创造性的时代转换，建构又一种新型的儒学？

……

于是，这就引出一个问题：经学的消亡，是否意味着应当取消独立的“经部”？我觉得，这个问题需要从两个方面来看：

一方面，必须承认，对“经”的尊尚，确实是儒学的一个基本特征，儒学发展的历史表现为对“经”的不断重新理解与诠释的历程，即往往表现为历代对“经”的“传、笺、注、疏”的积累过程，因此，“经”在儒学文献中始终占有一个独立而优先的地位。在这个意义上，独立的“经部”还是应当保留的。

但另一方面，从历史情况看，“经”本身也在不断地积累和叠加，乃至于从“五经”一直扩展到“十三经”。这固然有其历史情境的缘由，是“情有可原”的，但毕竟也不是毫无问题的。例如，把《春秋》的所谓三“传”列入十三“经”，哪怕仅仅从名目上来看也是自相悖谬的。事实上，《庄子·内篇·天运》最早提出“六经”之说，乃是指的孔子创立儒家之前的东西：

> 孔子谓老聃曰：“丘治诗、书、礼、乐、易、春秋六经，自以为久矣，孰知其故矣。以奸者七十二君，论先王之道而明周召之迹，一君无所钩用。……”老子曰：“……夫六经，先王之陈迹也，岂其所以迹哉！……”

所谓“先王之道”“周召之迹”“先王之陈迹”等，显然都是说的孔子之前已经存在的东西。因此，我们可以说：文本意义上的所谓“经”，最初是指的孔子创立儒家学派之前就已经存在的经典。这些经典文本确实具有非常特别的意义：它们不仅仅是儒家思想的最初的文本来源，也是诸子百家思想的最初的文本来源，即是春秋战国时期以来的整个中华文化的最初文本来源。

进一步说，《庄子》所谓“六经”，其实未必全都是指的文本性质的东西。唯其如此，对于上引《庄子》所说的“六经”，在标点符号上很难确切地统统加上书名号：“诗、书、易、春秋”加上书名号固然是没有问题的，但“礼、乐”加书名号《礼》《乐》就可能引起异议。众所周知，孔子之前的所谓《礼经》《乐经》是否真正有过文本存在，这至今还是一个无定论的疑案；今本“三礼”，并非孔子之前的文本。[①]因此，按照“‘经’最初指孔子创立儒家学派之前就已存在的、作为儒家思想最初文本来源的经典”这个标准，真正的“经”不过是这么“三经”而已：《诗经》《书经》《易经》（不含《易传》）。非文本性的“礼”“乐”之所以称为“经”，这涉及“经”的另外一种含义：不是指的经典文本，而是指的一个社会共同体所秉持的根本原则（义）、基本规范（礼）。例如《左传·昭公二十五年》所说：“夫礼，天之经也，地之义也，民之行也。”

因此，我的看法是：“经部”仍然可以独立首列，但其文献应当大大缩减，具体来说也就是上述《诗》《书》《易》“三经”；除此而外的文献，都是在中国社会第一次大转型的过程当中逐渐形成的，应当归入其他部类，因为我们处在中国社会第二次大转型之际，必须重建经典系统，才能顺应时代的需要。

---

① 关于《周礼》，可以参见黄玉顺：《“周礼”现代价值究竟何在——〈周礼〉社会正义观念诠释》，《学术界》2011年第6期。

# 题解“易教”*

本章围绕“儒教”问题，从分析“六经之教”入手，论述儒家“教化”思想的丰富的层级性，最后揭示儒家关于宗教、信仰的观念。

（1）这其实是孔子的一种总体性表达“兴于诗，立于礼，成于乐”的展开：①兴于诗：诗教，实即情感教化，因为诗是本真情感的显现，人的道德主体性在本真的仁爱情感中建立起来。②立于礼：一方面是形而下的教化，即礼教（道德教育）、书教（历史教育）、春秋之教（政治教育）；另一方面是形而上的教化，即易教——神教（《周易》古经的宗教性的形上学）、理教（《周易》大传的义理化的形上学）。③成于乐：乐教，这其实是向诗教的本真情感教化的一种回溯与回归，其效应即社会和谐。

（2）仅就宗教而论，易教的神教是儒家宗教的典型，即“神道设教”，荀子谓之“君子以为文，百姓以为神”。

（3）从信仰的角度讲，在中华文化中，易教的神教（《易经》神性形而上学）只是“初阶信仰”；易教的理教（《易传》理性形而上学）则是“中阶信仰”；乐教才是“高阶信仰”，即“成于乐”，乃是教化与信仰的集大成，这是中华文化与儒家文化超越宗教性的特质。

---

* 节选自笔者为《生活儒学——黄玉顺说儒》第四章“生活儒学的宗教观念”所作的《题解》，孔学堂书局2014年版。但该书出版时，《题解》被删除。

# 周公“革命”观念*

周公的政治哲学就不是“主权在君”，而是“主权在天”；然而既然“民为天本”，那么周公“民本”思想的实质就是“主权在民”了。因此，周公“民本”政治哲学的特色，乃在于设计了君与民之间的这样一种相互制约关系：

民 ⟷ 君

这个图示其实也还不够准确。简而言之，周公“民本”政治哲学的要义乃是：首先是人民选择君主，然后才是君主来管理人民。

在现代民主政治中，权力结构则是这样一种相互制约关系：

公民 ⟷ 政府

这里首先是公民选择政府，然后才是政府来管理公民。

但显而易见的是，周公政治哲学的政治权力结构与现代民主政治的权力结构是一种同构关系，只是关系双方的实体性质有所不同，这是不同历史时代的生活方式的必然要求。

同样由于社会生活方式的不同，人民选择政府的具体方式也有历史时代的差异。在古代社会的生活方式中（或在现今的某些非民主政治的条件下），这种选择的途径就是“革命”。汉语“革命”一词出自《周易·革卦·彖传》：“汤武革命，顺乎天而应乎人。”这里“革命”的字面意思是“改变天命”，即上天更改其对于地上统治者的授权。但是，按照周公的“民本”思想观念，天意其实就是民意；所以，“革命”也就是人民更换统治者。

但不论是“革命”还是现代民主的“改选”，其共同点都是“主权在民”。在“主权在民”这个意义上，“革命”也是一种“民主”。由此看来，周公“民本”思想的政治权力结构设计，实质上体现的是一种古代形态的“民主”观念。

---

* 节选自《中国正义论的形成——周孔孟荀的制度伦理学传统》，东方出版社2015年版，第85—86页。

# 孟子"时义"观念*

战国时期是中国社会大转型的时代，亟待重建社会规范及其制度。孟子曾经谈到自己的历史使命：

> 孟子去齐。
>
> 充虞路问曰："夫子若有不豫色然。前日虞闻诸夫子曰：'君子不怨天，不尤人。'"
>
> 曰："彼一时，此一时也。五百年必有王者兴，其间必有名世者。由周而来，七百有余岁矣；以其数则过矣，以其时考之则可矣。夫天未欲平治天下也，如欲平治天下，当今之世，舍我其谁也？"（《孟子·公孙丑下》）

孙奭疏云："此章指言圣贤兴作，与天消息，天非人不因，人非天不成，是故知命者不忧不惧也。……孟子答充虞，以谓彼时圣贤之所出，是其时也；此时今时，亦是其一时也。五百年之后，必有王者兴；为于其间，亦必名世大贤者。今自周兴，大王、文王以来，已有七百有余岁矣，以其年数推之，则过于五百年矣，以其时考之，而其时亦可有也。今天自未欲平治天下也，如天欲使平治天下，则当今之世，舍我其谁哉？此孟子所以归于天命，道行与不行，皆未尝有不悦之色也，故曰'吾何为不豫哉'。"

看来孟子对于那个伟大的时代确有某种准确的历史直觉、历史自觉。所谓"与天消息"，即是《周易·彖传》所说的"与时消息"："日中则昃，月盈则食，天地盈虚，与时消息，而况于人乎"（《周易·丰彖传》）；"君子尚

---

* 节选自《中国正义论的形成——周孔孟荀的制度伦理学传统》，东方出版社2015年版，第269—271页。

消息盈虚，天行也”（《周易·剥彖传》）。《彖传》因此注重“时义”——时宜。“君子尚消息盈虚”，也就是君子“损益盈虚，与时偕行”（《周易·损彖传》）、“凡益之道，与时偕行”（《周易·益彖传》）的意思。按照《彖传》的思想，“消息”（消长）在天道为“盈虚”，在人道为“损益”。这不仅使我们想起孔子关于“礼有损益”的思想——社会规范及其制度需要重建。而这正是孟子所处那个历史时期的时代要求，孟子也自觉地以此为自己的历史使命。所以，孟子说道：

> 齐人有言曰：“虽有智慧，不如乘势；虽有镃基，不如待时。”今时则易然也。夏后、殷、周之盛，地未有过千里者也，而齐有其地矣；鸡鸣狗吠相闻，而达乎四境，而齐有其民矣。地不改辟矣，民不改聚矣，行仁政而王，莫之能御也。且王者之不作，未有疏于此时者也；民之憔悴于虐政，未有甚于此时者也。饥者易为食，渴者易为饮。孔子曰：“德之流行，速于置邮而传命。”当今之时，万乘之国行仁政，民之悦之，犹解倒悬也。故事半古之人，功必倍之，惟此时为然。（《孟子·公孙丑上》）

赵岐注云：“今时易以行王化者也”，“王政不兴久矣，民患虐政甚矣”，“以此行仁而王，谁能止之也”。

# 孟子之"义"与"位"观念*

首先，孟子认为，礼即便是一种外在规定（其实孟子认为礼也出于内在情感），而义却是出自一种内在情感的，所以谓之"义内"。我们知道，孟子在谈到"四端"情感时说过："恭敬之心，人皆有之。……仁义礼智，非由外铄我也，我固有之也，弗思耳矣。"（《孟子·告子上》）这是"义"的一个方面，即出自仁爱的正当性。

其次，这种内在情感的实现，则须视具体场合情境之不同：在家须敬兄长；在乡须敬长者；在祭祖时，如果弟为尸主（祖之象征），则须敬弟（实为敬祖）。这恰恰是"义"的另外一个重要方面，即情境的地宜性。

此所谓"位"，就是在具体的场合情境中所处的地位。儒学之所谓"位"，是指的人们在社会关系中的"角色"[①]；换句话说，"位"与"礼"相关联，即是社会规范及其制度对于人们的社会角色的规定。一方面，社会永远是需要"礼"的，因而永远是存在"位"的；人们在社会上立足，必须循礼、守位，这也就是孔子所说的"克己复礼"、《周易·艮象传》讲的"君子以思不出其位"；但另一方面，"礼"是变动的，亦即孔子所说的"礼有损益"，因此，"位"也不是一成不变的，亦即《周易·鼎象传》讲的"君子以正位凝命"。（注："鼎者，取新成变者也。革去故而鼎成新。"疏："鼎既成新，即须制法。制法之美，莫若上下有序，正尊卑之位。"）

---

* 节选自《中国正义论的形成——周孔孟荀的制度伦理学传统》，东方出版社2015年版，第273—274页。

① Roger T. Ames: *Confucian Role Ethics*. University of Hawai'i Press / the Chinese University Press（the Chinese University of Hong Kong）, 2011.

# 传统儒学的“形上—形下”模式*

那么，我们知道，帝国时代的儒学——自从“轴心期”春秋战国以后建构起来的帝国时代的儒学，它有一套基本的思维模式。这套基本的思维模式，从哲学的层面上来讲，就是说，它有一套形上学、有一套形下学。

我们首先看它的形上学。所谓“形下学”“形上学”这个说法，出自《周易》大传，说“形而上者谓之道，形而下者谓之器”。这当然是中国式的表达，从哲学上来看，就是说，我们人类面对林林总总的大千世界、万事万物，我们开始追问一个问题，就是：这些东西是从哪里来的？万物是何以可能的？那么，当我们发出这样的问题的时候，我们就开始进入了人类的哲学思维的阶段。

我们知道，如果从宗教的角度来讲，比如基督教，它也试图回答这样的问题：世界是哪里来的？植物动物、大千世界、人类从哪里来的？那么，基督教宗教给出了一种答案：上帝创造的。但这是宗教哲学的回答方式。一般哲学不是这样思考问题的，那么，我们是找到一个哲学上所谓的“本体”。哲学上有一个本体。所谓本体，就是有一个绝对的东西，它生成了、给出了其他所有的东西。这是哲学的最基本的思考方式，是一套思维模式。

那么，回到我刚才讲的《周易》大传的说法，这些众多的、相对的万事万物，我们把它们叫作“形而下者”——“形而下者谓之器”。那么，我们为了解释它们是从哪里来的、这些东西是何以可能的，我们找到一个唯一的、绝对的东西，最先在的东西：本体，或者上帝。这个东西，用《周易》的话语来讲，是一个“形而上者”。

“形而上者谓之道，形而下者谓之器”，于是乎，你会发现：古今中外的所

---

* 节选自《生活儒学：只有爱能拯救我们》，山东教育电视台于2016年1月中下旬分10集播出。

有哲学，都有一个基本模式，就是用一个“形而上者”来说明“形而下者”何以可能，用一个唯一的、绝对的存在者来说明众多的、相对的存在者何以可能。

因此，凡是我们在思考这些相对的、众多的、形下的东西的时候，这样的学术、这样的理论，我们把它叫作“形而下学”。比如在儒学里面，形而下学最重要的内容，就是伦理学和政治哲学。另外一个方面，当我们在思考那个唯一的、绝对的、作为本体的存在者的时候，这样的思想、这样的理论，我们把它叫作“形而上学”“形上学”。

所以，古今中外的所有的哲学，无外乎就是形上学、形下学这么两套东西：我们用形上学来为形下学奠基，用形而上者来阐明形而下者是何以可能的。

传统的儒学、儒家哲学，包括我刚才讲到的皇权时代的儒学——帝国儒学，也是这么两套架构。我们以宋明理学为例。宋明理学的形下学，它主要关注的是帝国时代、皇权时代的生活方式之下的伦理规范的建构、政治制度的建构这么一套东西。这么一套东西，就属于我刚才讲的形下学。这一套东西的内容，具体来讲，就是帝国时代的社会规范建构及其制度安排。那么，为了阐明、为了证明这些形下的东西，宋明理学、帝国儒学就创造了一套形上学，他们要找到一个给出万物、生成万物的本体。那么，我们知道，这个本体就是“天理”，或者我们说的“天理良心”。

这个“天理良心”，你仅仅说它是“良心”的时候，很容易以为它仅仅是说我们人的、自己的一种心灵；其实不仅仅如此，它还是“天理”，它是天地万物的本体，其地位相当于基督教所讲的上帝。所以，我们如果用天理，或者天理良心来对整个帝国时代的社会规范、伦理规范的建构及其制度安排加以说明、加以论证，那么，它就构成了一个完整的、一整套的帝国儒学。

# “六经之教”的“易教”*

（一）教化的层级

……

这是儒家的最早的一批经典：六经。那么，按照儒家的教化理论、教化观念，这六部经典——六经，各有其教化功能：《诗经》的教化叫作“诗教”，《尚书》的教化叫作“书教”，《周易》的教化、《易经》的教化叫作“易教”，礼的教化叫作“礼教”，乐的教化叫作“乐教”，《春秋经》的教化叫作“春秋教”。这就是“六经之教”。那么，我们就具体来看一下这“六经之教”各自具有什么特色、什么特征、什么特点。我们发现，六经各自具有自身的特征、特点，因此它们所体现的教化的功能也有自己各自的特点。

……

实际上，在现在的儒家的“十三经”当中，时代最早的只有三部经典，这三部经典就是《诗》《书》《易》——就是《诗经》《尚书》《周易》。但是呢，《周易》就其最早的文本，就是《周易》古经来讲，它其实当时不是作为一个我们今天讲的“经典”意义上的东西。为什么这么讲呢？因为《周易》古经最早的功能是用来占卦的；只是经过战国时代的后世儒者们的改造，才把它哲学化了、义理化了；然后到了汉代、到了汉儒那里，才成为了儒家的经典之首。所以我刚才讲，从纯粹传世文本来讲，最早的是《诗》《书》《易》，而由于《易》最早它是占卜之书，所以过去的先秦的文本里面，通常是讲《诗》《书》；也就是说，那个时代对贵族子弟进行教育，或者对人进行教化，如果说有什么文本的、经典的依据，主要就是这么两种经典：《诗经》和《尚书》，叫“诗书”。

---

* 节选自《生活儒学：只有爱能拯救我们》，山东教育电视台于2016年1月中下旬分10集播出。

……

1.兴于诗：本源性的情感教化——诗教

……

2.立于礼：形下到形上的主体教化——礼教、书教、春秋教和易教

刚才是讲的“诗教”——“兴于诗”。下面我们讲“立于礼”。与“立于礼”有关的有这么几种教化，就是：涉及《书经》——《尚书》的“书教”，涉及“礼”的“礼教”，涉及《春秋》的“春秋教”和涉及《周易》的“易教”。

（1）形而下的礼教、书教和春秋教

……

（2）形而上的易教

再接下来是《周易》。关于《周易》《易经》的“易教”，这个问题就要复杂一点了。我们刚才提到，《周易》这个书，最早的时候，它是占卜用的，是占卦之书、占筮之书；然后呢，经过战国时代的儒者们的集体改编、集体创造，把它改造成了一部哲学的著作、义理的著作。因此，我们今天看到的传世的《周易》这个文本，它是由两个部分构成的：一部分是《易经》，一部分是《易传》；我们叫作《周易》古经、《周易》大传。这是两个部分构成的。

A.易教中的神教

《周易》古经时代是最早的，应该是在——多数学者认为——商周之际成书的。它本身的功能，就是我们刚才讲的占卦用的。简单来讲，那个时候的人，在生活中，特别在国家大事中，遇到了问题，拿不定主意，那么怎么办呢？自己没法做出决策、做出决断，就问神，向神卜问。问神，怎么问呢？有两种方式：一种是什么呢？龟卜；另外一种就是跟《周易》有关的：占筮，或叫蓍筮，就是占卦。所以说，《周易》这本书，《周易》古经这个部分，它是占卦、占筮之书。

那问题是：这样的占筮之书，它在思想观念上最重要的特征是什么呢？很显然，它设定了一个至上神；换句话说，它和宗教有密切的关系。我们在生活中遇到了疑难问题，没法解决，我们问神，通过占卦这么一种方式去问神；神通过这个占卦的结果，告诉我们应该怎么办，告诉我们：这个事做了，或者不做，它的吉凶休咎会怎么样。然后我们按照神的旨意去执行、去做。这是《周易》古经占卦的一个基本的观念。

所以，如果说我们所说的与《周易》相关的“易教”是指的《周易》古经这个部分，那么，我们会说：这其实是一种宗教的教化，是一种“神道设教”（《周易·观彖传》）。

B.易教中的理教

但是，我们刚才讲了，我们今天看到的《周易》还有另外一个部分，它是经过儒家——战国时代的儒者改造过的，就是《周易》大传这个部分——《易传》这个部分。这个部分就不再是宗教意义的，不再是占事之书；是儒家把它改造成了义理之书，就是讲道理的，讲哲理的，讲哲学的。《易传》里面所讲的“神”，不是说的我们今天讲的那么一种神，而是什么神呢？“阴阳不测之谓神”（《周易·系辞上传》），是说的“阴阳”。

《周易》是讲阴阳的，阴阳是说的有一种普遍的、形而上的规律性的东西，它决定了一切事物。这其实是哲学上的本体概念。《周易》讲“一阴一阳之谓道”（《周易·系辞上传》）、“阴阳不测之谓神”，所以，它和《周易》古经——占卦的那个古经讲的那个“神”不是一回事，这是哲学化了、理性化了的。

那么，具体来讲，《周易》大传——哲学化的《周易》大传，它所涉及的内容有两个层面。它建构了一整套的思想观念，这套思想观念包括两个层面：一个层面，就是它首先建构了一套形上学，建构了一套本体论的形上学，建构了一个宇宙论的模式，用来解释一切东西、宇宙世界、万世万物。这是它的一个层面的思想。那么，它建构这套形上学来干什么的呢？还是为了解决形而下的问题。而这些形而下的问题，简单来讲，也不外乎：它主要是讲的伦理政治的问题。所以，我们读《周易》大传，你会发现，它有一个基本的思维模式，这个思维模式就是讲的：天道如何，所以人道也应当如何；人道应该效法天道。大概就是这么一个模式。

那么，天道如何？天道就是刚才讲的“一阴一阳之谓道”。这就是天道：“一阴一阳之谓道。”还有一个表达：“天地之大德曰生。”（《周易·系辞下传》）天地的最高的德行，世界的本体的最高的德行，就是“生”。什么“生”呢？就是《周易》的“生生之谓易（《周易·系辞上传》）。那么，因为《周易》的《易传》是儒家的作品，它讲的这个“生生”，讲的“天地之大德曰生”，其实说白了，还是讲的儒家的仁爱；只不过它是把我们原来所理解的人的一种本真的本然的情感，提升到了一个形而上者的高度。

简单来讲，按照《周易》大传的思想，就是仁爱。我们前面讲到，这个

"仁"字的结构是说的两人之间的一种情感关系；两者之间的这个关系，现在转化为了阴阳之间的关系。《周易》里面甚至讲到男女之间的这种情、夫妇之间的这种情如何"化生万物"[1]。这是儒家的一个非常重要的思想：仁爱创造万物。"仁爱创造万物"这么一种思想，这是我们前面讲过的：我们讲《中庸》"诚"的时候讲过这个意思。

所以，从教化的角度看，我们刚才讲的作为占卜之书的《周易》古经这个"易教"是一种"神教"——神学的"神"、宗教的"教"——神学宗教；如果说《周易》古经所涉及的教化是一种神教，那么，《周易》大传这个哲学化、义理化了的文本，它所涉及的教化，它的形上学、形下学，都在讲一套道理，我们可以把它叫作"理教"。但是，这是道理的"理"，不是仁义礼智的那个"礼"：理教。换句话说，《周易》——整个的《周易》，作为一套易教的文本，它的教化所涉及的，有神教，是宗教性的；有理教，是哲学化的。

从另外一个维度来分析，它既涉及形而上者，也涉及形而下者。那么，就形而上者来讲，它有两种形而上者：《周易》古经，占卜之书，它所涉及的形而上者是一个神性的存在者，就是上帝这样的存在者；而《周易》大传，它所涉及的形而上者，就不再是神性的，而是理性的存在者，它的本体是理性的本体，是哲学的本体。这就是神教、理教。

由此看来，与《周易》——整部《周易》相关的"易教"情况非常的复杂，它涉及我们前面讲的伦理政治这样的形下的教化，也涉及形而上者——本体的存在、甚至神的存在这样的一种教化。

由此我们想到一个问题，这个问题具有很强的现实意义，就是宗教问题。这些年，我们发现，宗教好像在中国正在复兴。那么，这个复兴的过程当中，也出现了非常多的问题。宗教是要进行教化的。我们知道，它是要进行教化的；但在这样的教化过程当中，也会出现问题。所以，我们今天要重新研究、仔细研究儒家的教化理论、教化思想。

3.成于乐：溯源性的情感教化——乐教

……

---

① 见《易传》之《咸彖传》与《系辞下传》。

### （二）信仰的进阶

……

1.初阶信仰：神教的信仰

儒学具有宗教的功能，从我刚才分析的“六经之教”就看得出来：在六经之教当中，跟《周易》相关的“易教”，其中就涉及对上帝的信仰。我刚才提到：你为什么要占卦呢？是因为你相信有一个神，它可以解决你的疑难问题，所以你向它占问，向它问卦，希望它回答、解决你的问题。因为这个《周易》，它是属于儒家经典之一，这就涉及儒家的儒学的宗教性问题，就是说，儒学具有宗教性。

但是呢，它不等于宗教。我们刚才分析儒家六经之教，就看得出来这一点：它只是儒家六经之教里面所涉及的一个层面，远远不是全部。我们刚才讲到，这个占卦的《易经》，后来被儒家改造成一个哲学化、义理化的《易传》，这意味着儒家超越了宗教，用理性超越了宗教；也就是说，这个“理教”——讲道理的“理”，这个“理教”超越了“神教”。理教超越了神教，因此，真正的大儒，那些一流的大儒，他们是不信神的。

……

2.中阶信仰：理教的信仰

……

在我看起来，占卦，或者我们今天讲的宗教这种神教，它只是“初阶信仰”。初阶信仰有一个特点，就是相信一个神性的形而上者，或者更通俗地讲，相信一个偶像可以决定我们的命运。这只是初阶信仰。

更高的信仰，我把它叫作“中阶信仰”，就是我刚才讲的，我们把《周易》义理化。把《周易》义理化了，讲出一番道理来，特别是形而上学的道理，这是理性的信仰。理性的信仰，所信仰的不是神性的偶像；它所信仰的是一种理性的本体，而且这种理性的本体，说白了，在儒家那里，它其实是把仁爱的情感本体化、形而上者化，比如《周易·易传》里面讲的“阴阳”“乾坤”这套东西。

我们中国儒家学者相信的，是这样一种信仰的对象：世界的本体。而且，随着儒学的进一步发展，儒家认为，世界的本体就是我的心性的本体。所以，陆九渊——陆象山讲："宇宙便是吾心，吾心即是宇宙。"[①] 或者王阳明讲："心外无事，心外无物，心外无理。"[②] 这个"心"不是说的张三李四这个人的心，而是大心；宇宙之大心，就是哲学上的本体，但同时也是我们每一个人的心性本体。

我们对这样的本体的信仰，其实我们是很熟悉的：在传统的中国社会，老百姓可能会信各种各样的神，但是，他最信的是什么？他经常挂在嘴边上的是什么？天理良心。天理、良心不是两个东西；良心就是天理，天理就是良心；这是本体，是自己的本体，也是宇宙的本体。这就是理教的信仰。

3.高阶信仰：情教的信仰

……

其实，说白了，这个"天理良心"，在儒家的话语当中，它不过是我们本真的情、本真的爱、真正的仁爱情感；我们把它形上学化了，把它本体化了，把它提升为了宇宙万物的本体，其实，它就是我们的"良能"——我们的天然的爱的情感、爱的能力。

所以，我刚才讲"成于乐"，讲"乐教"。乐教，所诉诸的其实就是我说的"高阶信仰"——最高的信仰。最高的信仰不仅克服了神性的偶像，而且克服了玄学的、哲学的这套玩意儿，这套本体论、形上学的东西，我们回归本真的情感——重新回复我们最本真的爱的情感。

---

① 陆九渊：《陆九渊集》卷三十六，中华书局1980年版，第483页。

② 王守仁：《传习录上》，《王阳明全集》，上海古籍出版社1992年版，第24页。